온라인 매출 쉽게 올리는
유통 마케팅 비법

온라인 매출 쉽게 올리는
유통 마케팅 비법

비대면·코로나 시대, 온라인 유통 창업이 답이다

유노연 지음

J 중앙경제평론사

실전 유통의 A부터 Z까지 알려주는 유통 비법서

얼핏 보면 유통은 무질서해 보인다. 하지만 유통에 눈이 뜨이면 새삼 유통의 얼개가 질서 있고 정교하다는 것을 깨닫게 된다. 사회 구조가 점점 더 고도화될수록 복잡하게 변해가는 것이 당연하듯이 유통도 같은 길을 걷고 있다. 이전에는 없었던 온라인 유통이라는 가상 세계가 현실로 다가왔고 더욱 빠르게 첨단 기술의 혜택을 입고 있다. 온라인 유통은 소비자에게는 편리함을 주지만 사업주에게는 어쩌면 더 무거운 숙제를 주는 듯하다.

오랫동안 유통을 해온 사람은 이제 유통이 몸에 익숙하고 편해질 만도 하건만 그래도 처음 시작하는 사람처럼 매양 어렵기는 마찬가지다. 왜냐하면 유통이 살아 있는 생물처럼 계속 변화하고 성장하며, 익숙해질 만하면 또 다른 새로운 유통의 패러다임과 개념을 습득해야 하는 일이 반복되기 때문이다. 베테랑 유통인도, 처음 시작하는 사람도 끊임없이 배우지 않으면 유통에서 살아남기 힘든 시대가 되었다.

책은 길을 열어준다. 시중에 유통에 관한 책이 그리 많지도 않지만 그나마 있는 책도 코끼리 다리 만지기 식으로 더듬기에 급급한 것들이어서 그동안 답답했음을 고백한다. 전체적인 유통의 모양새와 속성을 한눈에 통찰할 만한 책은 왜 없는 것일까? 현재의 유통을 촘촘히 훑어볼 수 있는 책은 왜 없을까? 그간 목마르던 차에 반가운 책을 만나게 되었다.

이 책은 유통을 시작할 때 어떤 플랫폼이 내게 맞는지, 각 유통 채널별 특성, 수수료 차이, 특수한 유통 업체에 입점하는 방법 같은 실전적인 내용과 함께 유통 전반에 대한 개념을 꼼꼼히 담았다. 국내 유통시장의 현황 및 특징, 온라인/오프라인 판매의 차이점, 마케팅 전략 등 실전에 도입하기 전에 꼭 알아야 할 내용들이 일목요연하게 정리되어 있다. 어떤 전략을 활용하여 유통 채널을 늘려갈지, 유통 채널별 가격 및 운영 상품 선정을 어떻게 해야 할지, 참고해야 할 사이트와 노하우가 빼곡하다. 부록에 유통 및 마케팅 용어까지 상세히 정리돼 있어 읽지 않을 이유가 없는 책이다.

이 책은 유통에 입문하는 초보자에게 유통을 어떻게 해야 할지 입체적으로 그려준다. 유통이라는 전쟁에서 당신을 승리로 이끌 강력한 무기가 될 것이다.

유통과학연구회 이현만 회장

미래 유통시장에 대한
이해도를 높여주는 유통 교과서

개인적으로 저자를 알게 된 것이 벌써 15년 전이다. 어떤 위치에서든 항상 실용적으로 탐구하고 새로운 것을 추구하는 모습을 지켜보면서 감탄한 적이 한두 번이 아니다. 그러한 저자의 끊임없는 노력이 오늘 이같이 실용적이고 실천적인 책을 출판하게 된 큰 밑거름이 되었을 것으로 확신한다.

본인은 다년간 대형 유통업체와 글로벌 상품 개발 컨설팅업체에 근무했던 경험으로 조그마한 중소기업을 창업하여 10년간 운영하고 있다. 나름대로는 유통에 대한 전문성과 노하우를 가지고 있다고 확신했다. 하지만 이 책을 보며 내가 알고 있던 지식을 명확히 정리할 수 있었고, 현재와 다가올 미래의 유통시장에 대한 이해도를 크게 높일 수 있었다. 특히나 온라인 유통은 대다수의 오프라인 유통업체 및 유통업자들이 놓치고 있거나 이해가 부족한 부분인데 이를 매우 명확하게 설명해준다. 또한 빠른 속도로 진행 중인 온라인/오프라인의 유통 통합 과정에서 각자가 나아가야 할 방향을 정확히 제시해주고 있다.

　개인적으로는 이 책이 하루 빨리 출간되어 주변 사람들에게 선물해줄 날이 오기를 바란다. 기본적인 유통 지식이나 영업 전개 노하우를 필요로 하는 사람들, 자체적인 교육 훈련 체계가 잘 갖춰져 있지 않은 대부분의 제조/유통 중소기업의 사장님과 직원들, 온라인 유통시장에 도전해보고 싶은 젊은이들에게 이 책은 더할 나위 없이 잘 정리된 교과서 역할을 할 것이다.

　이 책에 이어 저자가 다음에는 영역별로 더욱 심화된 내용을 준비하고 있는 것으로 알고 있다. 기본서로서 본서를 접한 사람들은 저자의 다음 책을 손꼽아 기다리게 될 것임을 믿어 의심치 않는다.

유앤아이엔젤스 강상석 대표

제조/수입/벤더업체 및 개인 판매업자 각자의
현실에 맞는 실전 유통 해법을 제시한다

많은 사람이 유통에 대해 궁금해한다. 심지어 유통과 전혀 관련 없는 일을 하는 사람조차도 유통에 대해 알고 싶어 한다. 이 책을 읽고 있는 당신도 그런 사람들 중 하나일지도 모르겠다.

나는 24년 전에 식품 분야에서는 나름 이름이 알려진 제조업체의 상품 개발팀에서 사회생활을 시작했다. 나의 노력으로 기획되고 개발된 상품들을 영업 부서에서 유통시켰다. 그런데 몇천 명의 시장조사를 거쳐서 고객 의견을 반영하여 최종적으로 출시된 상품들이 막상 유통시장에서는 제대로 된 평가를 받지 못하는 일이 종종 일어났다. 당시의 나로서는 이해하기 힘들었다.

당시에는 '유통을 시킨다'고 하면 유통업체 바이어를 설득해서 유통업체에 상품을 공급하여 고객에게 판매하는 것을 의미했다. 내 상품에 대한 자부심이 하늘을 찔렀던 나로서는 수천 명의 고객들의 의견을 반영하여 출시된 나의 상품이 일개 유통업체 바이어에게 선택을 받지 못한다는 것이 이해가 되지 않았다. 또한 바이어 미팅을 할 때마다 항상 바쁘다면서 일찍 자리를 뜨는 그들이 여간 거만해 보이지 않았다.

그러나 마음 한 구석에서는 제조업체에게는 하늘과 같았던 유통업체와 소속 바이어들이 부러웠으며 유통업체에 대한 막연한 동경을 갖게 되었다. 그래서 유통업체 바이어가 되어서 유통에 대해 제대로 배워보기로 결심하고 전직을 시도하기에 이르렀다. 유통업체 경력이 전무했기 때문에 쉽지 않았지만 수많은 시도 끝에 꿈에 그리던 대형 유통업체 바이어로의 전직에 성공할 수 있었다.

유통업체 바이어의 삶은 이미 들었던 대로 업무 강도가 상상을 초월할 정도로 높았고, 매출, 이익, 재고 등 실적의 압박에 하루하루가 지옥같이 힘들었다. 일단 평균 퇴근시간이 밤 10시 이후였고, 거의 매주 주말마다 출근했다. 그러나 힘들기는 했지만 기대했던 대로 유통, 판매, 마케팅에 대해 제대로 배울 수 있는 기회였다. 과거에 유통업체 바이어들이 왜 세상에서 가장 훌륭한 내 상품을 한 번 얼핏 보고 거부했고, 내가 생각하기에는 그저 그런 수준인 상품을 입점시켜서 막대한 매출을 올릴 수 있었는지도 비로소 알게 되었다.

유통업체에서 18년 동안 근무하면서 식품, 비식품 수천 개 업체들과 거래했고 수만 개의 상품들을 판매했으며, 그 과정에서 많은 업체와 상품들의 흥망성쇠를 지켜보았다. 그러다 보니 자연스럽게 상품에 대한 안목과 어떻게 상품을 브랜딩하여 어떤 순서로 어떤 유통 채널에 진행해야 유통

시장에 성공적으로 안착할 수 있을지에 대한 감이 생기게 되었다. 개인적으로 가장 아쉬웠을 때가 상품은 좋은데 상품 브랜딩, 유통, 마케팅에 대한 지식이 부족하여 유통시장에서 실패하는 상품을 볼 때였다. 가령 유통 채널별 가격 관리를 잘못하여 모든 유통 채널로부터 외면당하는 경우, 유통 채널 진입 순서가 잘못되어 더 이상 성장하지 못하고 잊혀지는 경우, 상품에 맞는 유통 채널을 몰라서 잘 맞지 않는 유통 채널에서 고생만 하다가 포기하는 경우 등이다.

유통으로 힘들어하는 사람들과 상담이나 컨설팅을 하다 보면 깜짝 놀랄 일이 많다. 유통에 대해 너무 모르고 마구잡이식으로 진행하는 사람들이 90% 이상이기 때문이다. 가령 우리가 어떤 분야의 일을 시작하고자 할 때 그 분야에 대한 철저한 분석과 조사는 필수다. 잘못된 방향으로 일을 하다 보면 고생은 고생대로 하지만 성과는 없고 지쳐서 결국 돈, 시간, 노력 모두 날리게 되기 때문이다. 그런데 유통 때문에 힘들어하는 사람들은 주변에서 소셜커머스에서 잘 팔린다고 하니까 소셜커머스 알아보고, 복지몰이 좋다고 하니까 복지몰을 기웃거리고, SNS 공동구매가 인기라고 하니까 SNS 공동구매를 공부하는 이런 사람들이 대다수였다.

유통을 시작하기 전에는 당연히 각 유통 채널에 대해 채널별 특징, 장단점, 주의사항, 트렌드, 적합한 상품군 등의 기본 사항들을 미리 알아보고, 내 상품에 적합한 유통 채널은 어디고 어떤 전략을 수립하여 어떤 전술로 채널을 확대해 나갈지에 대해 미리 계획을 세운 후에 유통을 시작해야 한다. 또한 온라인/오프라인 유통 혼란기에는 중소기업/대기업, 제조업체/벤더업체/수입업체/온라인 개인 판매자에 맞는 상품 브랜딩 방법, 유통 채널, 유통 방법이 모두 달라야 한다. 이러한 지식들을 제대로 알고 유통에 뛰어드는 것과 모르고 뛰어드는 것은 최종 결과에 있어서 하늘과 땅 차이다.

현재의 유통은 20년 전의 오프라인 유통과는 크게 다르다. 온라인/모바일의 발달과 함께 유통에서도 온라인 유통이 엄청나게 성장하여 오프라인 유통을 넘어서기 직전 단계에 이르렀다. 게다가 오프라인 유통에서 온라인/오프라인 퓨전 유통의 시대로 넘어가면서 유통 구조 및 경로는 더욱 급변하고 있다. 이것은 중소 업체에게는 더욱 좋은 기회가 될 수 있다. 유통이 다양화되었으며 공략할 수 있는 유통 채널도 많아졌기 때문이다. 예전에는 오프라인 대형 유통업체에게 목을 맬 수밖에 없었고, 규모가 작은 중소 업체의 경우 인력과 자금의 부족으로 신규 유통 채널에 진입하거나 유통 채널을 확대하는 데 많은 어려움이 있었다.

그러나 온라인 유통이 활성화된 지금은 적은 인력과 자본으로도 충분히 상품을 브랜딩하고 다양한 유통 채널에 진입할 수 있다. 다만 온라인/오프라인 유통에 대한 제대로 된 정보와 지식을 보유한 업체만이 이러한 상황을 충분히 유리하게 이용할 수 있다. 유통 정보와 지식이 없는 업체는 도리어 과거보다 유통에 더욱 어려움을 겪고 있는 상황이다.

필자는 유통으로 힘들어하는 사람들을 위해 네이버에 '유통노하우연구회(cafe.naver.com/aweq123)'라는 온라인 유통 카페를 만들었다. 유통에 대한 지식이 부족하고 어떻게 유통을 해야 할지 몰라 어려움을 겪고 있는 중소 사업자들에게 도움을 주기 위한 것이다. 제조업체에서 6년, 유통업체에서 18년 근무하다 보니 제조/유통 양쪽의 입장을 더 잘 이해할 수 있었고, 이런 경험을 바탕으로 유통 때문에 힘들어하는 사장님들의 유통에 대한 애로사항과 궁금증도 잘 해결해줄 수 있었다. 또한 유통으로 힘들어하는 더욱 많은 사람들에게 유통 성공 노하우를 전파하고자 이 책을 쓰게 되었다.

현재 국내에 출간되어 있는 유통 관련 서적은 많지도 않을 뿐더러 현장에서 바로 적용할 만한 실전적인 내용은 없고 대부분 유통 자격증 관련 서적이나 유통에 대한 기초 개념 및 유통 채널에 대한 단순 설명을 다루고 있는 교과서 같은 서적이 전부다. 유통에 처음 뛰어드는 사람들이 현장의 실전적인 유통을 공부할 만한 제대로 된 참고서적이 전혀 없다고 할 수 있다.

필자가 24년 동안 유통/제조 양쪽에서 직접 경험하고 습득한 유통 지식들은 일반적인 유통 관련 서적에서는 배울 수 없는 생생한 실전 내용이다. 또한 유통업계에만 있었던 분들이 쓰신 책에 비해 제조업체의 상황과 현실에 대해 깊이 있는 고민을 하고, 그들에 맞는 실전 유통 해법을 제시하고 있다. 처음으로 유통에 뛰어드는 사람이나 유통으로 힘들어하는 유통 초보에게 이 책이 유통에 대해 막혔던 부분을 뻥 뚫어주는 사이다 같은 역할을 할 것으로 확신한다.

이 책은 24년 동안 유통/제조 현장에서 얻은 직접적인 경험을 바탕으로 쓰여진 만큼 실전 적용에 있어서 그 어떤 유통 관련 도서보다 도움이 될 것이다. 특히 오랜 기간 유통업체 바이어 생활을 하며 깨달은 필자의 유통 마케팅 노하우는 많은 초보 유통인에게 실전 유통 지침이 될 것이다.

Part 1~3에서는 국내 유통시장의 현황에 대해 다루면서 다양한 온라인/오프라인 유통 채널의 생생한 현실에 대해 설명한다. 유통에 뛰어들기 위해서는 먼저 국내 유통시장의 현황과 우리가 공략해야 할 각 유통 채널에 대해서 자세히 알아야 하지 않겠는가?

Part 4~5에서는 각 사업자가 가지고 있는 상황과 상품에 맞는 맞춤 유통 전략을 수립하는 노하우를 제시한다. 아무리 좋은 유통 전략도 사업자가 처한 상황과 상품에 맞지 않는다면 무슨 의미가 있겠는가? 중소 사업자가 CJ 같은 대기업이 하는 유통 전략을 따라할 수 있겠는가? 중소 제조업체/수입업체/벤더업체/개인 판매업자 각각에 맞는 차별화된 유통 전략을 알려주며, 최종적으로 할인점 같은 대형 유통업체에 입점하는 노하우까지도 제공할 것이다.

Part 6~7에서는 제조업체/수입업체/벤더업체가 수립한 유통 전략을 달성하는 데 필요한 실전적인 온라인/오프라인 최신 유통 마케팅 기법을 구체적으로 알려준다. 아마도 이 책이 실전 유통 마케팅 노하우를 종합적으로 모아서 알려주는 대한민국 최초의 책이 아닐까 싶다. 여기서 제시하는 다양한 유통 마케팅 기법은 중소 사업자가 유통시장에서 성공하는 데 큰 도움을 줄 수 있을 것이다. 이러한 실전 유통 전략, 유통 마케팅 기법을 몰라 99%의 유통 초보가 어려움을 겪고 시행착오를 한다. 이것을 알고 유통을 시작한다면 유통시장에서 남들보다 10년은 앞서갈 수 있을 것이다.

당신이 진정으로 유통에서 성공하고 싶다면 지금 당장 이 책을 읽기 바란다. 아직도 망설이고 있다면 이 책을 먼저 읽은 사람에게 유통시장에서의 성공을 양보해야 할지도 모른다. 자, 이제 결정을 내리고 시작해보자. 당신의 상품을 기다리는 유통 채널은 엄청나게 많고, 이 책의 마지막 페이지를 읽은 당신은 다른 유통 초보들과는 확실히 다를 것이다.

또한 당신이 이 책을 다 읽고 추가로 실전 온라인/오프라인 유통 마케팅에 대해 더 공부하고 싶다면 필자가 직접 강의한 총 30시간, 80강 분량의 심화 마스터클래스 온라인 동영상 강의 '유통마케팅 사관학교(www.retailcampus.co.kr)'를 들으면 된다. 책과 온라인 동영상 강의를 모두 들으면 주위의 다른 유통 초보들이 초등학생 같아 보이는 신기한 경험을 하게 될 수도 있다. 지금부터 베일에 쌓여 있는 유통 마케팅의 세계로 들어가보자.

유통 전문가 유노연(필명)

차례

Part 3
오프라인 유통 집중 분석

Part 4
제조업체/수입업체의 유통 전략

Part 5

벤더업체의 유통 전략

Part 6

온라인/오프라인 실전 유통 판매 10대 노하우

Part 7
온라인/오프라인 유통/마케팅 실전 7대 노하우

국내 유통의 현실을
정확히 알고 시작하라

유통을 시작하기 전에 국내 유통의 현실에 대해서
정확히 알아야 한다. 국내 유통의 흐름과 역사,
각 유통 채널의 특징 및 트렌드에 대해 알아보자.

Part 1

국내 유통시장의 현황

최근 유통시장의 특징

국내 유통시장은 크게 온라인과 오프라인으로 나뉜다. 오프라인 유통이란 전통적인 유통시장으로서 보통 매장을 가진 유통 채널이라고 보면 된다. 백화점, 할인점, 슈퍼마켓, 편의점, 재래시장 등이 우리에게 익숙한 전통적인 유통 채널이다. 온라인 유통은 인터넷이 발달하면서 생겨난 신규 유통시장인데 인터넷 쇼핑몰, 오픈마켓, 소셜커머스 등 인터넷/모바일/TV 등을 통해 상품을 구매하는 유통 채널이다. 최근에는 핸드폰을 통해서 상품을 구매하는 모바일 쇼핑이 급성장하고 있다.

1인 가구, 맞벌이 가구 및 밀레니얼(미국에서 1982~2000년 사이에 태어난 신세대를 일컫는 말. 이들은 전 세대에 비해 개인적이며 소셜네트워킹서비스(SNS)에 익숙하다는 평가를 받고 있다) 소비자가 증가함에 따라 온라인 유통의 고객층은 더욱 확대되고 있으며, 오프라인 유통 대비 상대적으로 열세를 보이고 있는 신선·가공식품 카테고리에 대한 강화 및 배송 서비스

22

향상 작업도 동시에 이루어지고 있다. 온라인 유통도 경쟁이 치열해지는 상황이라 업체별, 채널별 차별화 필요성이 증가하고 있다. 오프라인 대형 유통업체처럼 자체 브랜드 PB 상품이나 단독 운영 상품 등에 대한 개발도 함께 진행되고 있으며, 고객 수요가 세분화됨에 따라 얼리어답터몰, 디자인몰, 반품몰, 땡처리몰, 카드사 포인트몰 등 전문적인 성격을 띤 온라인 유통 채널도 속속 생겨나고 있는 상황이다.

온라인 유통이 활성화되기 전에는 개인 사업자가 유통시장에 접근하기가 쉽지 않았다. 인터넷이 활성화되면서 비로소 개인 사업자도 쉽게 유통에 뛰어들 수 있게 되었다.

오프라인 유통이 주류를 이루던 시절에는 개인 사업자는 주로 재래시장에 상품을 납품 및 판매하고, 일정 규모 이상의 업체들은 백화점, 할인점, 슈퍼마켓 등 오프라인의 대형 유통 채널에 상품을 납품하여 판매하는 형태를 이루었다. 하지만 인터넷/모바일을 활용한 온라인 유통이 활성화되면서 오프라인 유통 채널을 거치지 않고 바로 소비자에게 상품을 판매할 수 있는 구조가 되었다. 인터넷에 익숙하지 않은 40대 이상의 사장님들은 아직 이런 온라인 유통이 낯설고 여전히 오프라인 유통 채널에 대한 의존도가 크지만, 인터넷에 익숙한 30대 이하의 젊은 사장님들은 오프라인보다는 주로 온라인 유통 채널에 대한 의존도가 높다.

온라인 유통의 최대 장점은 진입장벽이 낮다는 것이다. 오프라인 대형 유통 채널의 경우 입점하기까지 수많은 난관이 있는 반면 온라인 유통의 경우 오프라인 유통 채널에 비해 비교적 쉽게 입점이 가능하다. 또한 오프라인 유통 채널의 경우 바이어/MD와의 관계가 절대적으로 중요하며, 높은 재고 비용과 긴 정산주기(40~60일) 등을 고려했을 때 일정 규모 이상의 자본이 필요하다. 하지만 온라인 유통 채널의 경우 재고 부담도 적고, 오프라인 대비 짧은 정산주기 그리고 잘 구성된 상세 페이지와 저렴한 가격만 있으면 판매가 이루어지기 때문에 자본력이 부족한 중소기업에게는 큰 기회가 될 수 있다.

최근 급변하고 있는 국내 유통시장에는 다음과 같은 특징이 있다.

온라인/오프라인 경계 완화

과거에는 오프라인에 유통하는 업체는 오프라인만 거래하고 온라인에 유통하는 업체는 온라인만 전문적으로 하였으나 최근에는 온라인/오프라인 구분 없이 양쪽 모두 진출하는 경향이 있다. 온라인/오프라인 유통 중 어느 한쪽을 주력으로 하는 업체라고 해도 보통 거래 규모의 차이일 뿐 양쪽 모두 거래하고 있다.

특히 신규 사업자의 경우 진입장벽이 상대적으로 낮고 적은 비용으로도 시작이 가능한 온라인 유통을 먼저 시작하고, 규모가 커짐에 따라 오프라인 유통에도 진입하게 된다. 또한 오프라인 유통을 기반으로 성장한 업체도 오프라인 유통에 안주하지 않고 온라인 유통으로도 영역을 확장해 나가고 있다. 이들도 온라인 유통의 발전 가능성과 현재의 매출 증가 트렌드를 알고 있기 때문에 시대에 도태되지 않기 위해 온라인 유통에 관심을 기울이고 있는 것이다.

유통 채널의 다양성

1990년대 후반까지만 해도 유통 채널은 얼마 되지 않았다. 재래시장, 백화점, 할인점, 슈퍼마켓, 편의점, 홈쇼핑 정도가 고작이었다. 하지만 인터넷 시대가 열리면서 오픈마켓, 소셜커머스, 카테고리 전문몰, 창고형 할인점, 헬스 & 뷰티(H&B) 스토어, 종합몰 등 온라인/오프라인으로 다양한 유통 채널이 생겼다. 요즘에는 유통 채널이 너무나 많고 다양하여 그중 나의 상품에 맞는 유통 채널을 선택해서 진입해야 하는 시대가 되었다. 상품을 판매할 수 있는 유통 채널이 너무 많아서 어느 유통 채널이 나와 궁합이 맞을지를 고민해야 하는 상황인 것이다.

전통 오프라인 유통 채널의 높은 진입장벽으로 인해 예전 같으면 진입조차 힘들었을 신규 상품도 요즘에는 손쉽게 유통 채널에 진입할 수 있다. 다양한 유통 채널이 존재한다는 것을 몰라서 진입하지 못하는 것일 뿐 일단 유통 채널에 대해 알기만 하면 상품을 판매할 루트는 엄청나게 많다.

유통 경로 단축 & 제조업체의 유통시장 직접 진출 확대

온라인 유통이 발달하면서 가장 큰 변화는 유통 경로의 단축이다. 전통적인 유통 경로인 '제조업체/생산자 → 총판/대리점 → 도매업체 → 소매업체 → 소비자'에서 제조업체/생산자에서 바로 소비자에게 판매되거나 중간에 상품 중개만 해주는 유통업체 한 곳만 거치고 바로 소비자에게 판매될 정도로 유통 경로가 크게 단축되고 있다.

기존 오프라인 유통업체의 경우 상품을 납품받아서 보관하다가 소비자에게 판매하는 과정에서 보관 비용이 증가했다. 하지만 온라인 유통업체의 경우는 보통 상품 판매를 중개만 해주는 형태기 때문에 주문을 받으면 상품 공급 업체에서 바로 소비자에게 배송해주어 비용적인 측면에서도 훨씬 유리하다.

특히 복잡한 유통 경로를 가진 농/수/축산물 등 신선식품의 경우 유통 경로에 있는 담당자들이 온라인으로 직접 판매 시 유통 경로가 단순해짐에 따라 판매 가격은 점차 낮아진다. 가령 농수산물의 경우 산지에서 농민이나 어민으로부터 1차로 상품을 매입하는 산지 수집상이 농수산물 시장이나 도매업자에게 넘기지 않고 바로 온라인 쇼핑몰을 만들어 직접 도소매로 판매하는 경우가 그것이다. 각 단계별로 유통 마진이 7~20% 붙는데 온라인으로 직접 판매 시 이런 원가 상승 요인이 없어지면서 상품 가격은 낮아지고 수익률은 높아지게 된다.

제조업의 경우에도 예전에는 제조업체는 제품 생산만을 담당하고 생산된 제품을 유통하는 것은 유통업자들이 담당하였으나 최근에는 제조업체에서 직접 유통을 하는 경우가 많아지고 있다. 인터넷이 발달하면서 유통시장에 대한 정보가 많아지고 오픈마켓, 스마트스토어(舊 스토어팜) 등 쉽게 진입할 수 있는 유통 채널이 증가함에 따라 굳이 비용을 들이면서 중

농수산물 유통 구조

① 일반적인 유통 구조
농어민 → 산지 수집상 → 농수산물 시장 → 도매 상인 → 소매 상인 → 소비자(각 단계별로 상품을 중개하는 유통업자들이 추가로 1~3단계 더 들어갈 수 있다)
② 할인점 등 대형 채널의 유통 구조
농어민 → 농어민 조합/산지 수집상/대형 도매업자 → 대형 유통 → 소비자

간 유통업자를 거쳐 유통하지 않고 제조업체가 직접 유통시장에 뛰어드는 것이다.

이는 소비자에게도 최종 판매가가 낮아지기 때문에 유리하며, 제조업체 입장에서도 중간 유통업자에게 휘둘리지 않고 주도적으로 유통을 해나간다는 점에서 긍정적이다. 또한 제조업체가 직접 유통을 하게 되면 중간 유통 비용이 생략되어 가격경쟁력이 생기게 되는데 오픈마켓, 소셜커머스 등에서 제조업체가 직접 운영하는 상품들은 가격이 저렴하기 때문에 매출도 우수한 경우가 많다. 각 유통 채널들도 여러 단계를 거치게 되는 유통업자와 거래하는 것보다는 당연히 제조업체와의 직거래를 선호하며 제조업체에게 더 많은 지원을 해주고 있다.

오프라인 도매시장의 온라인 진출

유통 채널 간 상호 융합 현상은 소매 유통 채널뿐만 아니라 의류/잡화 도매시장, 농수산물 도매시장, 생활잡화 도매시장 등 다양한 도매 유통 채널 그리고 제조/수입업체 등에서도 신속하게 진행되고 있다. 특히 생산자와 소비자 사이에서 유통의 핵심 중간 역할을 담당했던 도매 채널에서도 온라인 유통 진출이라는 큰 변화가 시작되었다.

남대문과 동대문 도매시장은 오프라인 도매 유통 채널의 대명사로서 중소형 의류 매장 사장님들이나 온라인 개인 쇼핑몰을 운영하는 사장님들이 오프라인에서 상품을 사입하는 도매 채널로 알려져 있다. 하지만 최근에는 이들 오프라인 도매업자들도 자체적으로 온라인 도매 유통 채널을 만들어서 온라인 유통 영역에 뛰어들고 있다. 또한 농/수/축산물 등 복잡한 유통 구조를 가진 신선식품 도매 채널의 경우도 중간 역할을 담당하는 산지 수집상, 도매업체, 중도매인들이 자체 온라인 쇼핑몰을 만들거나 온라인 유통 채널에 진출하여 소비자 또는 하위 도소매 업자들에게 직접 상품을 유통·판매하고 있는 상황이다.

모바일 유통시장 확대

온라인 유통에서도 오픈마켓, 종합몰 등 PC 기반 온라인 유통에서 더 나아가 이제는 모바일 유통시장이 급속히 확대되고 있다. 현재 전체 온라인 쇼핑 시장에서 모바일 쇼핑의 비중은 70%를 넘어서고 있다. 모바일 기반의 소셜커머스를 필두로 카카오와 네이버가 만든 모바일 유통시장, 모바일 기반 앱, 모바일 홈쇼핑 등이 매년 엄청난 속도로 성장하고 있으며, 향후에도 모바일 유통은 더욱 확대될 것으로 예상된다. 따라서 온라인 유통에 진출하고자 하는 업체라면 반드시 모바일 유통을 염두에 두고 준비해야 한다.

모바일 유통이 활성화됨에 따라 오프라인 대형 유통업체들은 모바일/PC로 주문한 고객이 오프라인 매장에서 상품을 픽업해 가는 O2O(Online-To-Offline) 비즈니스도 동시에 전개해 나가고 있다. 모바일 유통시장의 확대는 스마트폰 결제의 편리함, 스마트폰 사용시간 증가, 유통업체의 모바일 구매고객 지원 확대 등의 이유를 들 수 있다. 모바일 쇼핑을 이용하는 주 고객층은 20~30대 여성들, 특히 젊은 엄마들이 많은데 이들은 구매력이 높고 가정에서 사용하는 생필품을 모바일로 구매하는 경향이 많다. 모바일 유통이 성장함에 따라 모바일 유통을 이용하는 구매

층은 점차 다양한 연령대로 확대될 것이다.

모바일 시장이 워낙 빠르게 변화하고 있기 때문에 SNS 시장의 트렌드에 대해 파악하고 카카오스토리 채널, 네이버 밴드, 인스타그램, 페이스북, 네이버 블로그/카페 등에서도 유통 판매가 어떻게 진행되고 있는지에 관심을 기울여야 한다. 또한 요즘 고객들은 PC보다 모바일 쇼핑을 선호하고 모바일 쇼핑이 증가 추세라는 점을 항상 기억해야 한다.

글로벌 유통 채널의 활성화

2000년대 초만 해도 해외에 상품을 판매하는 일은 쉽지 않았다. 해외전시회에 참가해서 부스를 열고 외국 바이어를 만나 운 좋게 거래가 성사되면 계약을 맺고 수출하여 판매하는 것이 일반적인 과정이었다. 그러나 지금은 아마존, 이베이, 알리바바, 라자다 등 수많은 글로벌 유통 채널을 통해 한국에서 전 세계 소비자를 상대로 판매할 수 있다. 중소기업이 해당 글로벌 유통 채널을 통해 복잡한 수출 과정을 거치지 않고도 손쉽게 글로벌 소비자에게 판매할 수 있는 시대가 열린 것이다.

사실 중소기업보다는 온라인 개인 판매자들이 글로벌 유통 채널에서 더욱 활발히 판매하고 있는 실정이다. 중소기업의 경우 외국어 미숙과 해외 유통 과정에 대한 두려움 때문에 글로벌 유통 채널에 쉽게 진입하지 못하는 경향이 있다. 그러나 중소기업보다 여건이 나을 리 없는 수많은 개인 판매자들도 무리 없이 판매하고 있지 않은가? 중소기업은 이들보다 훨씬 유리한 조건이므로 마음만 먹으면 더욱 쉽게 글로벌 유통 채널에서 판매를 할 수 있다. 시중에 이미 아마존, 알리바바, 이베이 등에서 판매하는 방법에 대한 책도 많이 출간되어 있을 뿐 아니라 무료 또는 유료의 교육과정도 많이 있으므로 조금만 배우면 어렵지 않게 글로벌 유통 채널에서 판매를 시작할 수 있다. 많은 중소기업들이 해외 수출을 간절히 원하고 있는데 이런 글로벌 온라인 유통 채널을 활용하면 큰 성과를 거둘 수 있을 것이다.

반대로 해외에서 상품을 수입하여 판매하는 경우도 있다. 글로벌 유통 채널이 다양해짐에 따라 해외직구, 병행수입, 구매대행 등이 활성화되면서 수입업자들이 고마진으로 상품을 판매하기가 갈수록 어려워지고 있다. 이전에는 독점 수입업체의 경우 판매 가격을 마음대로 결정할 수 있었기 때문에 인기 있는 브랜드 상품의 경우 폭리를 취하는 경우도 종종 있었지만, 지금은 경쟁 업체의 병행수입 및 개인 소비자들의 아마존, 이베이 등 해외 오픈마켓 직접 구매, 구매대행에 따라 시장 상황이 많이 바뀌었다.

상품 구매평의 중요성

요즘 소비자들이 상품을 구매할 때 가장 중요하게 생각하는 것은 그 상품을 먼저 구매한 소비자들의 상품 구매평이다. 온라인 유통이 활성화되기 이전에는 고객들의 입소문으로 알음알음하여 구매평을 들을 수밖에 없었으나 요즘은 상품 상세 페이지에서 구매평을 손쉽게 찾아볼 수 있다. 할인점, 백화점 등 오프라인 유통에서 상품을 접했다 하더라도 바로 인터넷 검색을 통해 그 상품의 구매평을 볼 수 있기 때문에 상품 구매평은 온라인/오프라인 유통을 가리지 않고 판매에 가장 큰 영향을 미친다.

심지어 상품성이 떨어지더라도 온라인상에 긍정적인 상품 구매평 작업을 많이 해놓은 상품은 구매평이 많지 않은 상품 대비 판매량이 급격히 늘어난다. 특히 오픈마켓, 소셜커머스, 종합몰, 개인 쇼핑몰 같은 온라인 유통 채널에서는 상품 구매평이 판매량을 결정할 정도로 큰 역할을 차지한다. 반대로 부정적인 구매평이 있으면 판매량은 급격히 감소하는 특징을 보인다. 온라인 유통 채널에서는 가격이 다른 상품보다 비싸더라도 긍정적인 구매평이 많으면 판매가 많이 일어나고, 가격이 싸더라도 구매평이 적거나 부정적인 구매평이 있으면 판매가 많이 일어나지 않는다. 따라서 상품을 판매할 때 구매평을 관리하는 것은 판매의 흥망성쇠를 결정할 정도로 중요하다.

국내 유통시장의 종류

국내 유통시장은 온라인 유통의 활성화에 따라 신규 유통 채널이 급격히 증가했으며, 현재도 매년 많은 유통 채널이 시대 상황에 따라 생성되기도 하고 없어지기도 한다. 전통적인 오프라인 유통 채널보다는 온라인 유통 채널에서 변동이 심하다. 신규로 생겨나는 유통 채널의 경우 생명주기가 2~5년으로 짧은 것이 특징이다. 신규로 생겨난 유통 채널이 큰 인기를 끌다가 다른 신규 유통 채널로 흐름이 옮겨가기까지 걸리는 시간은 갈수록 단축되고 있다. 따라서 하나의 유통 채널에만 안주하다가는 미래를 기약하기가 어려워진다.

신규로 생겨나는 유통 채널의 경우 초반에 진입한 업체는 수수료 및 상품 노출 등에서 큰 혜택을 보지만, 활성화 이후에 진입한 업체는 치열한 경쟁 때문에 큰 매출 또는 수익을 얻기가 힘들다. 소셜커머스나 카카오스토리 채널 공동구매의 경우를 보면 이런 사례를 쉽게 찾아볼 수 있다. 오프라인 유통의 제왕이라 불리는 할인점의 경우에도 초반에 진입한 업체들은 수수료 15%에도 불구하고 입점하면서 할인점 전문 업체로 자리를 굳힐 수 있었다. 따라서 유통시장의 변화에 항상 관심을 기울이고, 새로운 유통 트렌드에 대한 공부를 게을리해서는 안 된다.

현재 국내의 주요 온라인/오프라인 유통의 현황은 아래와 같다.

| 온라인 유통

오픈마켓

G마켓 : www.gmarket.co.kr

옥션 : www.auction.co.kr

11번가 : www.11st.co.kr

인터파크 : www.interpark.com

롯데ON : www.lotteon.com

소셜커머스

쿠팡 : www.coupang.com

티켓몬스터 : www.ticketmonster.co.kr

위메프 : www.wemakeprice.com

종합 쇼핑몰(종합몰)

롯데닷컴 : www.lotte.com

현대H몰 : www.hyundaihmall.com

GS SHOP : www.gsshop.com

CJ몰 : www.cjmall.com

신세계몰 : shinsegaemall.ssg.com

AK몰 : www.akmall.com

홈쇼핑, 인포머셜 홈쇼핑

① 홈쇼핑

GS홈쇼핑 : www.gsshop.com

롯데홈쇼핑 : www.lotteimall.com

CJ오쇼핑 : www.cjmall.com

NS홈쇼핑(농수산 홈쇼핑) : www.nsmall.com

아임쇼핑(공영 홈쇼핑) : www.immall.co.kr

② 인포머셜 홈쇼핑

인포벨 : www.infobell.kr

미디어닥터 : www.mediadoctor.co.kr

복지몰, 폐쇄몰

대기업 직원몰, 공공기관 직원몰, 공무원 복지몰, 카드사 포인트몰

카테고리 전문몰

얼리어답터몰, 디자인몰, 유통기한 임박몰, 반품몰, 판촉상품몰, 비품몰, 애견용품몰

도매몰

① 매입형 도매몰

도매꾹(종합 도매몰) : www.domeggook.com

신상마켓(패션/잡화 전문 도매몰) : www.sinsangmarket.kr

도매다(시계 전문 도매몰) : www.domeda.co.kr

② 배송대행 도매몰

온채널 : www.onch3.co.kr

오너클랜 : www.ownerclan.com

온유비즈닷컴 : www.onubiz.com

도매토피아 : www.dometopia.com

W-Trading : www.w-trading.co.kr

도매매 : domeme.domeggook.com

온라인 공동구매

인터넷 카페, 카카오스토리 채널, 네이버 밴드, 페이스북, 네이버 블로그, 인스타그램, 모바일 앱

네이버, 카카오 유통

네이버 스마트스토어(舊 스토어팜), 카카오 선물하기, 카카오 메이커스

특수한 판매 채널

모바일 앱 공동구매, 네이버 중고나라 카페, 번개장터 앱, 모바일 홈쇼핑

| 오프라인 유통

할인점

롯데마트 : www.lottemart.com

이마트 : store.emart.com

홈플러스 : www.homeplus.co.kr

메가마트 : home.megamart.com

창고형 할인점

코스트코 : www.costco.co.kr

트레이더스 : store.traders.co.kr

백화점

롯데백화점 : store.lotteshopping.com

현대백화점 : www.ehyundai.com

신세계백화점 : www.shinsegae.com

갤러리아백화점 : dept.galleria.co.kr

기업형 슈퍼마켓(SSM)

롯데슈퍼 : www.lottesuper.co.kr

GS슈퍼마켓 : gssuper.gsretail.com

이마트 에브리데이 : www.emarteveryday.co.kr

편의점

세븐일레븐 : www.7-eleven.co.kr

CU : cu.bgfretail.com

GS25 : gs25.gsretail.com

이마트24 : www.emart24.co.kr

헬스 & 뷰티(H&B) 스토어

롯데 롭스 : www.lohbs.co.kr

CJ 올리브영 : www.oliveyoung.co.kr

랄라블라(舊 WATSONS) : lalavla.gsretail.com

세포라 : www.sephora.kr

카테고리 전문몰

① 가전

하이마트 : www.himart.co.kr

전자랜드 : www.etland.co.kr

② 친환경/유기농 상품

올가 : www.orga.co.kr

초록마을 : www.choroc.com

③ 신발 및 스포츠 의류

ABC마트 : www.abcmart.co.kr

슈마커 : www.shoemarker.co.kr

④ 문구/사무용품

오피스디포 : www.officedepot.co.kr

핫트랙 : www.hottracks.co.kr

⑤ 생활용품 & 인테리어 소품

다이소 : www.daiso.co.kr

코즈니 : www.kosney.co.kr

하드 디스카운트 스토어

이마트 노브랜드 숍 : emart.ssg.com/specialStore/nobrand/main.ssg

특수한 판매 채널

지역 축제 판매, 깔세 판매, 마트 단기 행사, 신문 광고

국내 유통시장의 흐름과 역사

| 국내 유통시장의 변화와 전성기 ─────────

국내 유통시장은 1990년대 이전에는 재래시장과 슈퍼마켓이 대부분을 차지했으며, 대형 유통으로는 백화점이 유일했다. 슈퍼마켓의 경우도 거의가 소규모의 동네 슈퍼마켓이었으며 '크다' 하는 슈퍼마켓도 100~200평 규모였다. 중산층 이상을 겨냥한 백화점과 쇼핑센터가 각광을 받았는데 지금의 할인점처럼 대도시에는 크고 작은 백화점과 쇼핑센터가 활발히 영업을 하였다. 이때까지만 해도 제조업이 유통업을 능가하는 힘을 발휘했는데 상품의 공급이 수요를 따라가지 못했기 때문이다.

이러한 트렌드가 뒤집힌 것은 1990년대 초 할인점 사업이 시작된 이후부터다. 킴스클럽, 이마트 등이 등장하면서 유통의 대형화 시대가 열리기 시작했다. 경제 발전으로 집집마다 차를 몰고 다니면서 쇼핑을 했고, 대량 구매와 판매로 가격을 낮출 수 있었던 할인점은 큰 인기를 얻었다. 여기에 롯데마트, 홈플러스까지 가세하며 할인점은 엄청나게 성장하였다. 그 결과 소비자들은 쾌적한 환경에서 저렴한 가격에 상품을 구매할 수 있었지만 반대로 재래시장과 동네 슈퍼마켓은 침체의 길을 걷게 되었다.

할인점에 이어 대기업이 운영하는 기업형 슈퍼마켓(SSM, Super Super Market)까지 골목 곳곳에 오픈했다. 이에 따라 대형 유통업체는 엄청난 매입량으로 인해 가격을 더욱 절감할 수 있었으며 제조업체에 대한 협상력도 크게 높일 수 있었다. 전국 방방곡곡에 오픈한 할인점과 기업형 슈퍼마켓은 저렴한 가격과 특별 할인, 증정, 시식 행사 등을 거의 상시 진행하다 보니 동네 슈퍼마켓이나 재래시장과는 비교할 수 없는 메리트를 얻게 되었고, 늘어난 매출과 이익 덕분에 경품, 수수료, 판촉비까지 제조업체로부터 지원을 받을 수 있게 되었다. 이때부터 본격적으로 규모의 경제가 시작되었다. 할인점, 기업형 슈퍼마켓은 제조업체로부터 상품을 매입하여 직접 판매하는 직매입 거래 방식이지만, 할인점 시대 이전의 백화점이나 쇼핑센터의 경우에는 매출에 따른 수수료 거래나 임대차 거래 방식이기 때문에 점포 수가 증가한다고 해도 규모의 경제를 이루기에는 한계가 있었다.

1996년 정부에서는 국내 유통시장을 외국에 개방했다. 이때 국내 유통시장이 월마트, 까르푸 등 외국 글로벌 유통업체에 넘어갈 거라는 우려가 많았다. 그러나 막상 뚜껑을 열고 보니 이들 글로벌 유통업체들은 국내 정서에 맞는 현지화를 하지 않고 각 업체의 글로벌 스탠다드 형식에 따른 매장 인테리어 및 운영 방식을 고수했다. 그 결과 국내 토종 기업인 롯데마트, 이마트에 밀려서 결국 한국 사업에서 철수하게 되었다.

1990년대 후반부터는 TV 홈쇼핑이 도입되었다. 홈쇼핑은 2000년대 들어 매년 엄청난 성장을 하며 할인점, 기업형 슈퍼마켓(SSM)과 함께 우리나라 유통시장을 뒤흔들었다. 또한 2000년대 중반에는 지금은 사라진 삼성몰, 한솔CSN 등 종합 쇼핑몰이 초창기 인터넷 쇼핑 시장을 주도했다. 뒤이어 새로운 형식의 쇼핑몰인 옥션이 인터넷 쇼핑 시장의 강자로 부상했는데, 2000년대 후반에는 G마켓이 결국 시장의 선두 주자로 자리매김하게 되었다. 이때의 인터넷 쇼핑은 지금처럼 모바일 기반이 아닌 PC 기반의 쇼핑몰로서 현재의 모바일 쇼핑과는 성격이 많이 다르다.

이러한 트렌드가 지속되던 2000년대 중후반까지만 해도 베이비부머 세대가 주력 소비층이었으며 한국 경제의 호황이 유지되는 시기였다. 이 시기에 우리나라 유통업은 매년 막대한 성장을 지속했는데, 기업형 신유통 매출 비중이 60~70% 수준까지 다다르며 선진국 수준인 80%에 육박했다.

ㅣ국내 유통시장의 위기와 전망

할인점, 기업형 슈퍼마켓(SSM), 홈쇼핑, 백화점 등 오프라인 유통 강자들의 엄청난 성장에 제동이 걸리고 오프라인 유통이 정체기에 들어선 것은 전 세계적인 금융위기를 불러온 미국의 리먼 브라더스 사태를 거친 2010년부터다. 이전까지만 해도 대형 유통업체들은 매년 5~10%씩 고

성장을 하였으나, 2010년 이후부터는 경제성장률과 비슷한 성장을 보이며 하향 안정화 시대에 돌입하였다. 경제성장률 둔화, 인구증가율 정체, 인구 고령화에 따른 구매력 저하, 정부의 대형 유통업체 출점/영업시간/수수료 규제 등에 따라 할인점, 기업형 슈퍼마켓, 백화점, 홈쇼핑 등 거의 모든 유통업체에서 신규 출점 여력 감소와 함께 성장률 또한 급격히 하락하였다.

이를 극복하기 위해 유통업체들은 롯데, 신세계를 시작으로 해외 진출을 모색하고 있는데 아직까지 큰 성과를 내지는 못하고 있다. 롯데마트와 이마트 모두 중국 시장에서 철수한 상황이다.

2010년 이후 거의 모든 유통업계의 어려움 속에서도 지속적으로 성장하고 있는 유통 채널이 있는데 바로 편의점과 온라인 유통이다. 먼저 편의점의 경우는 인구 구조 개편에 따른 1인 가구 증가, 인구 고령화, 핵가족화와 매출의 50%를 차지하는 담뱃값 인상으로 매년 두 자리 수 이상의 매출 신장을 지속하고 있다. CU, 세븐일레븐, GS25의 빅3 편의점을 주축으로 국내 전체 편의점 점포 수는 이미 4만 5천 개를 돌파하였으며, 우리나라보다 앞선 일본의 편의점 시장을 보았을 때 앞으로도 성장 가능성은 상당히 높다.

게다가 편의점이 1인 가구와 핵가족의 트렌드에 맞는 도시락, 삼각김밥 등 즉석식품 및 수준 높은 PB 제품들을 출시하고, 상품 판매 기능 이외에 은행, 택배, 커피숍, 레스토랑 등의 추가 기능을 접목하면서 소비자의 선호도는 더욱 높아지고 있다. 또한 4만 점 시대를 맞아 규모의 경제가 실현됨에 따라 편의점의 최대 약점이었던 높은 가격은 다양한 상품들의 지속적인 2+1, 1+1 증정 및 가격인하 행사로 극복해 나가고 있다.

온라인 유통의 경우는 2000년대 고성장하던 PC 기반의 인터넷 쇼핑이 모바일 쇼핑으로 진화하면서 소셜커머스라는 스타 유통 채널을 만들었다. 기존 할인점, 기업형 슈퍼마켓, 백화점 등의 오프라인 유통도 자체 모바일 쇼핑으로 대체되는 트렌드다. 폭발적으로 성장 중인 모바일 쇼핑은 이미 전체 온라인 쇼핑 시장에서 60%의 비중을 넘어섰으며 수십조 원의 시장을 만들어냈다. 모바일 쇼핑은 논란의 여지 없이 향후 고성장을 지속할 유통 채널로 꼽을 수 있다.

오프라인 유통업체들 중 편의점 이외에 최근 선전하고 있는 것은 코스트코를 필두로 빅마켓, 트레이더스(회원제 미시행)가 주도하고 있는 창고형 할인점이다. 보통 회원제로 운영되며 일반 할인점보다 5~15% 더 저렴한 오프라인 최저 가격과 차별화된 수입 상품 구색으로 인기를 끌고 있다. 신세계의 경우 향후 성장 동력으로 이마트 대신 트레이더스를 내세우고 있으며 공격적인 출점과 함께 막대한 투자를 하고 있다. 이와 같은 창고형 할인점의 인기는 전 세계적인 오프라인 유통의 추세로 이미 선진국에서 확인된 사항이다. 미국, 유럽 등 선진국에서도 월마트, 까르푸, 테스코 등 전통적인 할인점의 성장률 둔화에 이어 코스트코, 메트로 같은 창고형 할인점(캐시 앤 캐리, Cash & Carry)이 전성기를 구가하였다.

최근 몇 년 전부터는 초저가 PB 상품 구성비가 전체 운영 상품의 70~90%에 달하는 알디(Aldi), 리들(Lidl) 같은 중형 슈퍼마켓 규모의 하드디스카운트 스토어가 급성장하고 있다. 우리나라에서도 창고형 할인점에 이어 하드디스카운트 스토어가 인기를 끌 것으로 예상되며, 이마트의 경우 하드디스카운트 스토어 콘셉트의 노브랜드 숍을 이미 론칭하였다. 아직 초저가 PB 상품의 충분한 구색을 갖추지 못해 유럽의 하드디스카운트 스토어만큼의 파워를 가지고 있지는 못하지만 PB 상품의 품목 수가 대폭 보강되면 수년 내로 강력한 오프라인 유통 채널로 급부상할 것으로 보인다. 롯데마트의 경우도 Only Price라는 초저가 PB를 론칭하고 공격적으로 전개하고 있는데, 상품 구색이 충분히 갖춰지면 노브랜드처럼 하드디스카운트 스토어 비즈니스를 시작할 것으로 전망된다.

| 국내 온라인 유통의 역사

우리나라 온라인 유통은 크게 3기로 나눌 수 있다.

1기 1996~2004년 : 인터넷 정착, 온라인 쇼핑 도입기
2기 2005~2010년 : 오픈마켓 활성화, 전문몰/종합몰 성장기
3기 2011년~현재 : 모바일/글로벌 쇼핑의 시대

국내 최초 온라인 쇼핑몰은 인터파크다. 인터파크는 1995년 데이콤의 사내 벤처로 시작하여 1996년 6월 론칭하였는데, 얼마 지나지 않아 롯데백화점 인터넷 쇼핑몰도 오픈하였다. 대부분 인터파크가 오래된 것은 알고 있지만 롯데백화점 쇼핑몰이 비슷한 시기에 오픈했다는 것은 잘 알지 못한다. 1997년에는 삼성몰, 한솔CS 등 대형몰과 백화점몰이 연이어 오

픈하여 초기 온라인 유통을 주도하였다. 그러나 당시의 온라인 유통은 아직 인터넷도 대중화되지 않았기 때문에 매출이나 규모 면에서 미미한 수준이었다. 온라인 유통 초기에는 이러한 대기업 종합몰들이 주도하다가 이후 각 카테고리별로 특화된 전문 쇼핑몰들이 나오게 되는데, 도서 전문 Yes24와 영화티켓 전문 Max movie 그리고 개인 간 경매 방식의 신 개념 쇼핑몰 옥션 등이 있다.

특히 1997년 오픈한 옥션은 중고 제품에서 시작하여 신상품 전체 영역으로 확장하면서 전성기를 구가하게 된다. 옥션은 온라인 유통에서 큰 의미를 가지게 되는데 옥션 이전의 온라인 유통은 대형몰, 전문몰 위주의 대기업이 운영하는 형태였기 때문에 입점 자체도 일정 규모 이상의 기업만이 가능하였으며 제한 요소들이 많았다. 그러나 옥션의 경우 개개인이 각자의 상품을 등록하고 판매하는 구조로서 지금의 일반적인 오픈마켓의 시초가 되었다. 옥션은 2001년 이베이에 인수되었는데 2000년대 후반까지 인터파크의 자회사인 G마켓과 치열하게 경쟁하였다. 이들의 경쟁은 2009년 4월 이베이가 G마켓을 인수하면서 끝났고, 이베이는 국내 오픈마켓을 거의 독과점에 가깝게 장악하게 되었다.

G마켓과 옥션으로 온라인 유통의 상당 부분을 점유한 이베이에 대항하는 오픈마켓은 2008년에 설립된 11번가였다. 11번가가 이베이에 대항할 수 있었던 것은 SK그룹의 전폭적인 지원이 있었기에 가능했다. OK 캐시백의 막대한 회원수와 캐시백 포인트 그리고 SK텔레콤과의 다양한 업무 제휴가 없었다면 아마 이베이를 상대할 수 없었을 것이다.

기존의 온라인 유통 강자였던 대기업 종합몰들은 다른 방식으로 이베이와 경쟁을 하게 된다. 오픈마켓과의 정면 승부로는 성과를 내기 힘들었던 대기업 종합몰들은 2000년대 초·중반 파죽지세로 성장한 홈쇼핑과의 연합을 통해 주도권을 되찾으려 한 것이다. 이들은 롯데몰-롯데홈쇼핑(이전 우리홈쇼핑), CJ몰-CJ홈쇼핑, 현대몰-현대홈쇼핑 등의 연합으로 규모 확대 및 운영 효율성 증대를 통해 종합몰로서 확실히 자리를 잡아갔다. 여기에 오프라인 유통의 절대 강자였던 이마트, 롯데마트, 홈플러스도 온라인 유통으로의 고객 이탈을 막기 위해 자체 온라인 쇼핑몰을 오픈하고 적극적으로 지원하였다. 의류를 위주로 한 개인 쇼핑몰도 많이 오픈해 틈새 시장을 차지하였다.

오픈마켓의 우세 속에 대기업 온라인/오프라인 종합몰, 전문몰, 개인 쇼핑몰이 공생하는 상황에서 강력한 경쟁자가 등장하게 된다. 아이폰의 등장과 함께 국내에서도 모바일 쇼핑 시장이 열리게 됐는데, 미국에서 유행하던 소셜커머스라는 신 유통 채널이 2010년 국내에서도 시작된 것이다. 티켓몬스터, 쿠팡, 위메프 3개 사가 '스마트폰으로 하는 공동구매'라는 콘셉트로 오픈마켓보다 저렴한 가격을 무기로 하여 단기간에 급성장하였다. 오픈마켓에는 너무 많은 수의 상품이 있어서 노출이 힘든 반면에 소셜커머스에는 적은 수의 파격 할인 상품들만 있기 때문에 매출이 상당히 우수하였다. 이들은 시장 선점을 위해 엄청난 마케팅 활동, 로켓배송, 물류센터 구축, 배송 서비스 강화 등에 막대한 자금을 투자하였다. 그러나 지속적인 적자가 해결되지 않자 결국 2015년 쿠팡을 시작으로 3사 모두 오픈마켓으로 전환 작업 중이다.

2013년 페이스북 등 SNS 열풍을 타고 새로운 온라인 유통 채널이 시작되었는데 바로 카카오스토리 채널, 네이버 밴드 공동구매다. 특히 카카오스토리 채널 공동구매의 경우 전성기인 2015년에 상위 23개 공동구매 채널 업체의 매출액이 2,000억 원에 달할 정도로 틈새 유통시장에서 큰 인기를 누렸으나 카카오스토리의 인기 하락 및 카카오의 도달률 조정 등으로 힘든 시기를 보내고 있다. 그러나 여전히 카카오스토리 공동구매 채널은 지속적으로 생성되고 있으며 중소기업의 틈새 판매 채널로서 큰 역할을 하고 있다. 최근에는 카카오스토리 채널, 네이버 밴드뿐만 아니라 인스타그램, 네이버 블로그, 페이스북을 통한 공동구매도 점차 증가하고 있는 추세다.

SNS 공동구매와 함께 해외직구, 역직구의 경우도 큰 성장세를 보이고 있다. 해외 오픈마켓에 대한 접근이 쉬워지고, 구매대행 등 일반 개인이 해외에서 상품을 구매하고 역으로 국내 상품을 해외에 판매하는 데 있어 장애 요인이 사라짐에 따른 자연스러운 현상이다.

최근 온라인 유통의 변화 속도는 엄청나게 빠르다. 오픈마켓, 소셜커머스, 종합몰의 틈바구니 속에 세분화된 전문몰(디자인몰, 반품몰, 유통기한 임박몰 등)들이 틈새 시장을 파고들고 있으며, 온라인 개인 판매자를 위한 B2B 배송대행 도매몰도 지속 성장하고 있다.

2014년부터 네이버에서는 중국 알리바바에서 운영하는 타오바오와 유사한 콘셉트의 스마트스토어(舊 스토어팜)라는 쇼핑 플랫폼을 운영하기 시작하였다. 네이버의 막대한 고객 기반 및 저렴한 수수료, 네이버페이를 통한 손쉬운 결제를 바탕으로 급성장하고 있다. 여기에 국민 메신저 카카오톡을 보유한 카카오도 막대한 고객 기반을 바탕으로 모바일 쇼핑몰 사업에 진출하며 역량을 집중하는 상황이다.

온라인 유통도 PC 기반에서 모바일로 넘어가고 있는 추세며 모바일 유통의 구성비는 향후 더욱 늘어날 것으로 전망된다. 모바일 쇼핑을 대체할 유통 채널은 핸드폰을 대체할 새로운 개념의 IT기기가 탄생하는 시점에야 가능할 것으로 예상된다.

최근 가장 핫한 이슈는 네이버 쇼핑과 쿠팡의 급성장일 것이다. 스마트스토어를 앞세운 네이버 쇼핑의 거래액은 이미 국내 모든 쇼핑 플랫폼 중 1위이며 쿠팡이 2위를 달리고 있다. 2020년 연간 거래액은 네이버 쇼핑이 30조 원, 쿠팡이 22조 원이었다. 쿠팡은 2021년 3월 21일 미국 증시에 상장했는데 첫날 시가총액이 무려 100조 4,000억 원으로 국내 전체 기업 중 삼성전자, 하이닉스에 이어 3위였다. 네이버 쇼핑과 쿠팡의 시장 지배력이 너무 높아지다 보니 향후에도 막강한 고객 트래픽, 검색 기반을 가진 네이버 쇼핑과 로켓배송을 앞세운 쿠팡 이외의 유통업체들은 더욱 힘들어질 것으로 생각된다.

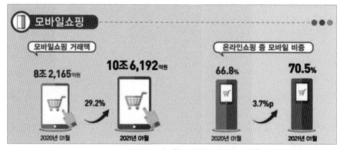

※ 2021년 1월 모바일 쇼핑 거래액(출처 : 통계청 보도자료)

Key Point

- 국내 유통시장의 현실 및 각 유통 채널의 특징과 트렌드를 파악하라.

- 오프라인 유통시장은 계속 감소하고 있으며 온라인 유통시장이 지속적으로 성장하고 있다. 오프라인 유통에만 머문다면 미래를 기약할 수 없다.

- 온라인 쇼핑의 60%를 차지하는 모바일 쇼핑 시장은 향후 전체 유통시장의 대세를 이룰 것이며 이에 대한 준비를 해야 한다.

- 과거와 비교해 현재는 상품을 판매할 수 있는 유통 채널이 매우 다양해졌다. 관심을 기울이기만 하면 내 상품을 판매할 유통 채널은 얼마든지 있다.

- 제조업체와 소비자 사이의 유통 단계가 단축되고 있다. 제조업체도 매출과 수익을 올리기 위해 직접 유통에 뛰어들어야만 살아남는 시대다.

- 아마존, 알리바바 등 글로벌 유통 채널 및 해외직구, 구매대행의 활성화로 과거와 달리 해외 판매 및 수입의 기회도 갈수록 확대되고 있다.

• 국내 유통시장의 흐름과 역사

① 오프라인 유통

재래시장 → 백화점 → 할인점 → 기업형 슈퍼마켓(SSM)/편의점 → 창

고형 할인점 → 카테고리 전문몰/복합 쇼핑몰

② 온라인 유통

TV 홈쇼핑 → 종합 쇼핑몰/전문몰 → 오픈마켓 → 개인 쇼핑몰 → 복

지몰 → 소셜커머스 → 온라인 카페/카카오스토리/네이버 밴드 공동구

매 → 스마트스토어/카카오 커머스/모바일 앱/인스타그램/페이스북/

모바일 홈쇼핑/T커머스 판매 → 라이브커머스

Part 2

온라인 유통 집중 분석

오픈마켓
거대한 온라인 유통 공룡

국내 온라인 유통시장은 크게 PC 쇼핑, 모바일 쇼핑, TV 홈쇼핑, 카탈로그 쇼핑 등으로 나눌 수 있다. 오픈마켓인 G마켓, 종합몰인 롯데닷컴의 경우에는 PC로 쇼핑하기도 하고 모바일로 쇼핑하기도 한다. 카탈로그 쇼핑은 홈쇼핑사에서 시행하는 쇼핑 방식인데 예전 백화점 카탈로그를 온라인상에서 구현한 것으로 보면 된다.

최근 트렌드는 PC를 이용한 쇼핑은 점차 줄어들고 있으며 모바일을 이용한 쇼핑이 급성장하고 있다. 이러한 트렌드는 앞으로도 지속될 것으로 보인다. TV 홈쇼핑의 경우는 라이브 TV 홈쇼핑 7개 사의 성장률은 미미하지만 인터넷TV를 통한 T커머스 홈쇼핑이 빠른 성장을 하면서 전체 TV 홈쇼핑 시장의 성장을 주도하고 있다.

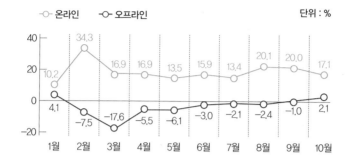

도표 1 2020년 월별 온라인/오프라인 채널별 매출 증감률

○ 온라인   ○ 오프라인   단위 : %

	1월	2월	3월	4월	5월	6월	7월	8월	9월	10월
온라인	10.2	34.3	16.9	16.9	13.5	15.9	13.4	20.1	20.0	17.1
오프라인	4.1	-7.5	-17.6	-5.5	-6.1	-3.0	-2.1	-2.4	-1.0	2.1

자료 : 리테일매거진(2020년 12월, 2021년 1월), 산업통상자원부, 통계청
주 : 오프라인 – 백화점(롯데, 현대, 신세계), 대형마트(이마트, 홈플러스, 롯데마트), 편의점(GS25, CU, 세븐일레븐), SSM(GS더프레시, 롯데슈퍼, 이마트 에브리데이, 홈플러스 익스프레스)
온라인 – 지마켓, 11번가, 옥션, 쿠팡, 인터파크, 이마트몰, 롯데온, 위메프, 티몬 등

먼저 오픈마켓에 대해 알아보자. 오픈마켓은 개인이나 업체가 온라인 상에서 자유롭게 원하는 가격에 상품을 판매 또는 구매할 수 있는 일종의 직거래 시장이다. 온라인 유통 중에서 거래액이 가장 크고(2016년 기준 전체 온라인 유통시장의 37% 매출 구성비) 대중적인 유통 채널이다. G마켓, 옥션, 11번가가 빅3 업체인데 G마켓과 옥션은 주인이 같으며(이베이-미국), 11번가는 SK가 운영하는 토종 업체다. 인터파크는 빅3 업체들 대비 매출이나 규모 면에서 많이 떨어진다. G마켓이 4사 중 매출 1위며 전 연령대의 여성 대상 상품이 많이 판매된다. 옥션은 남성 대상 상품이 인기가 높고, 11번가는 감각적인 20~30대 여성층 상품의 판매율이 높다.

오픈마켓은 진입장벽이 낮아서 누구나 사업자 등록과 통신판매업 신고만 하면 등록과 판매가 가능하다. 오픈마켓 시작 초기(2000년대 초반)에는 상품을 등록만 해도 어느 정도 판매가 되었으나 이것은 호랑이 담배 피던 시절의 이야기다. 지금은 등록 상품 수가 너무나 많고 가격 경쟁도 치열하기 때문에 아이템이 우수하고 경쟁력 있는 판매 가격이 아니라면 광고 없이 매출을 올리기가 쉽지 않다. G마켓에서 '청바지'를 검색해 보면 328,829개의 상품이 나온다. 고객에게 상품 노출은 고사하고 내가 등록한 상품을 찾기도 쉽지 않다. 이런 상황이기 때문에 상위 노출을 위한 광고를 하게 되는데, 나뿐만 아니라 다른 사람들도 광고를 하고 있다. 광고한다고 무조건 팔리는 것도 아니다.

Check Point

오픈마켓의 특징
- 낮은 수수료(8~13%, 카테고리별 상이), 빠른 정산주기(3~8일), 쉬운 상품 등록, 많은 소비자에게 노출 가능
- 광고 없이 상품 상위 노출 어려움, 판매자 간 경쟁 치열

오픈마켓에서 판매 활성화를 위한 중요 요소는 상품 판매량, 고객 구매 후기/상품평, 상품 키워드, 상품 카테고리 선정, 효율적인 광고 집행, 빠른 배송, 고객 만족도 등이다. 방문 고객이 워낙 많기 때문에 사실 상품성과 가격이 좋고 상위 노출만 잘되면 큰 매출을 올릴 수 있는 유통 채널이 바로 오픈마켓이다. 따라서 판매자는 노출을 극대화하는 데 모든 역량을 집중해야 한다.

오픈마켓에서도 단기간에 폭발적인 매출을 올리는 소셜커머스의 '딜' 판매 방식을 벤치마킹하여 슈퍼딜(G마켓), 쇼킹딜(11번가), 올킬(옥션)을 운영하고 있는데 최근 딜 판매 방식의 구성비를 높이고 있다. 딜에 참여하기 위해서는 각 오픈마켓 카테고리 담당 MD와 상담하고 이들의 승인

이 떨어져야 한다.

G마켓 상위 랭크를 결정하는 노출 지수

① 3일간의 판매 건수 및 금액

② 서비스 점수 = 배송 점수 + 응대 점수 + 후기 점수

③ 프로모션 활동 = 고객 혜택 제공, 리스팅 광고 구매 점수

④ 검색 정확도 지수

입점 방법

오픈마켓은 상품 등록 방식이라 입점이 쉽다. 각 오픈마켓 홈페이지에서 온라인으로 판매자 등록을 하고 요청 서류를 팩스 또는 등기우편을 통해 제출하면 판매자 등록이 된다. 그 후 상품을 등록하여 판매를 시작할 수 있다.

입점 제출 서류

① G마켓 – 사업자등록증 사본, 통신판매업신고증 사본

② 11번가 – 사업자등록증 사본, 사업자 통장 사본, 통신판매업신고증 사본, 인감증명서 원본

③ 옥션 – 사업자등록증 사본, 사업자 통장 사본, 통신판매업신고증 사본, 인감증명서 사본

④ 인터파크 – 사업자등록증 사본, 사업자 통장 사본, 통신판매업신고증 사본, 인감증명서 원본

G마켓 11번가 A. AUCTION.

주요 오픈마켓 업체

① G마켓 : www.gmarket.co.kr

② 옥션 : www.auction.co.kr

③ 11번가 : www.11st.co.kr

④ 인터파크 : www.interpark.com

⑤ 멸치쇼핑 : www.smelchi.com

⑥ 롯데ON : www.lotteon.com

소셜커머스
저물어가는 반짝 스타

    소셜커머스가 도입된 것은 2010년부터인데 쿠팡, 티켓몬스터, 위메프 3사가 치열한 경쟁을 벌이고 있다. 초기의 소셜커머스는 카페, 레스토랑 등의 음식점 반값 할인쿠폰으로 큰 인기를 모았으며, 그 후에는 여행, 문화 공연, 예술 분야에 이어 최근에는 쇼핑 영역으로까지 확대되었다.

    소셜커머스는 카테고리별로 MD를 배치하는데 MD에 의해 선별된 상품만 고객에게 제공하는 장점이 있다. 따라서 MD의 역량에 따라 상품의 품질과 가격이 달라지며, 오픈마켓에 비해 품질이 좋다는 평가도 있다. 그러나 지속적인 적자 누적으로 소셜커머스의 전성시대는 거의 끝났으며 저물어가는 유통 채널이라고 볼 수 있다. 최근에는 상품 구색 및 수익성 강화를 위해 오픈마켓으로의 전환이 이루어지고 있다.

    소셜커머스와 오픈마켓의 가장 큰 차이는 '딜'이라는 판매 방식에 있다. 오픈마켓이 상품을 등록하여 상시 판매하는 개념인데 반해 소셜커머스의 딜은 일정 기간 할인가로 행사를 하여 단기간에 폭발적인 매출을 올리는 것이 특징이다. 또한 오픈마켓의 경우 상품 상위 노출을 위한 광고비 부담이 컸으나 소셜커머스는 MD와 협의만 잘되면 광고비 부담 없이 고객에게 노출이 되면서 단기간에 매출을 올리는 것이 가능하다. 그러나 딜은 MD 승인이 필요해서 입점이 까다로운데 온라인 최저가 수준의 가격 조건이 요구된다.

최근에는 소셜커머스도 상품 구색 보강 차원에서 딜 판매 방식의 한계를 깨닫고 판매자가 등록한 상품을 '중개'하는 오픈마켓 시스템을 도입하였다. 이제는 소셜커머스에서도 오픈마켓처럼 MD 승인 없이 간단하게 상품 등록만 하면 판매를 할 수 있다. 이런 오픈마켓 방식의 판매는 딜에 비해 상품 노출이 어려우므로 매출도 딜에 비해 많이 떨어지는 한계가 있다. 하지만 상품 구색을 늘려야 오픈마켓에 대응하고 수익을 늘릴 수 있기 때문에 향후에도 오픈마켓 방식 판매 구성비가 점점 늘어나고 딜 판매의 구성비는 점차 낮아질 것이다.

또한 소셜커머스에서는 가공식품, 생활용품 같은 일부 회전율 높은 상품군에 한해 업체들로부터 직접 상품을 사입하여 판매하고 있다(쿠팡 : 로켓배송, 위메프 : 원더배송). 각 소셜커머스에서 직접 사입하여 판매를 진행하므로 소셜커머스의 판매 마진(30~45%)이 높으며, 판매 활성화를 위해 노출을 잘 시키기 때문에 매출 또한 상당히 우수하다. 쿠팡의 경우는 사입 판매인 로켓배송 상품 이외의 오픈마켓 방식 상품 등록 판매로는 매출을 올리기가 쉽지 않다. 따라서 로켓배송이 있는 카테고리라면 MD와 상담하여 물류센터에 로켓배송 상품으로 넣는 것에 집중해야 한다. 단, 로켓배송을 운영하지 않는 카테고리도 있는데 이런 카테고리는 오픈마켓 방식의 상품도 매출이 일어난다. 티켓몬스터, 위메프의 경우 업계 1위인 쿠팡을 따라가는 형국인데 이 업체들에서도 오픈마켓 방식의 판매와 사입 판매의 매출 비중이 계속 높아져가고 있다.

 과거에 소셜커머스의 가장 큰 장점은 광고를 하지 않아도 노출이 잘된다는 점이었다. 처음 소셜커머스가 등장했을 때 한 카테고리당 몇 개의 상품만 판매했고, 온라인 최저가 수준의 가격으로 인해 노출이 극대화되어 한 번의 딜에도 막대한 매출이 나왔다. 예를 들어, 티켓몬스터 위생 카테고리에서 같은 기간 내에 각티슈 행사는 한 가지만 하는 방식이었다. 그러다 보니 한 개의 딜당 엄청난 매출이 나왔고 딜을 진행하려는 업체가 점점 많아졌으며 기간도 늘려가는 형식으로 판매가 진행되었다. 그러나 지금은 티켓몬스터에서 각티슈를 검색하면 4,909건이 나온다. 예전 같은 폭발적인 매출은 어려워졌을 뿐 아니라 이제는 딜의 개념도 모호해졌다. 결국 소셜커머스는 현재 판매자가 스스로 세팅할 수 있는 광고 시스템만 없다 뿐이지 거의 오픈마켓과 차이가 없게 되었다. 수익 확보를 위해 소

Check Point ── 소셜커머스의 특징

- 광고비 부담 없음, 타깃이 20~30대인 상품에 적합, 사입 판매 상품 매출 우수
- 오픈마켓 대비 높은 수수료(딜 상품 12~20%, 오픈마켓 방식의 중개 판매 상품 7~18%, 사입 상품의 소셜커머스 마진 20~45%), 긴 정산주기(60~70일)
- 오픈마켓처럼 상품 등록 판매 형태(중개 판매)로 전환 진행

셜커머스를 위한 광고 시스템도 오픈하여서 쿠팡, 위메프, 티몬 모두 광고 프로그램을 운영 중인데 특히 쿠팡의 경우 오픈마켓처럼 광고의 중요성이 높아지고 있다. 쿠팡은 현재 위메프, 티몬과는 거래액(2020년 기준 22조 원)이나 고객 트래픽에서 비교할 수 없을 정도로 성장하였다. 국내 전체 온라인 쇼핑몰 중 네이버 쇼핑(2020년 기준 30조 원)에 이어 거래액에서 2위를 달리고 있다. 지금의 쿠팡을 만든 로켓배송에서 더 나아가서 2021년에는 제트배송이라는 추가 물류서비스를 론칭하여 좋은 반응을 보이고 있다. 제트배송은 가격 결정 권한을 판매자가 가지면서 쿠팡의 로켓배송 서비스를 동일하게 이용할 수 있다는 강점이 있다.

입점 방법

각 소셜커머스 홈페이지에서 판매자 가입을 한다. 딜 상품 등록은 각 소셜커머스 MD와 협의하여 통과되면 상품성과 가격 등을 고려하여 MD가 노출 위치를 결정한다. 단, 오픈마켓 방식의 판매는 MD 협의 없이 바로 상품 등록이 가능하다.

coupang TMON 위메프

주요 소셜커머스 업체

① 쿠팡 : www.coupang.com

② 티켓몬스터 : www.ticketmonster.co.kr

③ 위메프 : www.wemakeprice.com

종합몰(종합 쇼핑몰)
온라인 유통 채널의 귀족

　종합몰은 주로 대기업이 운영하는데 현대H몰, 롯데닷컴, GS Shop, CJ 몰, 신세계몰 등이 있다. 이들은 보통 TV 홈쇼핑 또는 오프라인 백화점도 동시에 운영한다. 초기 온라인 유통은 이런 대기업 종합몰에서 출발했는 데 오프라인 백화점을 온라인으로 옮겨놓은 형태다. 고객의 수준이 높으 며 백화점에서 판매되는 브랜드 상품이나 프리미엄 상품이 많이 입점되 어 있는 것이 특징이다. 종합몰에 입점된 상품이라고 하면 온라인 유통에 서 어느 정도 상품성을 인정받았다고 여겨진다. 그러나 최근에는 매출과 상품 구색 측면에서 오픈마켓과의 경쟁에서 밀리고 있다.

　종합몰에서 잘 팔리는 상품이 있는 반면 오픈마켓, 소셜커머스에서 인 기 있는 상품이 있다. 특히 종합몰에서는 해당 종합몰이 속한 대기업에 서 운영하는 백화점과 홈쇼핑의 브랜드 상품이 많이 판매되고 있다. 최 근에는 상품 구색 확대를 위해 오픈마켓처럼 다양한 상품을 갖추기 위해 노력하고 있다.

종합몰의 경우 종합몰만 이용하는 30대 후반 이후의 충성고객들이 많이 있으며, 카테고리당 입점 상품의 수가 오픈마켓 대비 상대적으로 적다. 따라서 입점하기는 어렵지만 일단 입점하기만 하면 어느 정도 안정된 매출이 보장된다. 오픈마켓과 소셜커머스에서는 가격 경쟁이 치열하지만 종합몰의 경우는 상대적으로 가격 경쟁도 덜한 편이다.

종합몰은 고객에게 백화점 수준의 서비스를 제공한다. 고객 서비스 및 상담을 종합몰의 전문 CS 직원이 직접 진행하기 때문에 판매자가 직접 상담하는 오픈마켓이나 소셜커머스와 비교하면 훨씬 친절하다. 또한 반품, 교환, 환불 등이 타 쇼핑몰보다 원활하다. 입점 업체의 경우 큰 부담이 되는 고객 서비스 업무를 종합몰에서 대신 해주기 때문에 판매 활동에 더욱 집중할 수 있다.

충성고객, 입점 업체 또는 상품의 수준, 고객 서비스, 안정적인 매출 등의 측면에서 종합몰은 오프라인의 백화점과 유사성이 많다. 그런 이유로 브랜드 홍보 및 인지도를 강화하고자 하는 업체들이 오프라인 백화점에 입점하려는 목적과 비슷하게 온라인 종합몰에 입점하고자 하는 경향이 있다. 그러나 오프라인 백화점과 마찬가지로 입점 업체에 대한 심사 및

Check Point

종합몰의 특징
- 다수의 충성고객, 브랜드 또는 프리미엄 상품 유리, 광고비와 고객 서비스 부담 적음
- 높은 수수료(20~35%), 긴 정산주기(40~50일), 까다로운 입점 조건과 절차

입점 절차가 까다롭다. 단순히 상품만 우수하다고 입점할 수 있는 것이 아니라 업체 신용도, 브랜드 인지도, 매출 규모 등 종합몰에서 평가하는 다양한 항목들에서 기준 점수 이상이어야만 입점이 가능하다.

입점 방법

각 종합몰 홈페이지의 입점 제안 코너에서 입점에 필요한 서류들(꼼꼼한 업체 검증으로 인해 제출 서류가 상당히 많음)을 확인하여 준비한 후 온라인으로 입점 신청하면 MD가 평가한다. 오픈마켓처럼 등록만 하면 입점되는 방식이 아니라 MD 승인 방식이기 때문에 입점이 까다롭다. 백화점, 할인점 등 대기업이 운영하는 오프라인 대형 유통 입점을 생각하면 된다.

GS Shop 입점 절차

입점 제안 → 입점 심사 → 협력사 등록 → 전자계약 → 상품 등록 → 품질 검사(QA) → 사전 심의 → 상품 판매

주요 종합몰

① 롯데닷컴 : www.lotte.com

② 현대H몰 : www.hyundaihmall.com

③ GS SHOP : www.gsshop.com

④ CJ몰 : www.cjmall.com

⑤ 신세계몰 : shinsegaemall.ssg.com

⑥ AK몰 : www.akmall.com

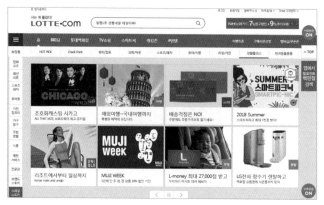

롯데닷컴

홈쇼핑 & 인포머셜
엄청난 단기 매출

| 홈쇼핑

홈쇼핑의 가장 큰 특징은 엄청난 시간당 매출을 들 수 있다. 홈쇼핑업체의 일반적인 시간당 매출 목표는 1억~3억 원인데 일반적인 중소기업 상품으로 이 목표를 소화해내기는 쉽지 않다. 현재 7개의 라이브 TV 홈쇼핑사가 경쟁하고 있는데 오픈마켓, 소셜커머스, 종합몰과의 경쟁 심화 및 고객 연령 고령화, 방송 수수료 증가로 힘든 상황이다. 다행스럽게도 인터넷TV를 이용한 T커머스 홈쇼핑이 고속 성장하면서 전체 홈쇼핑의 성장을 이끌고 있다. 백화점 등을 소유한 대기업이 주로 라이브 TV 홈쇼핑을 운영하고 있는데 롯데홈쇼핑, GS홈쇼핑, CJ오쇼핑, 현대홈쇼핑, NS홈쇼핑(식품 위주-하림그룹), 아임쇼핑(중소기업 공영 홈쇼핑-농협/수협/중소기업유통센터 출자)이 있다.

홈쇼핑에서 매출을 좌우하는 것은 채널 번호와 방송 시간대다. 채널 번호는 6, 8, 10번이 가장 좋으며 다음으로 4번과 12번인데, 이들 채널 번호는 재핑(정규 방송 중에 홈쇼핑 방송으로 채널을 돌리는 것) 효과를 노릴 수 있기 때문에 유리하다. 프라임 타임은 오전 10~12시, 저녁 8~12시인데 보통 이런 시간대는 매출 목표도 최고로 높기 때문에 기존에 매출이 검증된 대기업 또는 브랜드 상품이 주로 편성된다. 신규 상품이나 중소기업 상품은 주로 프라임 타임 외의 시간대에 편성되는 경향이 있다.

홈쇼핑은 깐깐한 업체 선정과 검증된 상품성으로 40대 중반 이상의 충성고객을 많이 확보하고 있다. 시간당 매출이 억 단위기 때문에 상품 판매 단가는 평균 5만 원 이상이며, 판매 전에 매출 목표의 120% 정도 분량의 상품을 준비해놓아야 하므로 중소기업 입장에서는 부담이 클 수밖에 없다. 첫 방송에서 매출이 좋으면 추가 방송도 기대해볼 수 있지만, 첫 방송에서 매출이 좋지 않은 경우에는 추가 방송을 기약하기가 쉽지 않다. 홈쇼핑 판매에 실패한 상품은 땡처리/특판/공동구매 시장으로 흘러가기도 한다. 따라서 홈쇼핑은 대박 아니면 쪽박 유통시장이라고 할 수 있다.

막대한 사전 재고 준비 물량 및 사전 영상 비용(제작 비용 1천만~3천만 원) 때문에 제조사, 홈쇼핑 벤더사, 투자사가 함께 진행하는 경우도 많다. 홈쇼핑의 특수한 운영 구조상 방송 중에 인서트 영상, 즉 입점 업체가 사전에 준비해야 하는 상품 설명 영상이 있는데 이것을 제조사가 직접 준비하기는 어렵다. 따라서 인서트 영상 및 홈쇼핑 프로세스를 잘 아는 홈쇼핑 전문 벤더사를 끼고 입점하는 경우가 많다. 벤더사 수수료는 벤더사의 업무 관여 정도에 따라 다른데 보통 5~15% 수준이다.

홈쇼핑에는 정액방송과 정률방송이 있다. 정액방송은 시간당 일정액의 수수료를 지불하고 판매하는 방식이며, 정률방송은 시간당 총 판매금액에서 일정 비율의 수수료를 지불하고 판매하는 방식이다. 중소기업 입장에서는 판매된 매출액에 따라 수수료를 지불하여 위험 부담이 상대적으로 적은 정률방송이 유리하다. 그러나 최근 추세는 주요 홈쇼핑사에서 100% 정률방송은 거의 없고 100% 정액방송 또는 반정액(정액+정률) 방송 형식으로 운영된다. 따라서 만약 매출이 많이 부진하면 판매를 하고도 도리어 홈쇼핑사에 추가로 비용을 지불하게 되는 경우가 발생할 수도 있다.

홈쇼핑은 온라인 유통 채널치고는 수수료가 상당히 높고(평균 35~45% & 정액방송 비용) 기타 사전 영상 제작비, 외부 게스트 비용, ARS 비용 등 추가로 막대한 비용이 들기 때문에 중소기업의 경우는 수수료가 상대적으로 저렴한 (20%대) 중소기업 공영 홈쇼핑인 아임쇼핑을 노려보는 것을 추천한다. 홈쇼핑 입점 시 중소기업청의 지원을 받는 방법도 있으니 고려해보길 바란다. 공영 홈쇼핑은 주고객이 50대가 많으며 특히 먹거리(식품) 판매에 강하다.

홈쇼핑에서 많이 판매되는 상품은 식품, 의류, 화장품, 주방용품 등이며, 그 밖에 가전, 스포츠/건강, 잡화, 가구/인테리어 용품도 판매가 이루어진다. 봄/여름 시즌에는 의류와 화장품의 비율이 높으며, 가을에서 겨울로 갈수록 식품의 비중이 높아진다. 맛, 성능, 사용법, 사용 후기에 대해 직접 보여주면서 추가 설명이 필요한 아이템의 경우에 홈쇼핑 판매가 효과적이다. 상품 자체의 우수성도 중요하지만 유명 연예인이나 전문가

홈쇼핑의 특징

- 폭발적인 시간당 매출, 채널 번호와 방송 시간대 중요, 40대 중반 이후의 충성고객
- 막대한 재고와 비용 부담, 복잡한 운영 구조, 높은 수수료(평균 35~45%), 긴 정산주기(40~50일), 홈쇼핑 전문 벤더 관여도 높음, 행사 종료 후 잔여 물량 처분 중요, 높은 반품률(평균 15~25%)

가 출연해서 상품에 대해 설명할 때 매출이 크게 일어나는 경우가 많다.

입점 방법

업체 정보, 이행 보증보험, 신용평가서 등 입점에 필요한 서류들을 준비한 후 각 홈쇼핑 홈페이지의 입점 제안 코너에서 온라인으로 입점 신청하면 된다.

입점 신청 → 신청 검토 → MD 상담 → 품평회/품질 검사 → 계약 체결 → 판매 진행

주요 홈쇼핑업체

① GS홈쇼핑 : company.gsshop.com

② 롯데홈쇼핑 : www.lotteimall.com

③ CJ오쇼핑 : www.cjoshopping.com

④ NS홈쇼핑(농수산 홈쇼핑) : pr.nsmall.com

⑤ 아임쇼핑(공영 홈쇼핑) : www.publichomeshopping.com

주요 홈쇼핑 영상 제작업체

① 송영철공작소 : www.songpd.co.kr

② 고미디어 : www.gomedia.co.kr

③ 이수영상 : www.isupro.co.kr

홈쇼핑사의 추가 사업 영역

① TV 홈쇼핑 : 메인 사업
② 종합몰 : 대부분의 홈쇼핑사는 종합몰도 동시 운영
③ 모바일 쇼핑 : 20~30대 타깃 모바일 앱을 이용한 간편 구매(수수료 10~15%)
④ 카탈로그 쇼핑 : 50~60대 이상 고객 대상(수수료 30~40%), 백화점 등에서 하는 전통적인 카탈로그 판매 방식
⑤ T커머스(주로 IPTV) : 디지털 데이터 방송을 통해 TV와 리모컨만으로 상품 정보를 검색 · 구매 · 결제 등의 상거래를 할 수 있는 서비스, 20~30대를 겨냥한 시청자 주도 쇼핑(수수료 30~35%), 최근 급성장하고 있음
  → 홈쇼핑사가 운영하는 1개의 영역에서 우수한 매출을 올리면 다른 영역 판매도 기대할 수 있음

| 인포머셜 홈쇼핑(유사 홈쇼핑)

케이블TV 방송 중간에 라이브 홈쇼핑 방송과 유사하게 실시간이 아닌 녹화 형태의 상품 판매 방송을 볼 수 있는데 이것이 바로 인포머셜이다. 인포머셜을 운영하는 주체는 방송위원회로부터 전문 홈쇼핑 방송 채널 사업자로 승인을 받지 않은 일반 홈쇼핑 사업자인데 이러한 인포머셜은 방송이 아니라 광고로 분류된다. 현재 수십 개의 인포머셜 홈쇼핑업체가 있으며 이들은 케이블TV 채널의 일정 시간대('띠'라고 한다)를 연간 계약

으로 할당받아 운영하고 있다.

일반적인 운영 구조는 '띠'를 가진 인포머셜 홈쇼핑업체에 인포머셜 전문 벤더업체가 상품을 공급하는 구조다. 40대 이상 고객이 주를 이루며 평균 수수료가 50~65% 정도로 상당히 높고 방송 비용(촬영 제작비, 호스트비, 연예인비 등)이 많이 든다. 현실적으로 제조업체가 직접 방송을 제작하고 인포머셜 홈쇼핑업체와 거래하기는 힘들기 때문에 보통 인포머셜 전문 벤더가 이런 역할을 대행한다. 인포머셜 홈쇼핑업체에 입점하게 되면 인포머셜 홈쇼핑업체에서 제안한 상품에 맞는 채널에 시험 방송을 해보고 반응이 좋으면 다른 채널 및 황금시간대로 확대되지만, 만약 시험 방송에서 반응이 좋지 않으면 바로 중단될 수도 있다.

인포머셜 홈쇼핑의 좋은 점은 상품 홍보 효과다. 인포머셜 홈쇼핑에서 방송이 한 번 되면 온라인에서 검색 수 0이었던 상품이라 할지라도 2~3일 후에는 검색 수가 1만~3만 단위로 올라가게 된다. 만약 매출이 좋아서 지속적으로 방송이 된다면 온라인상에서 상품 홍보가 확실하게 될 수 있다.

인포머셜 홈쇼핑은 높은 수수료 때문에 충분한 마진 구조가 나와야 하는데 중소기업의 아이디어 상품이나 보험/상조 등의 금융 및 서비스 상품이 적합하다. 인포머셜 홈쇼핑의 히트 상품으로는 크기가 작은 굴비 같은 농수산 식품류, 장미칼 같은 아이디어 주방용품, 스네이크 매직호스 같은 아이디어 욕실용품, 보험과 상조 등이 있다. 이렇게 인포머셜 홈쇼핑에서 히트친 상품들은 충분한 마진 구조로 인해 할인율이 높아야 판매가 이루어지는 소셜커머스, 카카오스토리 채널/네이버 밴드 공동구매에도 적합하다.

입점이 까다롭고 각종 제약 요건이 있는 정규 홈쇼핑 대신에 입점이 쉽고 녹화한 광고 영상을 활용할 수 있는 인포머셜 홈쇼핑에 도전해보는 것도 중소기업 입장에서는 좋은 기회일 수 있다.

Check Point

인포머셜 홈쇼핑의 특징
- 녹화 영상 사용, 매출 좋으면 24시간 방송 판매 가능, 짧은 정산주기(7~10일)
- 정규 TV 홈쇼핑 대비 입점 용이함, 자세한 설명이 필요한 고단가 상품에 적합, 상품 홍보 효과 높음
- 높은 수수료(평균 50~65%), 영상 제작 비용(1천만~3천만 원), 매출 나쁘면 바로 방송 중단, 인포머셜 전문 벤더의 역할 중요

인포머셜 홈쇼핑 입점 방법

인포머셜 홈쇼핑업체에 이메일을 보내거나 전화 통화를 해서 입점 조건을 협의하면 된다. 만약 상품 공급 업체가 방송용 영상 제작에 대한 지식과 영업 능력이 있다면 전문 벤더를 끼지 않고 직접 영상을 제작하여 인포머셜 홈쇼핑업체에 입점할 수 있다.

주요 인포머셜 홈쇼핑업체

① 인포벨 : www.infobell.kr

② 미디어닥터 : www.mediadoctor.co.kr

인포머셜 홈쇼핑

복지몰

일반인은 모르는 숨겨진 알짜 매출

복지몰은 일반인이 흔히 이용하는 오픈마켓, 소셜커머스, 종합몰과는 달리 대기업 임직원몰이나 공무원몰, 특정 공공기관몰, 카드사 회원 포인트몰 등 특수 직종과 계층에 속한 사람들만 이용할 수 있는 몰을 말한다. 일반인에게 오픈이 안 된다는 의미에서 폐쇄몰이라 불리기도 한다.

일반 규모가 큰 회사나 공공단체의 경우 직원들에게 정해진 월급 이외에 직원 복지 차원에서 다양한 복리후생비를 지급하는데 이를 현금으로 주지 않고 복지 포인트 방식으로 지급하는 경향이 있다. 지급받은 복지 포인트로 회사나 단체에서 직접 또는 위탁으로 운영하는 복지몰에서 상품을 구매하거나 서비스를 이용하면 된다. 복지 포인트 제도의 유무에 따라 매출 차이가 크기 때문에 반드시 복지몰 입점 전에 복지 포인트 제도가 있는지 확인해야 한다. 2010년을 기점으로 각 기업들이 경쟁적으로 직원들의 복리후생을 위해 선택적 복리후생제도를 도입한 결과 복지몰이 번성하였고, 신용카드가 활성화됨에 따라 카드사 포인트몰도 크게 확대되었다.

복지몰의 가장 큰 장점은 인터넷 가격 검색 시 판매 가격이 노출되지 않는다는 점이다. 따라서 시장 가격을 망가뜨리지 않고 가격 할인을 통해 큰 매출을 올릴 수 있으며, 급하게 처리해야 하는 물량이 있을 때도 유용하게 이용할 수 있는 유통 채널이다. 제조업체나 벤더업체 입장에서는 이익은 제쳐두고 매출 또는 재고 처리를 위해 일시적으로 치고 빠지는 용도로 많이 이용된다. 복지몰 자체가 직원들에게 추가 혜택을 주는 개념이기 때문에 복지몰 입점의 기본 조건은 온라인 검색 최저가 이하로 공급해야 한다는 것이다. 이때 온라인 최저가와 가격 차이가 얼마나 나느냐에 따라 매출이 크게 달라진다.

복지몰이 인기 있는 또 하나의 이유는 폐쇄적인 운영 구조로 인해 일반 오픈마켓 대비 동일 카테고리 내의 입점 상품 수가 적어서 상품 노출이 우수하기 때문이다. 복지몰이 일반에 잘 알려지지 않은 유통이다 보니 정보도 부족하고 입점 업체들도 오래 전부터 복지몰과 거래해온 업체인 경우가 많다. 지금부터라도 복지몰을 잘 공략한다면 우수한 상품을 보유한 중소기업들은 좋은 성과를 기대할 수 있을 것이다.

우리나라의 대기업이나 대형 공공기관의 경우 약 80% 정도가 복지몰을 운영하고 있다. 그런데 복지몰을 해당 기업 또는 기관이 직접 운영하기에는 어려움이 있기 때문에 대부분이 복지몰 전문 운영 업체에게 위탁한다. 따라서 복지몰에 입점하기 위해서는 이들 복지몰 전문 운영 업체를 공략하면 된다. 대형 복지몰 전문 운영 업체에서는 수십, 수백 개씩 위탁 운영을 하므로 관계를 잘 맺어두는 것이 유리하다. 가령 이지웰페어는 1,000여 개, E-제너두는 600여 개 업체의 복지몰을 위탁 운영하고 있다.

외부 업체를 이용하지 않고 자체적으로 운영하는 복지몰은 직접 해당 기업 또는 기관에 접촉해서 입점해야 하는데, 복지몰의 규모 및 조건을 보고 선택적으로 접근해야 한다. 자체 운영 복지몰로는 우체국과 교직원나라 등이 있다. 그 밖에 다른 자체 운영 복지몰에 대한 정보는 네이버 대형 유통 카페(유통과학연구회, 온라인유통센터 등)나 유통 관련 카카오 오픈채팅방 등에서 얻을 수 있다.

복지몰에서 특히 인기 있는 상품은 복지에 걸맞는 건강 관련 식품이나 운동기구, 스포츠 용품, 대기업 브랜드 상품 등이다. 오픈마켓이나 종합몰만큼은 아니지만 최근에는 복지몰에서도 회원들을 위해 다양한 상품 구색을 갖춰나가고 있다. 입점을 검토할 때는 특히 온라인 최저가 조건을 반드시 확인하고 제안해야 한다. 온라인 최저가와 차이가 클수록 큰 매출을 기대해볼 수 있다.

복지몰의 특징
- 판매 가격 비노출, 온라인 최저가 조건, 복지몰 운영 대행 업체 공략
- 평균 수수료 15~25%, 긴 정산주기(45~60일), 복지 포인트 운영 여부 확인

입점 방법

각 복지몰 또는 운영 대행 업체 홈페이지의 온라인 입점 제안 코너를 이

용한다. 공식적으로 입점 제안을 받지 않는 복지몰도 많은데, 이런 복지몰은 인맥으로 접근할 수밖에 없다. 입점 신청을 하면 보통 2~3주는 기다려야 하는데 합격/불합격 답변이 오는 경우도 있고 오지 않는 경우도 있다. 보통 답변이 안 오면 불합격했다고 생각하면 된다.

주요 복지몰 운영 대행 업체

① 이지웰페어 : www.ezwel.com(회원사 1,000개 이상)

② E-제너두 : www.etbs.co.kr(회원사 600개 이상)

③ SK베네피아 : www.benepia.co.kr(회원사 800개 이상)

④ 네티웰 : www.netiwell.com(회원사 120개 이상)

⑤ 인터파크 비즈마켓 : www.biz-market.co.kr(회원사 100개 이상)

복지몰 운영 대행 업체 'E-제너두'

전문몰
마니아층 고객 공략

오픈마켓, 소셜커머스, 종합몰이 거의 모든 카테고리의 상품을 판매하는 반면에 특정 카테고리 또는 대상이 선호하는 상품을 판매하는 전문몰도 존재한다. 전문몰은 오픈마켓이 활성화된 이후 등장하여 인기를 누리다가 소셜커머스가 등장하면서 많이 사라졌고 지금은 일부 특화된 전문몰만이 살아남은 상황이다. 콘셉트가 좋고 인기가 있는 일부 전문몰은 대기업이 인수하여 더욱 활성화시키고 있다.

대중적인 오픈마켓, 소셜커머스, 종합몰에서는 광고비 부담 및 노출이 어려워서 잘 안 팔리는 상품이라도 콘셉트가 맞는 전문몰에서는 충성스러운 마니아 고객층이 있기 때문에 좋은 매출이 일어날 수 있다. 특히 프리미엄급이면서 단가가 높고 전문적인 상품의 경우에 이런 전문몰을 공략하면 효과적이다.

전문몰의 수수료 및 정산 조건은 각 몰마다 천차만별이지만 기본적으로 오픈마켓에서 가장 문제가 되는 광고비의 비중을 줄일 수 있어서 좋다. 또한 전문몰은 상대적으로 입점이 용이(주로 홈페이지 내 입점 상담 신청)하고, 전문몰에서 일정 수준 이상의 매출 실적을 보이면 그 판매 데이터를 바탕으로 소셜커머스, 종합몰, SNS 공동구매, 오프라인 유통업체에 입점할 토대를 만들 수 있다는 점에서도 유리하다.

주요 전문몰을 살펴보면 아래와 같다.

얼리어답터몰

CJ오쇼핑이 인수하여 운영하고 있는 펀샵은 아이디어 상품 전문몰로 남성 고객이 많다. 차별화된 아이디어 상품의 경우 매출이 아주 우수하며, 입점 단품당 매출이 탁월하게 높다. 상품 상세 페이지도 펀샵에서 직접 만들기 때문에 고객에게 상품 어필이 잘되며, 고객 상품 리뷰도 전문가 수준으로 꼼꼼하고 상세하게 작성한다.

EARLYADOPTER는 프리미엄/아이디어 상품이 판매되고 있다. 초기에는 얼리어답터 상품 전문 쇼핑몰이었으나 지금은 콘셉트가 바뀌어서 상품 리뷰가 주를 이루며, 이와 병행하여 얼리어답터 상품 판매도 이뤄지고 있다.

① 펀샵 : www.funshop.co.kr

② EARLYADOPTER : www.earlyadopter.co.kr

디자인몰(트렌드몰)

디자인몰은 예쁜 디자인의 가정생활(인테리어/수예/문구/주방/가전/조

명 등), 패션, 잡화 상품 등을 판매하는 전문몰이다. 20~30대 여성 충성고객이 많은데 기발하고 예쁜 디자인의 상품은 디자인몰에서 판매하는 것이 더 효과적이다. 텐바이텐은 SK, 1300K는 NHN(네이버)에서 디자인몰의 성장 가능성을 보고 인수해서 운영 중이다.

① 텐바이텐 : www.10x10.co.kr

② 1300K : www.1300k.com

③ 바보사랑 : www.babosarang.co.kr

④ 29cm : www.29cm.co.kr

SK가 운영하는 디자인몰 '텐바이텐'

뷰티몰

뷰티몰은 화장품 및 기타 미용용품을 전문으로 판매하는 쇼핑몰이다. 오프라인의 CJ 올리브영, 롭스 같은 H&B 스토어의 온라인몰 형태라고 보면 된다.

① 미미박스 : www.memebox.com

② 우먼스톡 : www.womanstalk.co.kr

③ SKINRX : www.skinrx.co.kr

④ 아이뷰티랩 : www.ibeautylab.co.kr

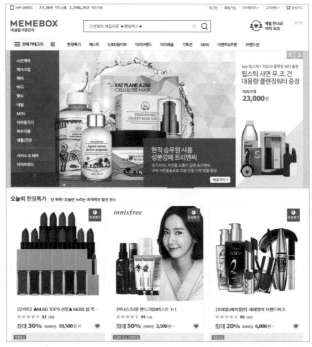

뷰티몰 선두 기업 '미미박스'

유통기한임박몰/땡처리몰

유통기한이 임박한 상품이나 기타 사연이 있어 신속히 처분해야 하는 상품들만 판매하는 전문몰이다. 일반 오프라인 도매시장에 넘기는 가격 대비 좋은 조건으로 판매가 가능하다.

① 이유몰 : www.eyoumall.co.kr

② 떠리몰 : www.thirtymall.com

반품몰

반품 상품이나 자투리 재고 상품을 전문적으로 거래하는 전문몰이다.

① 반품몰 : www.banpummall.com

② 반품닷컴 : www.banpumsale.com

판촉/사은품몰

판촉/사은품을 거래하는 전문몰이다. 일부 판촉/사은품몰에서는 개인이 직접 운영할 수 있는 판촉 또는 사은품 관련 폐쇄몰을 분양해주기도 한다.

① 하나원BIZ마켓 : www.hanaonebiz.com

② 판촉사랑 : www.87sarang.com

③ 기프트북 : www.giftbook.co.kr

비품몰(기업/개인)

기업과 개인용 각종 비품들을 거래하는 전문몰이다.

① 비품넷 : www.bipum.net

② 옐로아이템 : www.yelloitem.co.kr

애견용품몰

다양한 애견용품들을 거래하는 전문몰이다.

① 강아지대통령 : www.dogpre.com

② 유어독 : www.yourdog.co.kr

③ 펫클럽 : petclub.co.kr

신선 전문몰

새벽 배송을 강점으로 최근 급성장하고 있는 신선식품, 신선 가공식품, 반조리 식품을 거래하는 전문몰이다.

① 헬로네이처 : www.hellonature.net

② 마켓컬리 : market.kurly.com

새벽 배송으로 급성장한 '마켓컬리'

수제품 전문몰

직접 제작한 천연비누, 디퓨저, 베이커리 같은 핸드메이드 상품들을 거래하는 전문몰이다.

아이디어스 : www.idus.com

그 밖에도 인터넷에서 검색해보면 다양한 카테고리 전문몰을 찾아볼 수 있다. 이런 카테고리 전문몰은 특별한 타깃 대상이 있는 상품을 취급하는 중소 업체라면 적극적으로 공략해볼 만하다.

온라인 도매몰
B2B 거래 전문

    도매몰은 오프라인의 도매시장을 온라인으로 옮겨온 것이라고 할 수 있다. 도매몰에는 두 종류가 있는데 일반 소비자 판매를 위한 상품 사입용으로 도소매 업자들이 이용하는 매입형 도매몰과 온라인 판매자들이 사입하지 않고 이용하는 배송대행형 도매몰이 있으며, 양쪽을 병행하는 도매몰도 있다.

    매입형 도매몰의 경우 카테고리의 특성상 패션과 잡화 쪽이 많다. 일정 수량 이상 사입해야 하며, 도소매 판매업자에게 공급하는 것이기 때문에 그들이 일정 마진을 볼 수 있게 가격 또한 소비자 판매가 대비 충분히 낮게 책정되어야 한다. 보통 규모가 작은 편이지만 모든 카테고리를 취급하는 종합 도매몰은 매출 규모가 크다.

    다양한 카테고리의 상품을 취급하는 매입형 종합 도매몰의 경우 판매자는 쉽게 도소매 거래처를 늘릴 수 있으며, 구매자는 저렴한 가격에 다양한 판매용 상품을 사입할 수 있다는 것이 특징이다. 매입형 종합 도매몰의 수수료는 3~7% 수준이며 정산기간은 7~18일이다. 매입형 종합 도매몰의 대표 주자는 도매꾹인데 가격경쟁력이 우수하기 때문에 도매꾹에서 상품을 사입하여 국내외 오픈마켓에서 판매하는 개인 판매자도 상당수에 이른다.

만약 내가 한 건 단위로 배송이 가능하다면 매입형 도매몰과 배송대행형 도매몰 모두에 입점이 가능하며, 일정 수량 이상만 배송 가능하다면 매입형 도매몰에 입점할 수 있다.

매입형 종합 도매몰의 판매자 유형

① 제조/수입업체 브랜드 홍보 및 도매 판매망 구축

② 온라인/오프라인 도매시장 원도매업체의 도매 판매

③ 제조/수입/유통업체의 잔여 재고 덤핑 판매

④ 소매업체의 도매 진출을 위한 도매 판로 구축

종합 도매몰의 구매자 유형

① 인터넷 쇼핑몰/오프라인 매장 운영자의 주요 상품 사입

② 이베이/아마존/큐텐 등 글로벌 판매자의 판매 아이템 확보

③ 노점상의 소량 판매용 상품 사입

④ 기업체/각종 단체의 판촉 및 사은품 확보

주요 매입형 도매몰

① 도매꾹(종합 도매몰) : www.domeggook.com

② 신상마켓(패션/잡화 전문 도매몰) : www.sinsangmarket.kr

③ 도매다(시계 전문 도매몰) : www.domeda.co.kr

종합 도매몰 매출 1위 '도매꾹'

배송대행형 도매몰의 경우에는 판매자로 등록하면 도매몰의 상품 대장 리스트, 이미지, 상세 페이지를 도매몰 입점 업체로부터 공급받는다. 이 정보를 가지고 오픈마켓, 소셜커머스, 개인 쇼핑몰 등 각종 온라인/오프라인 유통 채널에서 판매 활동을 할 수 있다. 이후 고객으로부터 주문을 받으면 도매몰에 주문을 넣어서 상품 공급 업체가 직접 고객에게 배송을 해준다. 여기까지만 들어보면 정말 환상적인 유통 채널이다. 상품을 사입할 필요도 없고 판매를 위한 상품 이미지 및 상세 페이지도 주며, 주문만 넣으면 포장해서 고객에게 배송까지 해주니 말이다. 그러나 상세 페이지와 이미지 제공 및 재고 관리, 포장, 배송 등 모든 작업을 도매몰 공급 업체가 대행해주기 때문에 당연하게도 상품의 가격경쟁력은 떨어지는 경우가 많다.

하나의 상품을 집중적으로 판매하는 방식이 아니고 가격경쟁력도 떨어지기 때문에 판매자가 오픈마켓, 소셜커머스, 개인 쇼핑몰에 수천, 수만 가지 상품을 대량으로 등록하여 매출을 일으키는 방식이 일반적이다. 하지만 사입 없이 무자본으로 온라인 판매를 시작할 수 있다는 장점 때문에 지속적으로 성장하고 있다. 배송대행형 도매몰은 온채널, 오너클랜 등 여러 업체들이 치열하게 경쟁하고 있으며, 지금도 지속적으로 신규 업체가 생겨나고 있다.

배송대행형 도매몰 입점 업체 입장에서의 장·단점

- 장점 : 단기간에 상품을 온라인/오프라인상에 홍보 가능, 가격 노출 없이 새로운 유통망 개척 가능
- 단점 : 시장 가격 관리의 어려움

판매자 입장에서의 장·단점

- 장점 : 無 자본, 無 재고, 유통 노하우 불필요, 상품 정보가 부족해도 판매 가능
- 단점 : 가격경쟁력 부족, 동일 상품을 파는 다수의 경쟁자, 단독 상품 개발 불가

입점 방법

① 상품 공급 업체

각 도매몰의 온라인 입점 신청을 통해 필요 서류를 제출하면 MD가 입점 여부를 확정한다. 가격이 무너져 있거나 도소매 업자들이 팔 만한 마진 구조가 나오지 않는 상품의 경우에는 입점이 거절될 수 있다.

② 배송대행형 도매몰의 개인 판매자

도매몰 사이트에서 판매자 등록 신청을 하고, 사업자등록증 등 몇 가지 필요 서류만 있으면 간단히 판매자로 등록된다(단, 간이 과세자는 등록 불가).

주요 배송대행 도매몰

① 온채널 : www.onch3.co.kr

② 오너클랜 : www.ownerclan.com

③ 온유비즈닷컴 : www.onubiz.com

④ 도매토피아 : www.dometopia.com

⑤ W-Trading : www.w-trading.co.kr

⑥ 도매매 : www.domeme.com

유통 전문 B2B 플랫폼 '온채널'

온채널(www.onch3.co.kr)은 제조사와 판매사가 직거래하는 유통 전문 B2B 플랫폼으로서 제조사에게는 판로 개척을, 판매사에게는 우수한 상품을 발굴하는 장이다. 제조사는 자사의 상품을 팔아줄 능력 있는 판매사를 원하고, 판매사는 매출을 올려줄 경쟁력 있는 상품을 원한다. 온채널은 두 가지 욕구를 동시에 충족시키고자 탄생했다.

온채널의 핵심 서비스는 유통 마케팅이다. 온채널에 입점하면 단기간에 다양한 유통/콘텐츠 경로를 확보할 수 있어 매출 향상에도 도움이 된다. 현재 1만 개의 입점사와 3만 명의 판매사가 활동하고 있으며, 고품질의 상품 데이터를 세분화하여 판매사에 공급하고 있다.

온채널은 분야별 서비스를 위해 유통 센터, 마케팅 센터, 데이터 센터, 무역 센터, 창업 센터, 교육 센터, 소상공인 평생교육원을 운영하고 있다. 온채널 유통 센터는 국내의 종합몰, 폐쇄몰, 전문몰, 오픈마켓, 소셜커머스, 공동구매 등 다양한 유통 경로를 확보하고자 하는 제조사의 유통을 지원하고 있다. 온채널 무역 센터는 해외 셀러들에게 직접 상품 데이터를 공급하는 B2B 무역 플랫폼이다. 안정적인 해외 물류 시스템이 탑재되어 수출을 원하는 국내 제조사에게 인기가 있다.

온채널에서는 입점사 중에서 안정적인 가격을 유지하면서 유통을 하기를 원하는 제조사를 위해 가격 준수 폐쇄몰도 운영하고 있다. 온채널은 온라인 유통시장의 트렌드에 맞춰 진화된 시스템을 지속적으로 개발하여 온라인 B2B 유통시장을 선도하고 있다.

온라인 공동구매
중소기업 살리는 효자

블로그와 온라인 맘카페를 통한 공동구매에 이어 2013년부터는 카카오스토리 채널과 네이버 밴드 등을 통한 SNS 공동구매가 활성화되었으며, 2016년 기준으로 연 수천억 원대로 시장 규모가 확대되었다. 처음에는 결제 수단으로 무통장 입금을 주로 사용하였으나 SNS폼, 공구폼, 블로그페이 등의 간편 안전결제 시스템이 도입되었으며, 카카오스토리와 네이버 밴드 등 SNS의 폭발적인 성장으로 인해 거대한 공동구매 시장이 형성되었다.

타깃 고객이 20대 후반부터 30대 이후 주부이므로 각종 먹거리(신선, 가공), 유아용품, 다이어트용품, 뷰티용품, 소형 가전, 주방/생활잡화 등이 주요 판매 상품이다. 대기업 상품보다는 중소기업의 아이디어 상품이 많이 판매된다. 오픈마켓, 종합몰 등의 온라인 최저가보다 저렴한 상품이어야만 공동구매 채널 운영자들이 선정하고 판매를 한다. 2만~3만 원대의 상품이 주로 판매되며, 5만 원 이상의 고가 상품은 상대적으로 판매가 잘 이루어지지 않는다. 카카오스토리 채널과 네이버 밴드 공동구매의 비중이 절대적이다. 온라인 카페, 블로그, 페이스북, 인스타그램을 통한 공동구매 비중은 상대적으로 적다.

공동구매가 이루어지는 대형 카카오스토리 채널, 네이버 밴드의 운영자는 개인이라기보다는 마케팅 홍보 비용을 막대하게 쓰는 기업에 가까우며, 현재 SNS 공동구매만 전담하는 전문 벤더업체들이 활발히 활동하고 있다. 공동구매 입점 수수료는 보통 20~30% 수준이며, 중간 벤더를 이용하여 입점하는 경우에는 10% 정도의 추가 수수료를 이들에게 주는 구조다.

블로그 공동구매

초기에는 파워블로거 위주로 주부들이 좋아하는 식품, 가정/생활용품 등이 판매되었으나 네이버 파워블로거 제도가 없어지면서 블로그 판매가 약세로 돌아섰다. 최근에는 인스타그램과 연계된 패션, 잡화, 미용 상품들의 블로그 공동구매가 늘고 있는 추세다.

맘카페 공동구매

카카오스토리 채널, 네이버 밴드 공동구매가 활성화되기 전에는 맘카페 공동구매가 주류를 이루었으나 카카오스토리 채널, 네이버 밴드 공동구매가 활성화된 후 약세로 돌아섰다. 대형 맘카페의 경우 자체 카카오스토리 채널, 네이버 밴드 등을 만들어서 맘카페 대신에 이곳에서 공동구매를 진행하는 방식으로 바뀌고 있다.

네이버 맘카페 '지후맘의 임산부 모여라'(2021년 4월 현재 카페 회원수 46만 명)

카카오스토리 채널 공동구매

공동구매 시장 중 가장 매출이 크게 나오는 SNS 채널이다. 2015년에 카카오에서 회원 도달률을 낮춘 후로 1개 채널당 고객 도달률은 많이 떨어진 상황이다. 도달률이 낮아져서 1개 채널당 매출이 떨어진 뒤에는 운영자들이 여러 개의 채널을 동시에 운영하며 매출을 만회하고 있다. 예전에는 운영자는 채널을 키우는 데 집중하고 공동구매 운영은 전문 공동구매 운영사에 위탁 운영하였으나, 최근에는 매출과 수익성이 악화되는 관계로 운영자가 직접 상품 소싱과 공동구매 운영까지 같이 하는 트렌드로 바뀌고 있다.

카카오스토리 채널의 경우 하루에 3개의 글만 노출되기 때문에 1일 3건의 공동구매가 가능하다. 정산기간이 15일 이내로 짧은 것이 장점이었으나 최근 카카오스토리 채널의 수가 늘고 수익성이 악화됨에 따라 15~30일로 길어지고 있는 추세다. 카카오스토리의 활동자 수가 계속 줄고 있어 향후 전망이 밝다고는 할 수 없다. 각종 SNS 공동구매의 입점 및 운영 방법에 대해서는 Part 6에서 자세히 다루도록 하겠다.

카카오스토리 채널 '살림의 여왕'(2021년 4월 현재 구독자 수 33만 명)

네이버 밴드 공동구매

카카오스토리 채널 공동구매가 30~40대 주부들이 주 고객인 반면에 네이버 밴드 공동구매는 20~60대의 다양한 연령대와 남성/여성 구별이 없다는 점이 특징이다. 여전히 30~40대 고객의 비중이 높으며 주부 대상 상품이 주를 이루지만 남성 고객 대상의 상품도 있으며, 다양한 상품 군으로 공동구매 시장 채널 중 두 번째로 규모가 크다. 카카오스토리 채널의 경우는 하루에 3건의 게시글밖에 노출이 안 되지만 네이버 밴드의 경우는 게시글 제한이 없기 때문에 수시로 공동구매 게시글이 올라온다.

카카오스토리 채널은 판매 금액에 대한 수수료 제도로 운영되는데, 네이버 밴드의 경우에는 판매 수수료뿐만 아니라 일정 금액을 내고 입점하는 형태로도 운영된다.

네이버 밴드 '해피콜의 5일 장터'(2021년 4월 현재 회원수 14만 명)

페이스북 & 인스타그램 공동구매

페이스북의 경우 일부 공동구매가 진행되기는 하나 페이스북 자체가 정보 전달이나 신변잡기 위주의 일상 전달 콘텐츠가 주력이다 보니 공동구매는 활성화되어 있지 않다. 그러나 최근 들어서 화장품, 미용용품 등 뷰티 카테고리의 경우 동영상을 이용하여 상품 사용 전과 후의 영상을 보여주면서 공동구매를 하는 경우가 종종 있다. SNS에서 동영상의 중요성이 더욱 강조되는 트렌드를 볼 때 페이스북에서의 상품 판매는 향후 크게 활성화될 것으로 보인다.

인스타그램에서 젊은층 대상의 패션/잡화/미용 상품 위주의 공동구매가 어느 정도 이루어지기는 하나 인스타그램 자체에서 이루어진다기보

다는 인스타그램 프로필 계정 내에 블로그 URL을 연동하여 블로그마켓
으로 유입시킨 후 공동구매가 이루어진다. 규모가 작은 개인 판매자의 경
우는 프로필 계정 내에 카카오톡 아이디를 넣어서 고객과 1:1로 직접 소
통하며 판매하기도 한다. 그러나 2018년 10월에 인스타그램 쇼핑태그가
론칭되었는데 쇼핑태그를 이용하게 되면 인스타그램 내에서 바로 상품
을 구매, 결제하는 것이 가능하게 되었다. 쇼핑태그 이용 필수조건은 페
이스북 페이지의 '샵' 연동이다. 쇼핑태그는 점점 활성화되고 있으며 대
형 브랜드나 웬만큼 규모가 있는 기업들은 거의 모두 쇼핑태그 서비스를
통해 판매를 하는 트렌드로 바뀌어가고 있다. 인스타그램의 인기가 점차
높아짐에 따라 젊은층 대상의 패션/잡화/미용/다이어트 상품의 경우 향
후 판매가 확대될 것으로 기대된다.

인스타그램 쇼핑태그 활용 판매('에이프릴스킨' 화장품)

Key Point

온라인 유통 채널의 비교

유통 채널	수수료	정산 조건	입점 난이도	판매자 간 경쟁도	비고
오픈마켓	8~13%	3~8일	낮음	매우 높음	• 광고 없이 상품 노출 어려움 • 판매자 간 경쟁 치열
소셜커머스 (딜)	12~20%	60~70일	높음	높음	• 오픈마켓 형태로 전환 중 • 사입 판매 확대
종합몰	20~35%	40~50일	매우 높음	중간	• 30대 후반 이후 프리미엄 충성고객 많음 • 고객 서비스를 종합몰에서 직접 처리
TV 홈쇼핑	35~45%	40~50일	매우 높음	낮음	• 엄청난 시간당 단기 매출 • 입점 투자 비용 매우 높음
인포머셜 홈쇼핑	50~65%	7~10일	중간	낮음	• TV 홈쇼핑 대비 입점 용이 • 마진 구조가 나오는 고단가 상품에 적합
복지몰	15~25%	45~60일	높음	낮음	• 복지 포인트 여부 체크 • 인맥이 중요한 유통 채널
전문몰	전문몰별 상이		낮음	낮음	• 내 상품에 맞는 카테고리 전문몰 선택 • 충성스런 타깃 고객으로 매출 효율 높음

도매몰	6~8%	도매몰별 상이	중간	중간	• 시장 가격이 무너져 있는 상품 입점 불가 • 도매로 판매할 만한 마진 구조 필수
공동구매 (카스/밴드/카페)	20~30%	10~30일	중간	중간	• 중소기업 파워 상품에 적합 • 브랜딩이 안 된 상품도 판매 가능

Part 3

오프라인 유통 집중 분석

할인점
여전히 건재한 오프라인 유통 공룡

할인점은 보통 대형 마트라고 불리는데 엄청난 매출로 모든 제조/수입/벤더업체들이 입점하고 싶어 하는 꿈의 유통 채널이다. 정부 규제 및 온라인 유통의 공세로 인해 할인점의 성장이 정체 또는 감소를 보이고 있지만 여전히 이들의 매출은 연 40조 원 규모로 온라인/오프라인 유통 채널을 통틀어 1위다. 오픈마켓 등 온라인 유통이 맹렬히 추격해오고 있어 언젠가 순위가 바뀔 수도 있으나 당분간은 유통 공룡의 자리를 유지할 것으로 보인다.

신선·가공식품 등 식품류는 선방하고 있으나 소비 트렌드의 변화와 온라인 유통으로의 고객 이탈로 인해 비식품, 패션 부문의 매출 감소가 심각한 수준이다. 또한 정부의 대형 마트 규제 움직임이 강화되고 인건비 상승 등에 의한 수익성 악화가 지속되고 있다. 이러한 악재에서 벗어나기 위해 할인점은 신선식품 및 고객 체험을 강화한 대규모 몰 형태의 신

콘셉트 할인점으로 거듭나고 있으며, 비용 절감을 위해 점포 오퍼레이션의 효율화를 모색하고 있다. 또한 각 할인점마다 경쟁적으로 자체 온라인몰, 차별화된 PB 육성, 할인점 내 전문 카테고리몰 신설 등으로 새롭게 변신하고 있다.

현재 이마트가 할인점 업계 선두를 달리고 있으며 롯데마트와 홈플러스가 2위권이고, 농협 하나로마트와 메가마트가 그 뒤를 따르고 있다. 할인점업계는 솔직히 더 이상의 성장을 기대하기는 힘든 상황으로 업계 선두인 이마트도 이마트 출점 대신에 최근 급성장하고 있는 창고형 할인점인 트레이더스에 집중하고 있다. 롯데마트는 힘든 상황에서도 매년 출점을 계속해 나가고 있다. 홈플러스는 사모펀드인 MBK 파트너스가 인수한 이후 신규 출점보다는 내실 다지기에 집중하고 있는데, 수익성은 점점 좋아지고 있으나 사모펀드의 특성상 미래를 예측하기가 어려운 상황이다.

이마트와 롯데마트는 할인점 포화 상태인 우리나라에서 나아가 해외

표 1 2020년 할인점 점포 수

단위 : 개

업체명	국내 매장	해외 매장	출점 수
이마트	160 (이마트 141, 트레이더스 19)	몽골 3 베트남 1	2
롯데마트	112 (롯데마트 110, 빅마켓 2)	인도네시아 50 베트남 14	–
홈플러스	140	–	–
코스트코 홀세일	16	–	–
메가마트	8	미국 1	–

자료 : 리테일매거진(2020년 12월, 2021년 1월)

시장 공략에 적극적으로 나서고 있다. 이마트는 중국에서는 철수하였으나 몽골과 베트남 출점에 집중하고 있다. 롯데마트는 중국, 베트남, 인도네시아에서 사업을 전개하다가 중국에서는 완전 철수하였으며 대신 지속적으로 성장하고 있는 베트남과 인도네시아에 집중하고 있다.

이마트와 롯데마트 모두 자사의 자체 브랜드 PB 상품을 진출 국가의 점포에서 판매하고 있으며 이를 지속적으로 확대해 나가고 있는데, 이는 이마트와 롯데마트에 입점해 있는 우수 중소기업에게도 해외 판로 개척을 위한 좋은 기회라고 할 수 있다.

하나로마트의 경우 이마트, 롯데마트, 홈플러스와는 약간 상황이 다르다. 공기업 형태를 띠고 있고 주로 국산 농/수/축산 등의 신선식품에 강하며, 영리적인 매출이나 이익보다는 국내 농어민과 중소기업에게 더 많은 기회를 주는 방향으로 사업을 전개하고 있다. 또한 이마트, 롯데마트, 홈플러스는 본사 바이어가 상품을 선정해서 각 점포에 공급하는 데 반해 하나로마트의 경우는 가공과 생활 분야의 필수 운영 상품(POG 상품)을 제외한 나머지 상품의 경우 개개의 점포에서 직접 상품을 선정해서 운영하는 경향이 있다.

emart   LOTTE Mart   Home plus

할인점의 가장 큰 특징은 100개 이상의 대형 점포에서 나오는 강력한 매출과 대량 매입 및 직매입 거래에 따른 원가 절감으로 일반 유통업체보다 저렴한 가격에 판매한다는 것이다. 또한 원가 절감을 위해 벤더업체와의 거래를 최소화하고 제조업체/수입업체/생산자와 직거래하는 것이 원칙이다.

오픈마켓, 소셜커머스 등 온라인 유통이 성장하면서 가격의 우위는 이들에게 내주었지만 오프라인 유통에서는 여전히 다양한 구색과 저렴한 가격으로 유통 공룡의 자리를 차지하고 있다. 온라인 유통이 성장하기 전에는 치열한 가격 경쟁을 하였으나 최근에는 PB 상품을 앞세워 고객에게 새로운 생활 가치를 제안하는 쪽으로 전략이 바뀌었다.

대형 유통업체(할인점/편의점/백화점/체인 중형 슈퍼마켓 등)의 거래 방식

① 직매입 거래(직사입 거래)

직매입 거래는 유통업체가 공급 업체로부터 상품을 직접 매입하여 판매하는 방식인데 매입한 순간부터 재고 및 판매에 대한 책임은 유통업체에서 가지게 된다. 공정거래법상 시즌 상품 같은 특별한 경우를 제외하고는 반품을 할 수 없다. 상품 대금도 매입 45~60일 후에 지급한다.

② 수수료 매입 거래(특정 매입 거래)

수수료 매입 거래는 유통업체가 상품을 판매한 뒤 계약된 수수료를 공제하고 나머지 금액을 공급 업체에게 지급하는 방식이다. 재고에 대한 책임은 공급 업체에게 있다. 수수료 거래 방식은 유통업체에게 안전하고 편리한 방식이지만 상품 가격이 올라가고 큰 매출을 기대할 수 없기 때문에 많이 줄어들고 있다. 주로 시즌 행사나 매장 내 단기 행사, 신규 입점 업체 시험 평가 시에 수수료 매입 거래를 한다.

③ 매장 임대차 거래(임대갑/임대을)

매장 임대차 거래는 주로 백화점이나 대형 쇼핑몰에서 이루어지는 거래 방식인데 입점 업체가 유통업체의 매장 일부를 임대료를 내고 임차하여 판매하는 방식이다. 임대료를 내는 방식에는 '임대갑'과 '임대을'의 두 가지가 있다. '임대갑'은 판매된 매출액과 상관없이 고정 임대료를 내는 방식이고, '임대을'은 판매된 매출액의 일정 비율을 임대료로 내는 방식이다. 매장 임대차 거래에서는 매장 운영, 판매, 재고에 대한 책임은 전적으로 입점 업체에 있으며 유통업체는 단순히 장소를 빌려주는 방식이다. 단, 임대을의 경우 판매 대금을 유통업체가 관리하고 계약 조건에 따라 판매가 일어나며, 일정 기간 후에 판매 금액에서 계약된 임대료를 제하고 입점 업체에게 정산하게 된다.

중소기업의 꿈은 할인점 입점인데 그에 걸맞게 입점하기가 상당히 어렵다. 온라인 유통의 경우 입점이 쉬운 반면에 수많은 상품이 경쟁을 하여 매출을 올리기가 어려우나, 할인점은 입점이 어려운 반면 일단 입점만 하면 일정 공간에서 안정적인 매출이 보장된다. 그러나 웬만한 상품은 이미 할인점에서 판매된 적이 있거나 판매하고 있기 때문에 기존 상품과 확실하게 차별화되는 상품이 입점될 가능성이 높다. 그리고 온라인 유통업체는 공급 업체보다는 상품성을 주로 보지만 할인점에서는 상품성뿐만 아니라 공급 업체의 신용도, 영업 능력, 재무 건전성 등도 종합적으로 평가하기 때문에 중소기업이나 영세 업체의 경우에는 입점에 많은 제약이 따른다.

입점 방법

각 업체의 홈페이지에 온라인 입점 신청 코너가 있는데 이곳에서 입점 신청을 한다. 입점 신청 서류가 통과되면 바이어 상담 또는 상품 품평회를 거쳐 최종 입점이 결정된다.

① 이마트 : store.emart.com

② 롯데마트 : www.lottemart.com

③ 홈플러스 : www.homeplus.co.kr

④ 하나로마트 : www.nhescm.co.kr

※ 롯데마트 입점 절차(출처 : 롯데마트 홈페이지)

창고형 할인점
오프라인 유통의 新 성장 동력

우리나라에 있는 창고형 할인점으로는 미국계 코스트코, 롯데가 운영
하는 빅마켓, 신세계가 운영하는 트레이더스가 있다. 코스트코의 엄청난
인기와 할인점의 성장 정체를 겪으면서 롯데와 신세계 두 유통 대기업은
新 성장 동력으로 창고형 할인점 비즈니스를 시작했다. 이미 미국과 유
럽 시장을 통해 할인점 다음 성장 모델이 창고형 할인점이라는 것이 입
증된 상황이었기 때문에 롯데와 신세계도 창고형 할인점 비즈니스에 뛰
어든 것이다.

신세계는 현재 이마트보다도 트레이더스의 확장에 집중하고 있으며,
롯데는 빅마켓 5개 점포를 운영하다가 4개를 폐점하고 현재는 영등포
점 1개점만 운영 중인데 신포맷 점포로 재오픈을 준비하는 것으로 알려
져 있다. 2019년 12월 기준으로 코스트코 16개, 트레이더스 18개의 점
포를 운영 중이다. 코스트코의 경우는 전 세계 매장 중에서 국내 매장의

실적이 Top 3에 들어갈 정도로 우수하며, 그중에서도 코스트코 양재점은 전 세계 매장 중 매출 1위 점포다. 전 세계 코스트코 공동 소싱에 따른 유명 브랜드 초저가 직수입과 함께 탁월한 품질과 가격의 PB 상품(커크랜드) 덕분에 점포당 매출이 일반 할인점 대비 2~5배에 달할 정도로 인기가 높다.

창고형 할인점의 가장 큰 특징은 회원제로 운영된다는 점이다. 창고형 할인점의 수익 모델은 일반 유통업체처럼 상품 판매 마진이 아니라 회원비기 때문에 상품 마진 및 운영 비용을 최소화하여 가격을 추가로 더 낮춰 회원들에게 오프라인 최저가로 상품을 공급하는 것이 가능하다. 단, 신세계 트레이더스의 경우는 창고형 할인점이긴 하지만 현재 회원제 운영을 하지 않고 있다.

창고형 할인점은 일반 할인점보다 상품 규격이 더 크고 가격도 5~15% 더 저렴하다. 운영 효율을 극대화하기 위해 상품 구색도 일반 할인점의 1/10 정도며, 낱개 진열이 아닌 상품이 점포 검품장에 입고되는 상태인 팔레트째로 진열하고 있다.

상품 가격은 오프라인 유통 최저가며 이는 대량 매입에 따른 원가 절감, 묶음 판매, 운영 비용 최소화 그리고 회원 혜택을 위한 저마진 정책에 기인한다. 일례로 코스트코의 경우 카테고리별로 일정 마진 이상을 넘기는 경우 담당 바이어가 문책을 받을 정도로 최저가 정책에 대한 의지가 확고하다.

특히 인기 있는 상품은 대용량 수입 상품이며 고객도 차별화된 수입 상품을 창고형 할인점에서 저렴하게 구입하는 것을 선호한다. 동일 수입 상품이라도 일반 할인점 1개 매장에서의 판매량과 창고형 할인점 1개 매장에서의 판매량을 비교하면 2~5배 차이가 난다. 따라서 수입업체라면 창고형 할인점을 집중 공략하는 것이 좋다.

창고형 할인점은 운영 상품의 수가 일반 할인점의 1/10 수준이기 때문에 상품 입점에 있어서 더욱 까다롭다. 하지만 일단 입점하기만 하면 점포당 매출이 일반 할인점보다 2~5배 더 높아 안정적으로 큰 매출을 기대할 수 있다. 특히 창고형 할인점 콘셉트에 맞는 차별화된 수입 상품이나 대용량 상품은 입점을 도전해볼 만하다.

창고형 할인점의 특징
- 회원제(트레이더스 제외), 직거래/직매입 위주, 대용량/수입 상품 인기
- 평균 마진 3~25% 이내, 긴 정산주기(40~50일), 운영 상품의 수가 일반 할인점의 1/10

입점 방법

트레이더스는 이마트 홈페이지, 빅마켓은 롯데마트 홈페이지에 온라인 입점 신청 코너가 있는데 여기에서 입점 신청을 한다. 코스트코는 온라인 입점 신청이 아니라 바이어와의 직접 상담을 통해 입점이 결정된다. 보통 입점 신청 서류가 통과되면 바이어 상담 또는 상품 품평회를 거쳐 최

종 입점이 결정된다.

① 코스트코 : 바이어 개별 상담

② 빅마켓 : partner.lottemart.com/epc/edi/srm/SRMSTP0020.do

③ 트레이더스 : store.traders.co.kr

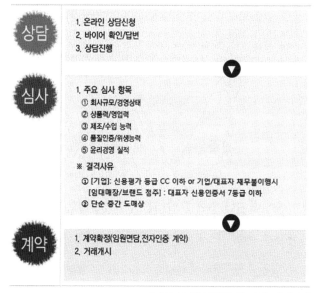

상담
1. 온라인 상담신청
2. 바이어 확인/답변
3. 상담진행

▼

심사
1. 주요 심사 항목
  ① 회사규모/경영상태
  ② 상품력/영업력
  ③ 제조/수입 능력
  ④ 품질인증/위생능력
  ⑤ 윤리경영 실적
※ 결격사유
  ① [기업]: 신용평가 등급 CC 이하 or 기업/대표자 채무불이행시
     [임대매장/브랜드 점주] : 대표자 신용인증서 7등급 이하
  ② 단순 중간 도매상

▼

계약
1. 계약확정(임원면담, 전자인증 계약)
2. 거래개시

※ 트레이더스 입점 절차(출처 : 이마트 홈페이지)

백화점
힘 빠진 오프라인 유통 명가

    백화점은 주로 고가 전략을 사용하며 프리미엄급 고가 해외 브랜드(명품 등)를 판매한다. 패션이 매출의 상당 부분을 차지하며, 프리미엄 최신 트렌드 먹거리와 볼거리 등의 문화생활까지 제공하는 유통 채널이다. 할인점이 부상하기 전까지는 국내 최대 유통 채널이었으나 지금은 할인점에 밀리고 온라인 유통 채널에까지 밀리고 있는 상황이다. 다만 한 가지 좋은 소식은 최근 명품 매출이 살아나고 식품관, 푸드코트 등이 집객 및 매출을 견인해 나가고 있다.

    젊은 고객은 온라인 유통 그리고 해외직구로 대거 이탈했으며, 백화점의 강점 분야인 패션 부문도 아울렛 시장으로의 고객 이탈이 심화되고 있다. 또한 10~20대 고객은 자라, 유니클로 같은 글로벌 SPA 브랜드로 떠나고 있다. 비단 우리나라 백화점뿐만 아니라 미국, 일본, 유럽 등 해외 백화점도 힘들기는 마찬가지다. 결과적으로 백화점은 최상위 고객만을 위

자료 : 산업통상지원부

한 쇼핑 장소로 바뀌고 있는데 이들 최상위 고객이 고령화되면서 매장 구성이나 상품 구성이 단조로워지는 상황이 발생하고 있다.

특히 할인점, 온라인 유통, 전문몰 등 타 유통 채널로의 고객 이탈이 문제인데, 매출의 상당 부분을 차지하는 백화점 주력 카테고리인 패션과 잡화 분야에서의 매출 감소가 심각한 상황이다. 이를 타개하기 위해 백화점은 복합 쇼핑몰과 프리미엄 아울렛이라는 형태로 진화하고 있다. 복합 쇼핑몰에는 백화점을 주력으로 할인점, 다양한 카테고리 전문몰, 멀티플렉스 영화관, 대규모 먹거리 단지 등이 들어가며, 프리미엄 아울렛에는 수입 명품 및 유명 국내외 브랜드들이 거대 규모로 입점한다.

롯데백화점이 점포 수나 매출액에 있어서 1위를 차지하고, 현대백화점과 신세계백화점이 2, 3위권, NC백화점, 갤러리아백화점 그리고 지방의 중소 백화점들이 그 뒤를 따르고 있다. 최근 롯데와 신세계는 복합 쇼핑몰 형식으로 출점하고 있으며, 현대백화점은 상류층을 겨냥한 고급 백화점 콘셉트로, NC백화점은 직매입 백화점 콘셉트로 운영되고 있다.

백화점은 대부분의 매출이 패션, 잡화, 주얼리, 화장품 등에서 나오는데 고급 브랜드의 안테나 매장 역할과 프리미엄 브랜드 이미지 구축 차원에서 많이 입점되어 있다. 식품의 경우는 주로 지하 식품관에 입점되어 있으며 고급 수입 브랜드 위주다. 대부분 직매입이 아니라 수수료 매입이나 임대 매장 형태로 운영된다. 우리나라 백화점의 경우 임대차 거래에 의한 임대 매장이 85% 이상을 차지하는데 입점 업체들이 백화점 내의 일정 공간을 임대하여 직접 판매를 하고 있다. 상품 구색이 부족하여 매장을 구성하기 힘든 식품이나 생활용품은 이미 입점되어 있는 대형 벤더 업체들이 운영하는 임대 매장에 상품을 공급하는 형태로 판매되고 있다.

식품이나 생활용품은 할인점으로 넘어갔고 가전제품은 하이마트 같은 가전 카테고리 전문몰로 넘어가서 예전의 종합 소매점이라는 의미는 많이 퇴색된 상태다. 고가 명품, 유명 수입 브랜드 위주의 패션과 잡화 카테고리도 온라인 유통의 성장과 해외직구 활성화로 인해 상황이 좋지 않다. 이를 극복하기 위해 백화점은 국내외 프리미엄 식당가와 각종 문화공간 영역으로 확장하고 있으며, 백화점의 온라인 쇼핑몰 활성화에도 많은 노력을 하고 있다. '재미', '식품', '리빙'의 세 가지 키워드로 고객을 다시 불러들이기 위해 총력을 다하고 있다.

입점 방법

각 업체 홈페이지의 온라인 입점 신청 코너에서 입점 신청을 한다. 입점 신청 서류가 통과되면 바이어 상담 또는 상품 품평회를 거쳐 최종 입점이 결정된다.

① 롯데백화점 : buying.lotteshopping.com

② 현대백화점 : co.ehyundai.com

③ 신세계백화점 : www.shinsegae.com/sitemap.jsp

④ NC백화점 : www.elandretail.com/etc/etc_12.do

임시 회원가입 → 입점상담 → 브랜드 평가 → 브랜드 확정 → 계약조건 협의 → 계약체결 → 입점

※ 현대백화점 입점 절차(출처 : 현대백화점 홈페이지)

기업형 슈퍼마켓(SSM)
할인점/편의점의 틈새에서 반짝 스타

기업형 슈퍼마켓은 SSM(Super Super Market)이라고 불리는데 규모 면에서 할인점보다는 작고 편의점보다는 크며, 대기업이 운영하는 슈퍼마켓을 말한다. 롯데슈퍼, GS슈퍼마켓, 이마트 에브리데이, 홈플러스 익스프레스 등이 있으며 식품을 주력으로 일부 가정·생활용품을 판매하고 있다.

이들은 저렴한 가격과 다양한 상품 구색 그리고 근거리 판매를 특징으로 하며 2000년대 중·후반에 할인점과 편의점의 장점을 결합하여 빠른 신규 출점과 함께 차세대 유통 채널로 각광받았다. 하지만 2010년 말에 유통산업발전법(유통법)과 대·중소기업상생협력촉진법(상생법)이 통과되면서 할인점과 마찬가지로 성장에 제한을 받게 되었다. 지역 골목상권의 소상공인을 보호하는 것을 취지로 설립된 유통법과 상생법으로 인해 신규 출점 및 영업시간에 제한을 받게 되면서 할인점과 함께 성장에 제동이 걸린 상태다.

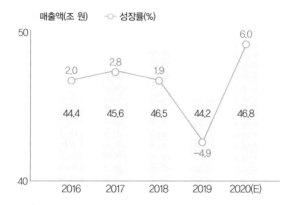

도표 3 연도별 슈퍼마켓 시장규모 및 성장률(기업형 슈퍼마켓 포함)

자료 : 리테일매거진(2020년 12월, 2021년 1월), 통계청, 2020년은 이마트 유통산업연구소 추정치

근거리형 소비 확산 속에서 식품 카테고리 매출은 성장하고 있으나 비식품 카테고리 매출은 감소하고 있다. 식료품 특화 온라인 업체 등 타 유통 채널과의 경쟁이 심화되고 있으며, 인건비 상승도 성장에 있어 장애 요소로 작용하고 있다. 이에 대한 대응으로 1인 가구 시장을 집중 공략하고 자체 온라인몰 경쟁력 강화를 위한 배송 서비스 확대에 집중하고 있으며, 저비용 운영을 위해 다양한 IT 시스템을 확대하고 있다.

LOTTE super   **GS Supermarket**   **Home plus express**

기업형 슈퍼마켓은 제조사 또는 생산자와의 직거래를 원칙으로 하며 신선·가공식품을 위주로 일부 가정·생활용품을 판매하고 있다. 대부분 직매입 거래로 일부 특정 매입 거래가 있다. 상품 가격대는 할인점과 편의점의 중간 수준이다.

기업형 슈퍼마켓도 할인점과 마찬가지로 수백 개의 점포에서 나오는 막대한 매입량 덕분에 중소기업에게는 매력적인 유통 채널이다. 면적의 제한이 있어 할인점 수준의 구색을 갖추기는 어렵지만 대부분의 인기 품목을 취급하고 있으며, 할인점(대용량)과 편의점(소용량)의 중간 규격의 상품대가 판매되고 있다. 할인점과 마찬가지로 신규 중소기업 입점의 벽은 높다. 기존 제품과 확실하게 차별화되고 가격대가 고객이 받아들일 만한 수준이어야 입점을 시도해볼 수 있다.

기업형 슈퍼마켓도 할인점, 편의점과 마찬가지로 타 업체와의 차별화를 위해 자사만의 자체 브랜드 PB 상품을 집중 육성하고 있으므로 PB 상품으로 입점을 진행해보는 것도 추천한다. 대부분 대기업이 운영하는 만큼 상품성 검증뿐만 아니라 업체 검증도 할인점 수준으로 깐깐하게 이루어진다.

> **Check Point**
>
> 기업형 슈퍼마켓의 특징
> – 수백 개의 점포에서 나오는 막대한 매입량, 신선·가공식품 위주의 상품 구색
> – 할인점과 편의점의 중간 수준 가격, 평균 마진 30~45%, 긴 정산 주기(45~60일)

입점 방법

각 업체 홈페이지의 온라인 입점 신청 코너에서 입점 신청을 한다. 입점 신청 서류가 통과되면 바이어 상담 또는 상품 품평회를 거쳐 최종 입

점이 결정된다.

① GS슈퍼마켓 : www.gsretail.com

② 롯데슈퍼 : www.lottesuper.co.kr

③ 홈플러스 익스프레스 : www.homeplus.co.kr

④ 이마트 에브리데이 : www.emarteveryday.co.kr

편의점
밝은 미래의 오프라인 유통 최고 스타

    편의점은 소형 매장에서 24시간 영업을 하며 빠르게 재고 회전을 하는 식품류와 제한된 구색의 일상 생활용품을 판매한다. 또한 담배가 전체 편의점 매출의 50%를 차지하는 것이 특징이다. 최근에는 도시락 같은 즉석식품류와 디저트류의 인기가 높아지고 있으며 이들 식품의 개발에도 적극적이다.

    1인 가구 증가 및 근거리 쇼핑에 대한 고객 니즈가 커지면서 편의점은 오프라인 유통채널 중 유일하게 고속 성장을 해왔으나 경쟁 심화 및 코로나 영향으로 최근 3년간은 매출 성장세가 한 자릿수로 떨어졌다. 이러한 트렌드는 상당 기간 유지될 것으로 예상된다. 그러나 일본의 경우를 보면 우리나라 편의점의 현재 매출은 훨씬 더 성장할 여지가 있어 보인다. 일본을 벤치마킹한 국내 편의점은 단순히 식품과 생활용품만을 판매하는 것에서 벗어나 공과금 등 각종 요금 납부, 택배 서비스, 은행 금융 업무, 레스토랑, 커피숍, 베이커리 등의 다양한 영역으로 계속 확대해 나가고 있으며, 이런 다양한 기능 덕분에 편의점의 강점은 더욱 강화되고 있다. 향후 오프라인의 다른 유통 채널들은 미래가 불확실하지만 편의점은 이들 대비 훨씬 유리하다고 할 수 있다.

그러나 편의점 업체별 출점 경쟁 심화로 편의점 점당 매출은 계속해서 감소하고 있으며 최저임금 인상으로 수익성 악화의 우려가 있다. 이에 대한 대응으로 핵심 고객인 1인 가구를 겨냥한 즉석조리 식품 및 서비스를 지속적으로 강화하고 있으며, 점주 이탈 방지를 위해 점주 상생 프로그램도 강화하고 있다.

CU   **GS25**   **7-ELEVEN**

국내 편의점은 2021년 1월 현재 점포 수 기준으로 4만 7천 개를 넘었으며, GS25와 CU가 각각 1만 4천 개 그리고 롯데가 운영하는 세븐일레븐도 1만 개를 돌파했다. 여기에 미니스톱, 이마트24가 중위권을 형성하고 있고, 중소 편의점으로 스토리웨이, 365플러스, 씨스페이스 등이 있다. 특히 최근에 프리미엄 편의점을 표방하고 있는 이마트24가 주목받고 있는데 기존 신세계가 운영하고 있던 편의점 '위드미'가 '이마트24'로 바뀌었다. 강력한 브랜드인 '이마트'를 업체명에 배치하고 이마트의 노브랜드 PB 상품도 운영하며 기존 편의점과 다른 고급스런 분위기로 여타 편의점들과 차별화를 꾀하고 있다. 이마트24는 기존 편의점과 차별화를 꾀하며 2019/2020년 무섭게 확장을 하여 하반기 점포 수 5,160개를 돌파하여

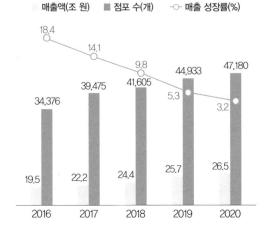

자료 : 리테일매거진(2020년 12월, 2021년 1월), 통계청, 2020년 매출액 성장률은 리테일매거진 추정
주 : 점포 수는 한국편의점산업협회 제공

GS25, CU, 세븐일레븐에 이어 점포 수 4위를 기록했다.

편의점도 대부분의 상품이 직매입 거래며, 중형 슈퍼마켓보다 높은 가격대를 유지하는데 이는 24시간 영업에 따른 운영비 증가, 높은 물류비 그리고 점포를 운영하는 점주 마진에 기인한다. 하지만 이런 높은 가격은 주기적으로 다양하게 하는 2+1, 1+1 등 각종 프로모션 행사, 다른 오프라인 유통 채널에 비해 경쟁 우위인 위치의 강점, 24시간 구매에서 오는 시간의 효용 등으로 보완하고 있다.

상품을 공급하는 중소기업 입장에서 편의점의 가장 큰 장점은 역시 전국 편의점 점포 수에서 나오는 막대한 발주량이다. 가령 상품 1개가 1만 개 이상의 점포를 보유한 GS25에 전점 필수 운영 상품으로 입점되었다고 하면 1만 개의 점포에서 판매량에 따라 안정적으로 발주가 들어오게 된다. 물론 신규 업체 입점 시에는 일부 점포에서 테스트를 해보고 그 결과를 바탕으로 전점 필수 운영 상품으로 선정할지 아니면 일부 점포에서만 운영할지가 결정된다. 여하튼 편의점의 발주량은 공급 업체에게 엄청난 매력이다. 단, 편의점에 입점하면 편의점 브랜드 본사와 입점 계약을 하지만, 전점 필수 운영 상품을 제외한 나머지 상품은 개별 점주가 선택해서 발주하는 시스템이므로 편의점에 입점했다고 해서 무조건 모든 점포에 내 상품이 진열될 것이라는 생각은 하지 말아야 한다.

편의점 거래 시 물류비에 대해 숙지할 필요가 있다. 편의점에 물류를 납품하는 방식에는 두 가지가 있는데 편의점 본부 지역 거점 물류센터에 납품하면 편의점 자체 물류를 통해 전국 편의점에 배송하는 방식과 편의점 본부 물류센터를 거치지 않고 공급 업체가 직접 전국 편의점에 납품하는 방식이 있다. 가공식품과 일상 생활용품은 대부분 편의점 물류센터에 납품하는 방식이고, 일부 신선·즉석식품, 당일 배송 식품, 담배 등만 공급 업체가 직접 편의점에 납품한다. 할인점과 슈퍼마켓에는 박스 단위로 납품하는 반면 편의점의 경우에는 개개의 편의점에 박스뿐만 아니라 낱개 단위로도 납품해야 하고 점포 수도 엄청나게 많아서 상대적으로 물류비의 비중이 상승할 수밖에 없는 구조다. 편의점 본부 물류센터 입고 기준으로 물류 수수료는 가공식품과 일상 생활용품 10~18%, 냉장·냉동 식품 15~23%다.

편의점의 경우 협소한 매장 면적으로 운영 품목이 한정되어 있다. 더구나 대기업 브랜드 상품이 상당 부분 차지하고 있어 중소기업이 그 틈을 비집고 들어가기가 쉽지 않다. 편의점은 주로 소용량의 트렌디한 상품을 판매하기 때문에 이러한 특성에 맞아야 하고, 기존 입점된 상품들 대비 확실한 차별화가 있어야 입점할 가능성이 높다. 중소기업 상품이 편의점에 입점해서 지속적으로 유지되기는 쉽지 않으므로 각 편의점들이 경쟁적으로 출시하고 있는 자체 PB 상품에 도전해보는 것도 좋다. 2019년 편의점 전체 매출에서 PB 상품의 매출 구성비가 40% 근처까지 올라갈 정도로 PB 상품의 인기는 급상승하고 있다. 최근 편의점 업계의 주요 전략은 무조건적인 카테고리 확대보다는 가치 소비 트렌드에 맞춰 차별화를 강화하는 PB 상품을 개발하는 것이다.

편의점에서는 2+1, 3+1 등 할인 프로모션 행사를 주기적으로 하는데 이때 행사를 해주지 않으면 원하는 매출도 안 나오고 고객에게 상품 홍보도 제대로 되지 않는다. 따라서 편의점 공급 원가를 정할 때는 반드시 이런 할인 프로모션 비용을 넣어서 원가 계산을 하여야 한다.

Check Point

편의점의 특징
- 높은 판매가, 트렌디/소용량 상품, PB 상품 강세, 정기 프로모션 행사 중요
- 높은 물류비(일상 생활용품 기준 10~18%), 평균 마진 40~55%, 긴 정산주기(45~60일)

입점 방법

각 업체 홈페이지의 온라인 입점 신청 코너에서 입점 신청을 한다. 입점 신청 서류가 통과되면 바이어 상담 또는 상품 품평회를 거쳐 최종 입점이 결정된다. 입점되더라도 점주가 상품을 선택해서 발주하기 때문에 점포

별로 판매되는 상품이 상이하다.

① CU : cu.bgfretail.com

② GS25 : gs25.gsretail.com

③ 세븐일레븐 : www.7-eleven.co.kr

④ 미니스톱 : www.ministop.co.kr

STEP 01. 상담신청	STEP 02. 서류심사	STEP 03. 품평회 및 평가	STEP 04. 입점결정	STEP 05. 입점등록작업	STEP 06. 납품 (test)	STEP 07. 고정 거래	STEP 08. 사후관리

● **상담절차 안내**

STEP 01. 당사 홈페이지를 통해 '입점상담신청'에 접속하여 담당 MD에게 상담 신청을 하여 추가적인 업체정보를 입력합니다.

STEP 02. 업체가 신청한 정보를 평가하여 품평회 여부를 결정하게 되며, 품평회 일정은 MD가 협력업체에 연락하게 됩니다.

STEP 03. 귀사의 회사 및 상품 소개 시간을 드리고 평가위원이 공정하고 객관적인 평가를 하게 됩니다.

STEP 04. 품평회 결과 및 MD 현장(공장) 조사 과정을 통해 해당업체의 최종 입점 여부가 결정되며 품평회 및 MD 현장(공장) 조사 후 통보를 하게 됩니다.

STEP 05. 입점 결정에 따라 입점에 관련된 서류구비 및 계약서 작성을 진행합니다.

STEP 06. 입점등록이 완료된 이후에는 MD의 초도발주와 이에 따른 납품을 하시면 됩니다. 일부품목은 특정점포에서 TEST를 통하여 상품성을 검증하는 평가과정을 거치게 됩니다.

STEP 07. 입점 등록이 완료된 이후에는 MD의 초도발주와 이에 따른 납품을 하시면 됩니다.

STEP 08. 입점된 상품에 대한 실적 관리를 통하여 평가 관리합니다.

※ 세븐일레븐 입점 절차(출처 : 세븐일레븐 홈페이지)

헬스 & 뷰티(H&B) 스토어
전 세계적인 유행 트렌드

헬스 & 뷰티 스토어는 화장품, 미용용품, 건강 관련 용품 등 20~30대 여성들이 주로 찾는 상품을 판매한다. 선진국에서는 의약품과 잡화가 주 품목이며 '드럭 스토어'라고 불리우나 우리나라에서는 아직까지 의약품은 판매하지 않는다. 간단한 음료, 스낵류 등 간식류까지 판매하며 일부 편의점 기능까지 겸하고 있다.

헬스 & 뷰티 스토어는 우리나라뿐만 아니라 전 세계적인 유행 트렌드로서 지속 성장하고 있다. 매장이 도심 번화가에 위치하고 있고 헬스 & 뷰티 스토어 본사의 브랜드 이미지도 같이 가지고 갈 수 있어 신규 헬스 & 뷰티 브랜드의 경우 브랜드 홍보에도 유리하다.

OLIVE YOUNG   lalavla   LOHB⑤
LOVE HEALTH & BEAUTY

현재 매출과 점포 수에서 1위 업체인 절대 강자 올리브영(CJ)을 필두로 롭스(롯데), 랄라블라(舊WATSONS, GS리테일), 판도라, 웰빙스퀘어 온누리 등이 그 뒤를 추격하고 있으며, 이들 모두 공격적으로 규모를 확장하고 있는 상황이다. 여기다가 2019년 10월에는 글로벌 강자인 '세포라'도 서울 강남에 출점하며 기존 국내 업체들을 위협하고 있다. 유통 대기업들이 H&B 스토어에 적극적인 이유는 이 시장의 성장 가능성이 높기 때문인데 이들이 투자하는 만큼 H&B 시장은 더욱 커질 전망이다. 화장품, 미용용품의 구매 채널에서 H&B 스토어의 비중은 갈수록 높아지고 있으며, 향후 의약품 판매가 허용되면 더욱 발전할 것으로 예상된다. H&B 스토어는 화장품, 미용용품, 건강용품 전문점이라고 할 수 있는데 할인점이나 백화점보다 고객 접근성이 뛰어나고 트렌디하며 차별화된 상품 및 수입 상품 구색도 다양하게 갖추고 있어서 할인점이나 백화점에 입점하기 힘든 뷰티 브랜드도 도전해볼 만하다.

H&B 스토어는 본사 직영 운영도 하지만 프랜차이즈 점주 체제로도 운영하고 있어 점주 마진을 고려할 수밖에 없다. 상품 마진이 기본 40% 이

표 2 2020년 헬스 & 뷰티 스토어 점포 현황

단위 : 개

업체명	총 점포 수
올리브영	1,254
랄라블라	129
롭스	104

자료 : 각 업체
주 : 2020년 12월 기준, 올리브영 총 점포 수는 상반기 결산 기준, 랄라블라는 업계 추정치

상이기 때문에 판매 가격과 공급 가격 결정 시 유의해야 한다. 또한 편의점과 마찬가지로 이들 H&B 스토어도 주기적으로 할인행사를 실시하므로 마케팅 행사 비용 및 점포를 돌아다니면서 상품의 진열, 재고, 행사를 관리하는 순회 매장 직원에 대한 인건비도 가격 산정 시 고려해야 한다.

H&B 스토어 입장에서 보면 시장에서 이미 검증된 H&B 브랜드나 확실한 테마, 차별성이 있는 브랜드를 입점시키고자 하는 특성이 있기 때문에 신규 브랜드 입장에서는 입점하기가 쉽지 않다. 브랜드 개발 단계에서부터 확실하게 차별화된 콘셉트와 기존 제품과의 차별성을 고려하여 기획해야 한다. "요즘 H&B 상품은 기능이나 성분이 나쁜 것들이 하나도 없고 모두 좋습니다. 이 상품도 기능과 성분 다 좋네요. 그런데 소비자에게 확실하게 어필할 만한 뭔가가 없습니다." 유통업체 바이어나 MD가 H&B 신규 업체와 상담하면서 탈락시킬 때 자주 하는 말이다. 웬만한 콘셉트, 기능, 성분을 가지고는 H&B 스토어에 입점하기가 쉽지 않다.

H&B 카테고리 바이어나 MD가 좋아하는 상품 중 하나는 우리나라에는 없지만 해외에서 유행하는 트렌디한 상품이다. 이러한 상품이 방송도 자주 되고 SNS상에서도 좋은 반응을 일으키고 있다면 이런 콘셉트의 상품을 수입하거나 개발해서 제안하는 경우 입점 확률을 높일 수 있다.

Check Point

H&B 스토어의 특징
- 트렌디 상품 판매, 확실하게 차별화된 콘셉트 필요, 신규 브랜드 홍보 시 유용
- 높은 수수료(40~55%), 긴 대금 정산주기(50~60일), 정기 프로모션 행사 고려

입점 방법

각 업체 홈페이지의 온라인 입점 신청 코너에서 입점 신청을 한다. 입점 신청 서류가 통과되면 바이어 상담 또는 상품 품평회를 거쳐 최종 입점이 결정된다. 일반적으로 처음 입점된 신규 업체의 경우 일부 점포에서 시험 테스트 후 반응이 좋으면 운영 점포 수가 확대되기 때문에 초반 마케팅 계획을 제대로 수립해야 한다.

① CJ 올리브영 : www.oliveyoung.co.kr

② 롯데 롭스 : www.lohbs.co.kr

③ 랄라블라(舊 WATSONS) : lalavla.gsretail.com

※ CJ 올리브영 입점 절차(출처 : CJ 올리브영 홈페이지)

카테고리 전문몰
틈새 유통 공략

유통 대기업이 운영하는 오프라인 유통인 할인점, 백화점, 기업형 슈퍼마켓, 편의점 등은 다양한 카테고리의 상품을 판매하는 종합몰 형식이며, 주로 대기업과 브랜드 상품들을 취급하기 때문에 브랜드가 확실히 안착되지 않은 중소기업 입장에서는 상품만 좋다고 해서 입점하기가 쉽지 않다. 이런 경우 우회해서 특정 카테고리만 판매하는 카테고리 전문몰 입점을 검토하는 것이 좋다.

카테고리 전문몰은 일단 각 전문몰의 콘셉트와 맞고 상품만 좋으면 상대적으로 쉽게 입점할 수 있다. 또한 카테고리 전문몰에서 구매하는 고객은 해당 카테고리의 충성고객이 많으므로 상품을 홍보 및 판매하는 데도 유리하다. 카테고리 전문몰에서 좋은 실적을 보이면 이 실적을 바탕으로 할인점, 백화점, 기업형 슈퍼마켓, 편의점 등에 입점을 제안할 때 유리한 평가를 받을 수도 있다. 직접 오프라인 대형 유통에 입점하기 힘든 중소기업의 경우 카테고리 전문몰에 먼저 입점한 후 순차적으로 오프라인 대형 유통에 도전하는 것을 추천한다.

카테고리 전문몰은 특정 카테고리만 판매하나 해당 카테고리 내에서는 다양한 모델 및 브랜드를 취급한다. 오프라인 종합몰 대비 경쟁적 우위는 깊이 있는 상품 구색과 전문화된 고객 서비스에 있다. 여기에 가격 경쟁력까지 갖추고 있는 전문몰은 소위 '카테고리 킬러몰'이라고 불린다.

주요 오프라인 카테고리 전문몰

① 가전

하이마트 : www.e-himart.co.kr

전자랜드 : www.etland.co.kr

② 친환경/유기농 상품

아이쿱 생협 : www.icoop.or.kr/coopmall

초록마을 : www.choroc.com

한살림 : www.hansalim.or.kr

올가홀푸드 : www.orga.co.kr

③ 신발 및 스포츠 의류

ABC마트 : www.abcmart.co.kr

슈마커 : www.shoemarker.co.kr

④ 문구/사무용품

오피스디포 : www.officedepot.co.kr

링코 : linko.com

핫트랙 : www.hottracks.co.kr

⑤ 생활용품 & 인테리어 소품

다이소 : www.daiso.co.kr

코즈니 : www.kosney.co.kr

⑥ 아이디어 생활용품

펀샵 : www.funshop.co.kr

해당 업체 입점은 보통 업체 홈페이지에서 온라인 입점 신청을 한다. 온라인 입점 신청 코너가 없으면 업체 대표번호로 전화하면 바이어나 MD를 연결시켜 준다.

하드디스카운트 스토어

5년 후를 내다보는 新 성장 유통 채널

    현재 유럽에서 가장 성장세가 높은 오프라인 유통 채널은 하드디스카운트 스토어다. 전통의 유통 강자인 월마트, 까르푸, 테스코의 성장세가 주춤한 가운데 초저가 생필품 매장으로 유명한 하드디스카운트 스토어 성격의 리들(Lidl)과 알디(Aldi)는 매년 꾸준히 성장하고 있다. 하드디스카운트 스토어는 전 세계적으로 브랜드보다는 가격과 품질을 중시하는 실속주의 쇼핑 성향이 증가함에 따라 큰 인기를 얻고 있다. 특히 대표 격인 리들과 알디는 2016년도 글로벌 소매 기업 순위 10위권 내로 진입하였으며 매년 계속해서 순위를 올리고 있다.

    이들 하드디스카운트 스토어의 크기는 편의점보다는 크고 할인점보다는 작은 중형 슈퍼마켓 정도며, 일반 마트 대비 1/10 정도의 상품만 판매한다. 전체 상품 중 80% 이상을 자체 PB 상품으로 구성하고 있다. 판매되는 상품은 식품류를 위주로 한 생활필수품이며, 상품 수는 적지만 선택과 집중에 의해 꼭 필요하고 잘 팔리는 상품만 PB 위주로 초특가에 판매하여 알뜰한 소비자들을 끌어모으고 있다.

　하드디스카운트 콘셉트의 마트를 우리나라에서도 본 적이 있지 않은가? 이마트가 운영하는 노브랜드 숍이 이와 같은 하드디스카운트 스토어라고 볼 수 있다. 우리나라도 미국, 유럽 등 선진국과 마찬가지로 할인점의 성장이 더 이상 어려운 상황에서 차세대 유망 오프라인 유통 채널로 가격파괴형 하드디스카운트 스토어를 꼽을 수 있다.

하드디스카운트 스토어 '알디(ALDI)'
(사진 출처 : 한국경제신문)

이마트 노브랜드 숍

　이마트 노브랜드가 아직은 유럽 하드디스카운트 스토어만큼 충분한 구색을 갖추고 있지는 못하지만 수년 내로 구색을 갖추게 되면 향후 노브랜드 숍은 더욱 성장할 것으로 예상된다. 롯데마트도 2017년에 초저가 PB인 Only Price를 론칭하였으며 전사적으로 Only Price 브랜드의 성공에 집중하고 있다. Only Price는 노브랜드와 달리 천 원 단위 균일가 콘셉트로 기존에 나왔던 일반 PB 상품들보다 가격경쟁력이 월등하고 품질도 우수하여 고객에게 큰 인기를 끌고 있다. 롯데마트도 Only Price를 일정 품목 이상 개발하면 노브랜드 숍과 마찬가지로 별도의 오프라인 로드숍 형태로 출점할 것으로 기대된다.

국내 유통시장이 성숙기를 지나고 있는 현재 단계에서 PB 위주의 하드디스카운트 스토어는 기존 오프라인 유통 채널의 긴장감을 환기시키고 우수한 상품을 가진 중소기업에게는 새로운 기회를 줄 수 있다. 하드디스카운트 스토어에 관심이 많은 유통 공룡 롯데와 신세계의 경우에도 유통업체만의 색깔을 내고 차별화된 가치를 고객에게 심어줄 수 있는 PB 개발에 역량을 집중하고 있다.

특히 하드디스카운트 스토어의 PB라면 일반 유통업체의 PB와는 많이 달라야 한다. 일반 PB 상품보다 추가의 가격경쟁력을 갖추어야 하고 아울러 품질도 일정 수준 이상이어야 한다. Only Price와 노브랜드 상품의 경우 워낙 가격경쟁력이 뛰어나기 때문에 롯데마트와 이마트에서 개발되었다고 해도 향후 계열사인 중형 슈퍼마켓, 편의점, 창고형 할인점에서도 판매될 여지가 있다. 실제로 현재 Only Price는 롯데슈퍼에서, 노브랜드는 편의점 이마트24에서 판매되고 있다.

Only price와 노브랜드 PB 상품 제안은 각각 롯데마트와 이마트 홈페이지 내에서 온라인 입점 상담 신청을 통해서 하면 된다. Only Price와 노브랜드 PB 업체로 선정되기까지의 과정이 쉽지는 않겠지만 일단 선정되면 해당 중소기업은 국내에서 위상이 달라질 뿐 아니라 회사 발전의 디딤돌을 마련할 수 있다. 선진국에서 이미 검증된 유망 유통 채널에 집중하는 것이 맞지 않겠는가?

Key Point

오프라인 유통 채널의 비교

유통 채널	마진/수수료	정산 조건	입점 난이도	판매자 간 경쟁도	비고
할인점	30~45%	45~60일	매우 높음	높음	• 제조업체/생산자 직거래 원칙 • PB 상품 및 온라인/모바일 판매 집중 강화
창고형 할인점	3~25%	40~50일	매우 높음	낮음	• 대용량 상품 위주, 수입 상품 매출 높음 • 할인점 대비 5~15% 저렴한 가격대
백화점	30~45%	45~60일	매우 높음	중간	• 대부분 임대차 거래(임대갑/임대을) 위주 • 백화점 입지, 점포 내 매장 위치 중요
기업형 슈퍼마켓	30~45%	45~60일	매우 높음	중간	• 신선·가공식품 위주, 직거래 원칙 • PB 상품 및 온라인/모바일 판매 집중 강화
편의점	40~55%	45~60일	매우 높음	높음	• 1인 가구 증가에 따른 지속 성장 • 소용량, 트렌디 상품 위주, PB 상품 강화

헬스 & 뷰티 스토어	40~55%	50~60일	높음	중간	• 전 세계적인 성장 유통 채널 • 차별화된 트렌디 H&B 상품 입점 가능
카테고리 전문몰	전문몰별 상이		중간	낮음	• 내 상품과 맞는 카테고리 전문몰 선택 • 대형 오프라인 유통업체 대비 입점 용이

내 상품/상황에 맞는
맞춤 유통 전략 수립

대기업/중소기업/개인 판매업자와
제조업체/수입업체/벤더업체의 유통 전략은 달라야 한다.
나의 상품과 상황에 맞는
맞춤 유통 전략 수립으로 성과를 극대화하자.

유통 전략 수립의 필요성

처음 유통을 시작하는 제조/수입업체는 유통업계에 대한 이해가 부족하여 장기적으로 육성해야 할 상품임에도 불구하고 주변에서 들은 대로 아무 유통 채널이나 업체에 용감하게 도전한다. 적은 자본으로 빨리 수익을 내야 하니 상품과 제안서만 달랑 들고 용감하게 도전하기도 하는데 그 마음은 이해가 되나 과연 성과가 있을지 안타깝다. 한마디로 걸리면 좋고 안 걸리면 말고 식의 마구잡이 유통인 셈이다. 이런 경우 G마켓, 11번가 같은 오픈마켓은 상품 등록만 하면 되니 당연히 입점이 되지만, MD/바이어의 승인을 통해 입점이 결정되는 오프라인 유통 채널은 거의 입점이 되지 않는다.

당신이 MD/바이어라고 가정해보자. 네이버에 검색해도 상품/업체에 대한 정보가 나오지 않는다. 상품을 구매해본 고객의 반응이 매우 좋고 재구매로 이어진다는 것도 오직 업체 사장님의 말일 뿐이다. 오픈마켓과 소셜커머스에서 인기리에 판매되고 있다는 말에 검색을 해보지만 구매 수량도 미미하고 구매평도 없다면 솔직히 MD/바이어 입장에서 무엇을 믿고 그 상품이나 업체를 입점시키겠는가?

이렇게 마구잡이로 입점 신청을 하다가 거절당하는 경우 더 큰 문제는 유통업체 내부 관리 시스템에 이 업체가 등록된다는 점이다. 상품 판매가 어느 정도 활성화된 후에 다시 입점 신청을 했을 때 내부 관리 시스템을 보고 바이어가 예전 기억을 살려(?) 제안 내용을 제대로 살펴보지도 않고 입점 거부를 클릭하게 된다. 요즘에 웬만큼 규모 있는 유통업체라면 바이어/MD를 만나서 대면 상담 후 입점하는 시스템이 아니라 온라인상으로 투명하게 신규 업체 입점 절차가 진행되기 때문이다. 이런 식으로 입점 거절을 자주 당하다 보니 제조/수입업체 입장에서는 유통은 어렵다는 둥 바이어가 거만하다는 둥 우수한 상품을 못 알아본다는 둥 유통업체에 대한 편견을 가지기도 쉽다.

일반적으로 사업을 처음 시작하는 스타트업 중소기업 사장님들은 기술자로서는 우수하지만 유통/마케팅/영업에 대한 이해가 떨어지는 경우가 종종 있다. 내 상품이 이렇게 우수하고 주변 지인들도 좋다고 하니 대충 영업/마케팅만 잘하면 유통 채널에 입점되고, 한 번 구매해본 고객은 다시 구매할 것이라는 순진한 생각을 하게 된다. 간혹 유통업체 바이어/MD를 만나는 경우에도 주로 내 상품의 품질, 기능, 맛이 정말 우수하고 고객 반응도 매우 좋았다는 객관적으로 측정하기 어려운 이야기만 늘어놓다 보니 유통업체 바이어/MD에게 신뢰를 주기도, 설득하기도 어렵다. 일반적으로 사장님들은 내 상품의 장점만 보이고 단점은 보이지 않으며,

본인 입장에서만 생각하는 경향이 있다.

필자도 제조업체 상품개발팀에서 6년간 일을 해봐서 이런 사장님들의 생각을 잘 알고 있다. 필자도 제조업체에서 상품 개발을 담당했을 때 그들과 똑같았기 때문이다. 내 상품이 최종 출시되기까지 매우 힘들고 까다로운 개발 과정을 거쳤고, 소비자의 냉정한 평가를 반영하여 만들어졌으므로 당연히 유통시장에서도 고객에게 좋은 반응을 얻을 것으로 확신했다. 그런데 여기서 한 가지 오류는 제조업체에서 소비자에게 하는 F.G.I(Focus Group Interview) 조사 같은 많은 객관적인 시장조사는 실제로 돈을 주고 상품을 구매한 고객에게서 나오는 반응이 아니기 때문에 실제 유통시장에서의 고객의 냉혹한 평가와는 거리가 있다는 점이다. 아무리 소비자 조사에서 우수한 점수를 받아서 출시한 상품이라도 유통시장에서의 실제 판매에서는 달라질 수 있다는 말이다.

작년에 중소 벤처기업 유통 상담회에서 한 사장님을 만나 유통업체 입점 관련 상담을 했다. 그 업체의 상품(자동차 관련 용품)에는 일부 결함이 있어 적어도 3%의 고객은 욕설과 함께 분노할 만했는데 사장님은 그 상품이 가지고 있는 다른 장점들에 비해 결함은 별거 아니라는 투로 이야기해서 많이 놀란 일이 있었다. 우수한 상품 개발을 위해 의욕적으로 매진하는 중소기업 사장님 중에는 이런 분도 다수 있다.

유통 벤더업체(다른 회사에서 생산/수입한 상품을 중간에서 도소매로 판매하는 업체)의 경우 제조업체와는 유통을 바라보는 관점이 다소 다른데 이들은 장기적으로 브랜드를 육성하기보다는 단기 매출에 집중하는 경향이 강하다. 유통 채널별로 수수료나 판매 가격에 차이가 있으므로 가격 전략, 유통 채널 진입 전략을 제대로 세우고 단계적, 순차적으로 유통시장에 진입해야 하지만 단기 매출에 눈이 어두워 마구잡이로 유통에 뛰어들다 보니 결국은 상품 브랜드가 망가져서 단명하는 경우가 허다하다.

필자가 아는 한 여성 미용용품 총판 벤더업체는 유통 모임에서 알게 된 소셜커머스 MD를 통해 해당 소셜커머스에 입점했다. MD가 메인 페이지 노출과 낮은 수수료에 무료배송 쿠폰도 지원하는 등 적극적으로 홍보 활동을 해주는 대신에 가격을 최저가로 달라고 하여 빨리 브랜드를 홍보하고 판매도 일으킬 목적으로 감당할 수 있는 최저선의 마진으로 진행했다. 매출은 막대하게 나왔으나 문제는 그 다음 유통 채널에 진입할 때 발생했다. 소셜커머스에서 최저가에 마진 없이 진행하고 보니 적어도 35% 이상의 높은 수수료를 내야 하는 홈쇼핑, H&B 스토어, 할인점이라든지 온라인 최저가 이하에서 판매해야 하는 유통 채널인 복지몰, 카카오스토리 채널/네이버 밴드 공동구매, 특판 시장에서의 판매가 어려워지는 상황이 발생한 것이다. 결국 이 상품은 소셜커머스에서만 반짝 팔다가 시장에서 사라지는 운명이 되어버렸다.

유통 채널을 제대로 선정하지 못해서 성과를 못 내는 경우도 있다. 소용량 건강 기능성 캔디를 제조하는 업체가 있었다. 이 업체 사장님은 나름대로 여러 유통 채널에 상품을 공급하고 광고도 하고 있는데 매출이 제대로 나오지 않는다고 필자에게 하소연했다. 상품도 괜찮고 편의점, H&B 스토어 등 적절한 유통 채널에 집중하면 잘될 것 같은 아이템이었다.

지금 어느 유통 채널에서 판매하냐고 물어보니 오픈마켓, 소셜커머스,

중형 슈퍼마켓에서 판매하고 있다고 하였다. 프로모션 및 광고도 많이 하고 있는데 매출이 늘지 않아 고민이라고 하여 혹시 편의점이나 H&B 스토어에서는 진행을 안 해봤는지 물었다. 그랬더니 상품 론칭 초기에 모든 편의점, H&B 스토어, 할인점에 입점 신청을 했는데 성사되지 않았다고 하였다. 이 상품은 편의점이나 H&B 스토어, 할인점의 계산대 앞 매대에 있을 때 가장 잘 팔릴 만한 아이템인데 현재 입점된 채널에만 집중한다고 하니 참으로 안타까웠다. 아무리 현재 입점된 유통 채널에서 열심히 한다고 해도 편의점, H&B 스토어, 할인점 계산대 앞에서의 판매에는 못 미칠 게 뻔했다. 그래서 아래와 같이 충고해주었다.

"이 상품의 가장 적합한 유통 채널은 현재 입점된 채널이 아닙니다. 이 상품은 편의점, H&B 스토어, 할인점의 계산대 앞 매대에 있을 때 매출이 극대화될 것입니다. 상품 론칭 초기에 편의점, 할인점에서 입점을 거절한 것은 업체 신뢰도와 상품성에 대한 객관적인 증거가 없었기 때문입니다. 지금은 다양한 유통 채널에서 팔리고 있고 브랜드도 어느 정도 알려져 있으니 다시 한 번 네이버 통합 검색의 각 영역 및 페이스북, 인스타그램 같은 SNS에 브랜드 콘텐츠들을 잘 세팅해놓으세요. 그리고 제안서 및 상세 페이지를 잘 만들어서 다시 편의점, H&B 스토어, 할인점 입점을 시도해 보세요. 이런 유통 채널에 들어가지 못하면 상품 브랜드를 키우는 데 한계가 있습니다. 지금 거래하고 있는 유통 채널에 아무리 집중해도 편의점, H&B 스토어, 할인점에 입점했을 때의 효과와 비교하면 미미합니다."

이 업체 사장님은 필자의 충고를 받아들여서 제대로 준비하여 다시 입점을 시도했는데 결국 편의점 3개 업체, H&B 스토어 1개 업체에 입점하였다. 기존 거래처에서 나오는 매출 대비 신규로 발굴한 거래처에서 거의 7배의 매출이 나오고 있다.

앞에 언급한 상황들은 유통시장에서 비일비재하게 발생한다. 영어나 수학처럼 유통에 대해 제대로 가르쳐주는 학원도 없거니와 오랫동안 유통을 하고 있는 업체라도 이런 기본 개념조차 모르는 경우가 많다. 필자가 운영하는 네이버 온라인 유통 카페(유노연-유통노하우연구회)에도 이런 일로 힘들었던 경험이 있는 업체가 상당수 있다. 체계적인 유통 전략, 전술 수립 없이 마구잡이식으로 유통을 하게 되면 자금, 시간, 노력만 낭비하고 정작 성과는 없어 결국 사업을 접어야 하는 상황에 처할 수 있다.

유통을 하면서 매출/이익을 올리기 위해서는 간단하게 다음 세 가지 방법을 따르면 된다.

① 신규 유통 채널을 확보한다.
② 기존 유통 채널에 상품 공급을 늘린다.
③ 상품이 소비자에게 공급되는 유통 단계를 단축한다.

간단하다. 이제 본인의 상황에 맞는 방법을 선택하고 체계적으로 유통전략을 수립하여 진행하면 된다.

일반적으로 제조업체는 직접 생산하는 적은 수의 상품을 취급하고 유통 채널을 최대한 많이 확보하여 매출/이익을 올리고, 유통 벤더업체는 다양한 상품을 취급하여 단품당 매출이 적더라도 모두 합치면 매출이 크게 되는 것을 추구하는 것이 맞다.

제조업체는 상품에 대한 소유권이 있고 유통 채널의 다양한 요구 및 각종 변수에 대응이 가능하기 때문에 최대한 많은 유통 채널에 입점해서 판매하는 것이 바람직하다. 또한 이익을 늘리기 위해서 중간 유통 단계를 최소화하는 방법에 대해 항상 고민해야 한다. 유통 채널을 거치지 않고 자체 홈페이지 판매나 수수료가 적은 스마트스토어 같은 유통 채널 등을 통해 소비자에게 직접 판매하는 방식도 좋다.

그러나 유통 벤더업체의 경우에는 상품에 대한 소유권이 직접적으로 없으므로 많은 유통 채널에서 판매하기보다는 주력으로 집중할 유통 채널을 몇 개 선정하여 판매하는 것이 좋으며, 대신 주력 유통 채널에서 판매하는 품목 수를 최대한 늘리는 것이 바람직하다. 이렇게 전문적으로 집중하는 유통 채널이 있어야 취급하는 상품에 변동이 있을 때(제조업체의 상품 공급 중단, 신규 상품 소싱 등) 유연하게 대처할 수 있다.

유통 전략을 수립하기 전에 아래 열 가지 질문에 대해 생각해보기 바란다. 나의 상황을 정확히 파악해야 효율적인 유통 전략 수립이 가능하다.

① 내 상품의 주 고객이 이용하는 유통 채널은 어디인가?
② 온라인/오프라인 유통 중 어디에 집중할 것인가?
③ 고객에게 상품에 대한 구체적인 설명이 필요한가?
④ 내 상품의 규격은?(소/중/대)
⑤ 시즌성을 반영하는 트렌디한 상품인가?
⑥ 가격 단가는?(저가/중가/고가)

⑦ 나는 제조업체/수입업체/벤더업체 중 어디인가?

⑧ 마케팅/영업 비용은 어느 정도까지 감당할 수 있나?

⑨ 자금 상황은 어떠한가?

⑩ 나의 마케팅/영업 능력은 어떠한가?

Part 4

제조업체/수입업체의
유통 전략

나의 현실을 정확하게 파악하라

　중소 제조업체 사장님들은 상품 개발에 있어서는 전문가지만 유통에 대해서는 잘 모르는 경우가 많다. 유통에 대한 두려움 때문에 본인이 직접 유통을 하기보다는 제 3자에게 유통을 맡기는 경우도 많다. 그런데 예전에는 제조업체는 제조만 하고 유통은 유통업자에게 맡기는 것이 일반적이었지만 이제 제조업체도 유통을 모르면 살아남기 힘든 시대가 되었다. 다행스러운 것은 인터넷과 SNS의 발달로 전에는 쉽게 얻을 수 없었던 은밀한 유통 정보를 조금만 손품을 팔면 비교적 쉽게 얻을 수 있다는 점이다.

　제조업체가 직접 유통을 하게 되면 중간 벤더업체를 써서 유통을 할 때보다 판매 가격은 저렴해지고 이익은 더 많아져 시장에서의 성공 가능성도 높아진다. 가장 중요한 것은 상품의 주인이 자기 상품을 직접 유통시키는 것이기 때문에 남을 써서 할 때보다 성공에 대한 열정, 노력, 자세부터 큰 차이가 있을 수밖에 없다는 점이다.

제조업체가 유통에 진출할 때 반드시 기억해야 할 점은 다음과 같다.

첫째, 내 상품을 판매할 곳은 많은데 다만 지금 내가 잘 모를 뿐이다.

둘째, 좋은 상품이 잘 팔리는 게 아니고 잘 팔리는 상품이 좋은 상품이다.

셋째, 제조업체는 제조만 해야 한다는 생각을 버려라. 유통업자만 좋은 일 시켜준다.

넷째, 유통/판매와 관련된 모든 플레이어들을 만나서 정보를 얻고 공부해야 한다.

특히 중소 제조업체 사장님들은 본인의 상품이 세상에서 가장 좋기 때문에 홍보나 영업만 하면 잘 팔릴 거라고 착각하는데 '좋은 상품이 잘 팔리는 게 아니고 잘 팔리는 상품이 좋은 상품'이라는 유통업계의 격언을 기억해야 한다. 또한 유통 채널이라는 것이 할인점, 편의점, 오픈마켓, 백화점만 있는 것이 아니고 상품의 특성에 따라서는 목욕탕, 약국, 골프장, 술집, 애견 카페도 유통 채널이 될 수 있다는 점을 알아두어야 한다. 지금은 유명한 CJ 컨디션도 처음에는 목욕탕, 골프장, 술집에서 입소문을 탔으며, 스위스 리콜라 무설탕 허브 캔디의 경우도 수입 초기 약국, 목욕탕 등에서 인기를 끌었다. 한마디로 내 상품을 판매할 곳은 나의 생각 이상으로 많다.

제조업체는 상품에 대한 소유권을 가지고 있으므로 남의 상품을 받아서 유통해야 하는 벤더업체와는 큰 차이가 있다. 일반적으로 제조업체는 상품을 일정 기간만 판매하고 끝내는 것이 아니기 때문에 단기가 아닌 장기 유통 전략을 고민해야 한다. 그래서 벤더업체와 달리 출시 초기에 상품을 브랜딩하고 홍보하는 과정에서 회사의 역량을 집중하여 진행해야 한다.

필자가 생각하는 일반적인 제조업체 상품의 유통 전략은 다음과 같다.

① 상품이 출시되면 먼저 원활한 상품 브랜딩/홍보를 위해 상품명을 희소성 있게 짓는다. 가령 인터넷에서 상품명을 검색했을 때 우리 회사 상품뿐만 아니라 다른 여러 상품이 동시에 검색된다면 온라인상에 상품을 브랜딩하기가 어려울 것이다. 예를 들어, '웰빙주스'라는 상품명을 사용한다고 가정해보면 인터넷에서 검색했을 때 우리 상품뿐만 아니라 다른 많은 웰빙주스 콘셉트의 상품들이 동시에 검색될 것이다. 이런 상황을 피하기 위해서는 상품명을 희소성 있게 지어야 한다. 부득이한 경우라면 상품명 뒤에 숫자를 붙이면 된다. 예를 들면, 여명808, 홍콩반점0410 등이 있다. 한번 만든 상품명/브랜드명을 수정하는 데는 엄청난 비용과 노력이 들어간다는 사실을 명심하라.

② 상품 홈페이지를 만들고 브랜딩을 위해 네이버 통합검색의 각 영역에 상품명 키워드 또는 고객이 검색해볼 만한 상품 속성에 맞는 키워드를 전략적으로 노출시킨다.

③ 각종 온라인 유통 채널에 상품을 입점시키고 동시에 SNS 홍보(페이스북/인스타그램/카카오스토리 등)도 시작한다.

④ 오픈마켓 같은 유통 채널부터 광고를 시작한다. 오픈마켓은 광고의

역할이 중요하고 광고가 제대로 안되면 원하는 매출이 나오지 않기 때문에 기본적인 광고는 반드시 해야 한다.

⑤ 온라인 유통 채널에서 어느 정도 자리를 잡으면 오프라인 유통 채널 입점을 시도한다.

일반적으로 상품의 인지도, 영업/홍보 비용, 유통 조직망 등의 문제 때문에 처음부터 오프라인 유통에 진출하기는 힘들고, 먼저 온라인 유통부터 진출한 후 오프라인에 진출하는 것이 유리하다. 일반적인 중소 제조업체 상품의 경우 위와 같은 단계를 거쳐서 온라인/오프라인으로 유통하면 된다. 그러나 중소기업의 경우는 대기업 대비 투입할 수 있는 자금 규모나 제반 여건에서 부족한 점이 많기 때문에 고려해야 할 점 또한 많다.

중소 업체에서 유통 전략을 수립하기 위해서는 우선 현실부터 정확하게 파악해야 한다. 나의 상품, 시장에서의 위치, 자금력, 마케팅/홍보 능력, 영업 조직 등을 종합적으로 분석하여 나에게 맞는 맞춤 유통 전략을 수립해야 한다. 만약 나의 상황이 거의 1인 기업 수준인데 많은 유통 채널에 진입해서 상품을 유통하기 위한 계획을 세운다면 좋은 결과를 얻기 어려울 것이다. 또한 자금이 부족하여 마케팅에 비용을 많이 쓸 수 없는 상황이라면 당연히 상품 브랜딩 및 홍보에 많은 투자를 할 수 없을 것이다.

유통 전에 고려해야 할 것

① 상품

상품에 대해 객관적으로 파악해야 한다. 아이폰처럼 누가 봐도 차별화된 상품인지 아니면 기존의 상품에서 약간 업그레이드된 것인지, 시중에 나와 있는 상품과 비슷한데 디자인이 더 좋은 것인지, 가격적인 메리트가 있는지 등 고객이 봤을 때 내 상품의 구매 의향이 어느 정도일지 객관적으로 파악해야 한다. 또한 상품의 라이프 사이클에서 도입기, 성장기, 성숙기, 쇠퇴기 중 어느 단계에 있는 상품인지도 고려해야 한다. 만약 상품성이 매우 우수해 고객이 무조건 사고 싶어 하는 상품이라면 유통 전략을 세우기가 쉬울 것이다. 하지만 상품성이 보통이거나 약간 높은 수준이라고 하면 기존 상품과의 차별화를 위해 유통 전략 수립 시 고민해야 할 것들이 많아진다.

② 시장에서의 위치

상품의 시장에서의 위치도 고려해야 한다. 시장에서 어느 정도 인지도가 있는 상품과 아예 인지도가 없는 상품은 다른 유통 전략을 구사해야 하기 때문이다. 인지도 있는 상품의 경우 상품 브랜딩보다는 유통 채널 입점 및 판매 쪽에 중점을 두어야 하고, 인지도 없는 상품의 경우는 상품 브랜딩부터 꼼꼼하게 하나하나 단계를 거쳐서 밟아나가야 한다.

③ 자금력

앞에서 설명한 유통의 각 단계를 진행할 때 가용할 수 있는 자금이 어느 정도냐에 따라 각 단계별 진행의 깊이와 수준이 달라진다. 또한 어느 단계에 자금을 집중할 것인지도 결정해야 한다.

④ 마케팅/홍보 능력

마케팅 비용이 충분하다고 해도 상품 브랜딩, SNS 홍보, 유통 채널 광고는 회사의 마케팅/홍보 능력의 영향을 받는다. 만약 마케팅/홍보 능력이 일정 수준 이상이라면 직접 진행하면 되지만 그렇지 않다고 하면 외부 대행 업체를 써서 진행해야 하는데, 이 대행 업체를 잘 관리해서 좋은 결과물을 만들 수 있느냐 하는 문제가 발생한다. 외부 대행 업체를 쓰는 경우라도 내가 대행시킨 업무에 대해서 일정 수준 이상은 알고 있어야 일을 제대로 시킬 수 있고 대행 업체가 제대로 하고 있는지도 파악할 수 있다.

⑤ 영업 조직

제조업체의 경우 상품에 대한 직접적인 컨트롤이 가능하기 때문에 최대한 많은 유통 채널에 입점해서 판매하는 것이 좋다. 하지만 이때 나의 영업 조직이 이를 커버할 수 있는지를 우선 고려해야 한다. 사실 중소기업 입장에서 모든 유통 채널을 직접 관리하기는 어렵다. 따라서 영업 조직의 규모와 업무 효율성을 고려하여 직접 관리할 유통 채널과 전문 벤더에게 맡길 유통 채널을 구분하여 진행해야 한다.

중소 제조업체의 경우 가지고 있는 자원과 자금에 한계가 있기 때문에 앞의 각 항목을 잘 살펴보고 업체의 현실을 객관적으로 파악한 후 그에 맞는 유통 전략을 수립해야 한다.

상품 브랜딩 전략
내 상품을 효율적으로 브랜딩하는 방법은?

단기간에 팔고 끝낼 상품이 아니라면 항상 상품 브랜딩에 대해서 고민해야 한다. 상품이 고객에게 노출될 때를 생각해보자. 코카콜라, 나이키, 오리온 초코파이 등의 상품은 굳이 고객에게 상품에 대해 설명할 필요가 없다. 반면 일반적인 중소 업체의 상품은 어떤가? 고객은 상품에 대한 정보가 전혀 없을 뿐만 아니라 제조업체에 대한 신뢰도 없기 때문에 구매를 결정하기까지 상당한 용기가 필요하다. 온라인이든 오프라인이든 SNS에서든 처음 보는 중소 업체의 상품에 대한 판매 홍보 글을 보면 아무리 상품 상세 페이지에서 원재료, 맛, 기능, 디자인, 가격, 만족도 등등이 좋다고 구구절절 설명한다 해도 고객은 믿지 않는 경향이 있다. 당신도 그렇지 않은가? 물론 상품 상세 페이지 하나로 구매를 일으킬 수 있다면 최고겠지만 당연히 쉽지 않은 일이다.

장기적으로 보았을 때도 상품 브랜드를 구축하기 위해서는 브랜딩 작업이 필수적이다. CJ, 롯데, 삼성, 오리온, 농심같이 이미 강력한 브랜드 인지도를 가지고 있는 대기업조차도 신상품을 브랜딩하기 위해 막대한 마케팅/홍보 비용을 투자하는데 중소 업체의 신상품이 상품 설명을 위한 기본적인 브랜딩 작업조차 되어 있지 않다고 하면 고객이 과연 신뢰할 수 있겠는가? 그런데 여기서 중요한 것이 대기업의 상품 브랜딩과 마케팅 비용에 제한이 있는 중소 업체의 상품 브랜딩은 당연히 달라야 한다는 점이다.

중소 업체는 자금과 인력이 부족하기 때문에 대기업처럼 막대한 마케팅 비용이 드는 TV와 신문 등 유명한 대중매체를 통한 브랜딩 구축 작업을 하기 어렵다. 그래서 온라인이 발달하기 이전에는 중소 업체 상품을 브랜딩하기가 정말 어려웠다. 하지만 온라인이 발달하고부터는 상대적으로 적은 비용과 노력으로도 상품을 브랜딩할 수 있게 되었다. 중소 업체가 오프라인 영역까지 상품을 브랜딩하기에는 한계가 있으므로 일단 온라인상에서 상품을 브랜딩하는 데 집중해야 한다.

우선 기본적으로 해당 브랜드의 콘셉트, 탄생 스토리, 철학, 차별화 포인트 및 각종 세부 정보 등을 알 수 있는 브랜드 홈페이지를 구축해야 한다. 만약 홈페이지 제작, 유지 보수, 관리에 소요되는 비용이 부담스럽다면 네이버 무료 홈페이지인 Modoo를 이용해서 브랜드 홈페이지를 구축하면 된다. 자사 단독 쇼핑몰의 경우는 있으면 좋긴 하지만 쇼핑몰을 홍보하는 비용 및 각종 관리 부담이 있기 때문에 어느 정도 규모가 있는 업체가 아니라면 추천하지 않는다.

초기에는 다양한 장점을 가지고 있는 네이버 무료 쇼핑몰인 스마트스토어를 단독 쇼핑몰 대용으로 운영하는 것이 훨씬 효율적이다. 브랜드가 어느 정도 커지면 그때 단독 쇼핑몰 운영 여부를 고민해도 늦지 않다. 중소 업체에서 브랜드 홈페이지나 단독 쇼핑몰을 운영하기에는 비용이 많이 들어가고 유지 및 관리 문제가 발생하기 때문에 업체 상황에 따라 결정하는 것이 바람직하다.

자사 홈페이지와 쇼핑몰 구축이 끝나면 해야 할 중요한 상품 브랜딩 작업이 있다. 가령 어떤 사람이 A라는 상품에 대한 판매 또는 정보 글을 G마켓, 쿠팡 또는 카카오스토리나 인스타그램에서 보았다고 하자. 상세 페이지 또는 홍보 글을 보니 '한번 구매해볼까' 하는 생각이 들어 좀 더 알아보고자 한다면 이 사람은 어떻게 할까? 아마도 네이버에서 이 상품을 검색해볼 것이다. 검색했을 때 나오는 콘텐츠의 내용에 따라 상품에 대한 신뢰와 확신을 가지고 구매를 하거나 아니면 실망하여 구매를 포기할 것이다. 그런데 네이버에서 A라는 상품을 검색했는데 A에 대해 한 줄도 안 나온다면 또는 콘텐츠가 있어도 내용이 부실하다면 이 사람은 과연 A를 구매할까? 여러분이라면 이 상품을 구매하겠는가?

우리나라 검색시장에서 네이버의 검색 점유율은 80%에 이르며, 구글과 다음 등이 그 뒤를 따른다. 따라서 네이버에 상품 콘텐츠를 집중적으로 구축해야 한다. 네이버의 각 영역에 상품에 대한 콘텐츠를 충분히 깔아놓는 것만으로도 온라인 상품 브랜딩의 기본은 한다. 상품을 장기적으로 브랜딩하면서 운영할 계획이라면 다른 마케팅, 홍보, 광고 활동은 하지 않더라도 네이버 통합검색 각 영역에 상품 관련 콘텐츠를 구축하는 작업은 필수적으로 해야 한다. 상품에 대해 호기심을 가진 고객이 자세히 알아보기 위해 네이버에서 검색했을 때 A에 대한 콘텐츠 및 A를 구매할 수 있는 쇼핑몰이 충분히 구축되어 있어야 한다.

콘텐츠 내용 중에서 가장 중요한 것은 상품을 체험해본 고객이 직접 작성한 사용/체험/시식 후기다. A를 살지 말지 고민하고 있는데 벌써 실제로 구매해본 고객들이 작성한 만족스러운 구매 후기가 쌓여 있다면 구매 결심을 하기가 훨씬 쉬워질 것이다.

상품 콘텐츠 구축과 관련해서 네이버 통합검색의 각 영역 중 고객에게 가장 크게 영향을 끼칠 수 있는 세 가지는 '뉴스', '카페', '블로그' 영역이다. '뉴스' 영역이 가장 중요하고, 그 다음이 '카페'와 '블로그' 영역이다. 일단 '뉴스' 영역에 A라는 상품에 대한 기사가 있으면 굳이 메이저 언론사가 아닌 중소 인터넷 언론사의 기사라 할지라도 상품에 대한 신뢰가 높아지게 된다. 그 다음이 '카페' 영역인데 여기에 고객의 진정성 있는 사용/시식 후기가 있게 되면 상품에 대한 호감도가 올라간다. 마지막으로 '블로그' 영역인데 예전에는 블로그의 사용/시식 후기가 중요하게 생각되었으나 지금은 블로그 후기의 경우 광고 또는 홍보성이 강하다는 것을 알고 있는 고객이 많기 때문에 과거만큼 믿고 신뢰하지는 않는다. 여기에 덧붙여서 '동영상', '쇼핑', '지식iN' 등의 영역에도 A에 대한 내용이 뒤따르면 더욱 좋다. 지금부터 네이버 통합검색의 각 영역에 대한 세부 설명과 콘텐츠 구축 방법에 대해 알아보도록 하자.

뉴스

상품 출시에 대한 안내, 상품에 대한 세부 설명, 상품 관련 이벤트, 상품 제조업체의 CEO 인터뷰, 상품 관련 인증/수상 내역 등이 콘텐츠가 될 수 있다. 주요 언론사를 통해서 기사를 내는 것은 현실적으로 쉽지 않으므로 보통 중소 온라인 언론사를 이용한다.

뉴스 기사를 내는 방법에는 크게 두 가지가 있다. 첫째는 기사를 작성하여 언론사 기자에게 직접 제안 또는 뉴스와이어(www.newswire.co.kr) 같은 유료 보도자료 배포 서비스를 이용하여 직접 뉴스 기사를 만들어내는 방법이고, 두 번째는 언론 홍보 대행사를 통해서 대행 비용을 주고 기사를 만들어 노출시키는 방법이다. 첫 번째 방법은 콘텐츠가 우수하고 기사 작성 능력이 뛰어나면 큰 효과를 볼 수 있다. 그러나 현실적으로 들이는 노력과 시간 대비 비효율적이기 때문에 일반적으로 두 번째 방법이 사용된다.

언론 홍보 대행사의 가격은 천차만별인데 크몽(kmong.com)이나 오투잡(www.otwojob.com) 같은 재능기부 사이트에서 찾으면 상대적으로 저렴한 가격으로 언론 홍보 전문가를 만날 수 있다. 재능기부 사이트에서 '언론 홍보', '기사 송출' 등의 키워드를 검색하여 나오는 전문가 중 가격

보도자료 배포 서비스 '뉴스와이어'

과 후기, 평점이 좋은 전문가와 접촉해보고 선택하는 것이 좋다.

블로그

블로그 영역에는 보통 사용 후기, 시식 후기 등의 콘텐츠를 올리는데 한 개가 아닌 여러 개의 상위 노출 가능한 블로그에 관련 키워드별로 노출시켜야 한다. 네이버에 '블로그 체험단'이라고 검색하면 수많은 업체들이 나온다. 블로그 체험단은 체험단 수와 각종 서비스 조건에 따라 가격이 다양하다. 직접 세부 키워드를 제시하고 체험단을 선정하고 기타 작성 방법에 대한 가이드까지 제시할 수 있으면 가격이 저렴해지지만 이런 것들까지 모두 대행을 맡기면 가격이 올라가게 된다.

블로그 체험단 진행 시에 100% 대행사에 맡기면 효율이 떨어질 수 있다. 키워드나 체험단 운영 방식, 블로그에 포스팅하는 방법에 대해 어느 정도 알고 대행사와 상담해야 효과적인 체험단 운영이 가능하다. 체험단 운영 전에 네이버에서 블로그 체험단에 대해 검색하고, 체험단 운영 시에 알아야 할 정보들을 반드시 확인하고 나서 진행하는 것이 좋다. 가성비 높은 블로그 체험단 두 곳을 소개하면 다음과 같다.

레뷰(https://biz.revu.net)

체험단 운영에 대한 지식이 있다면 가성비 높게 체험단을 직접 선정하여 운영할 수 있다. 체험단에 대한 지식이 없는 경우에는 레뷰에 운영 대행을 의뢰할 수 있다.

블로그 체험단 및 SNS 인플루언서 플랫폼 '레뷰'

블로슈머(www.blosumer.co.kr)

도매 사이트인 온채널에서 운영하는 블로그 체험단인데 가격 면에서 메리트가 있다. 업체가 직접 체험단을 운영하는 방식과 온채널에서 대행해주는 방식이 있다.

블로그 체험단 '블로슈머'

이외에도 모두의 블로그(modublog.co.kr), 쉬즈블로그(blog.naver.com/blognara_), 파블로체험단(powerblogs.net) 등이 있다.

카페

네이버 카페 영역에 노출하는 경우 상위 노출이 잘되는 '열매' 이상의 등급에서 진행해야 하는데, 각 카페별로 접촉하여 진행해야 한다. 카페에 올라온 사용/시식 후기들은 블로그 체험 후기에 비해 고객 입장에서 후기의 진정성을 더 느낄 수 있다. 어느 정도 정형화되고 세련된 느낌이 있는 블로그 후기에 비해 카페 후기는 아마추어적인 느낌이 있기 때문에 고객의 신뢰를 얻기에 더 좋다.

네이버에 있는 회원수 30만 명 이상의 대형 맘카페 체험단 이용을 추천한다. 체험단 계약 조건에 따라 다르겠지만 보통 대형 맘카페에서 체험단 이벤트를 진행할 때 좋은 점은 해당 맘카페에서의 노출뿐만 아니라 체험단에 참여한 회원이 운영하는 블로그와 SNS에도 노출이 된다는 점이다. 대형 맘카페에서 카페 회원들을 대상으로 체험단을 모집할 때 대부분 '카페 + 블로그 + SNS'에 동시에 노출시킬 수 있는 회원을 우선으로 하기 때문이다.

카페 체험단을 운영할 때 지역 맘카페보다는 비용이 좀 더 들더라도 전국 규모의 맘카페에서 진행하는 것이 콘텐츠 노출이나 신규 고객 확보 차원에서 더 유리하다. 다만 전국 규모의 유명 맘카페다 보니 상품을 선별해서 체험단을 운영하고 체험단 조건도 까다로운 경향이 있다. 유명한 전국 규모의 맘카페 4곳을 소개하면 다음과 같다.

맘스홀릭 베이비(cafe.naver.com/imsanbu)

회원수가 300만 명(2021년 4월 현재)에 달하는 전국 단위 맘카페로서 각종 육아 및 생활정보를 공유한다. 체험단 이벤트 운영이 활성화되어 있으며 보통 '카페 + 블로그 + SNS' 3곳에 동시에 후기를 올리는 조건으로 체험단이 진행된다.

예카(cafe.naver.com/mjann)

회원수 31만 명(2020년 1월 현재)이며 체험단, 이벤트, 공동구매를 전문으로 진행하는 맘카페다. 회원수 대비 체험단, 이벤트, 공동구매의 가성비가 높다고 알려져 있다.

특히 주방용품 관련 상품을 판매하는 업체에서는 반드시 검토해봐야 할 카페다. 주방용품이 주력이지만 기타 주부들이 좋아할 만한 먹거리,

생활잡화, 소형 가전도 진행된다. 대부분 '카페 + 블로그 + SNS' 3곳에 동시에 후기를 올리는 조건으로 체험단이 운영된다.

레몬테라스(cafe.naver.com/remonterrace)

회원수가 299만 명(2021년 4월 현재)에 달하는 국대 최대 규모의 전국 단위 맘카페로 인테리어나 홈데코 관련 내용이 주로 공유되나 체험단의 경우는 주부 대상의 모든 상품이 진행된다. 보통 '카페 + 블로그 + SNS' 3 곳에 동시에 후기를 올리는 조건으로 체험단이 진행된다.

지후맘의 임산부 모여라(cafe.naver.com/1msanbu)

회원수 46만 명(2021년 4월 현재)의 전국 단위 맘카페다. 육아 관련 정보 공유 카페며 체험단뿐 아니라 공동구매 이벤트도 활발히 진행된다.

주로 카페와 블로그 2곳에 동시에 올리는 조건으로 체험단이 진행된다.

이 밖에도 맘스블로그(cafe.naver.com/momsblog79), 맘스톡톡(cafe.naver.com/aajumma) 같은 네이버 카페 기반 체험단도 있다.

동영상

상품에 대한 설명이나 사용 후기, 제작 스토리 등을 영상으로 만들어서 유튜브나 카페, 블로그 등에 올리면 동영상 영역에 노출된다. 단, 동영상 제목이나 파일명에 반드시 노출시키고자 하는 상품 관련 키워드를 넣어주어야 한다. 네이버 통합검색에서 동영상 노출 우선 순위는 '네이버 TV 〉 네이버 카페/블로그 〉 유튜브 〉 판도라 TV' 순이다. 유튜브가 최고의 동영상 콘텐츠 사이트지만 네이버에서 검색되는 동영상 콘텐츠로 한정한다면 네이버 TV에 올리는 것이 유튜브에 올리는 것보다 상품 브랜딩에 더 효과적이다.

쇼핑

오픈마켓, 소셜커머스, 종합몰 및 어느 정도 규모가 있는 전문몰 같은 경우에는 네이버 쇼핑에 자동으로 연동시켜 주는 프로그램이 있다. 해당 사이트에 입점한 후 네이버 쇼핑 연동을 신청하면 네이버 쇼핑 영역에 동시 노출된다. 네이버 스마트스토어의 경우는 자동으로 쇼핑 영역에 노출된다.

지식iN

지식iN 영역은 보통 나의 상품에 대해 궁금해하는 사람의 질문에 답변하면서 나의 상품에 대한 키워드를 입력하면 노출된다. 그런데 내가 질문하고 내가 다른 아이디로 답변하는 자작극(?)이 종종 벌어지면서 네이버에서 이런 어뷰징(개인이 본인의 계정 외의 부계정 등 다중 계정 조작을 하여 부당하게 이익을 취하는 행위) 행위에 대해서 제재(글 삭제, 네이버 아이디 제한)를 가하고 있다.

위와 같이 네이버 통합검색 각 영역에 콘텐츠를 구축하는 것은 고객에게 상품에 대한 신뢰를 주기 위해 반드시 필요한 작업이며, 온라인상에 상품을 브랜딩하기 위한 기본적인 요소다. 이런 브랜딩 작업은 한번 세팅해놓고 끝나는 게 아니라 정기적으로 업데이트를 해줘야 한다. 가령 검색했더니 몇 년 전의 콘텐츠만 있다면 고객에게 신뢰를 주기가 힘들기 때문이다.

상품명 및 브랜드명 키워드로 네이버 통합검색 콘텐츠를 구축하는 것 외에도 여력이 된다고 하면 상품과 관련된 세부 키워드로도 콘텐츠를 구축해놓으면 큰 효과를 볼 수 있다. 가령 내 상품명이 B이고 카테고리가 '즉석 도시락'이라면 B라는 키워드로 네이버 통합검색 각 영역에 콘텐츠를 구축할 뿐만 아니라 '직장인 도시락', '웰빙 도시락' 같은 잠재 고객이 검색해볼 만한 세부 키워드에 대해서도 콘텐츠를 구축해놓는 것을 말한다. 이렇게 세부 키워드에 대해 콘텐츠를 구축해놓으면 잠재 고객이 '직장인 도시락'이나 '웰빙 도시락'을 검색했을 때 내 상품인 B가 노출되어 고객에게 B에 대한 홍보도 되면서 매출도 올릴 수 있다. 단, 각 세부 키워드의 검색량 및 콘텐츠 구축 비용도 고려해가면서 진행해야 한다. 세부키워드의 검색량 정보는 네이버 광고(searchad.naver.com)에 들어가서 회원가입 및 로그인 한 후 '키워드 도구'로 들어가면 알 수 있다.

네이버 광고 키워드 조회 시스템

유통 채널 확대 전략
어떤 전략/순서로 유통 채널을 늘려야 하나?

브랜드 홈페이지 및 쇼핑몰을 만들고 온라인상에 기본적인 상품 브랜딩 작업이 완료되면 각 유통 채널 입점을 진행해야 한다. 유통 채널 입점 전에 온라인상에 상품 브랜딩 작업을 하는 이유는 특정 유통 채널에서 상품을 접한 고객이 상품에 관심이 있어서 더 알아보고자 인터넷 검색을 했는데 해당 상품에 대해 아무런 정보도 없으면 상품을 신뢰하기 어렵고 구매로 이어지기도 쉽지 않기 때문이다.

유통 채널 입점 전에 할 일은 내 상품과 어울리는 유통 채널을 찾는 것이다. 가령 프리미엄 상품의 경우 백화점이나 종합몰 등에서 판매하는 것이 적절하며 소셜커머스 같은 유통 채널에서 초특가에 판매하는 것은 어울리지 않는다. 이렇듯 나의 상품과 특별히 잘 맞는 유통 채널에는 더욱 집중해야 하지만 그렇다고 나머지 유통 채널도 소홀히 해서는 안 된다. 소수의 특정 유통 채널과 잘 맞는다고 해서 그 유통 채널에만 의지하면 추후 유통 채널의 트렌드가 바뀌었을 때 큰 문제가 발생할 수 있기 때문이다. 요즘 스마트스토어, 오픈마켓 같은 경우는 매출 증대의 목적이 아니라 가격의 기준점을 세팅한다는 개념에서 운영하는 경우도 많다.

필자가 아는 수입 과자와 음료를 전문으로 취급하는 수입 식품 업체가 있다. 이 업체는 예전 소셜커머스 전성기 시절에 유통 채널로 소셜커머스에만 집중하였다. 필자가 다른 유통 채널을 개발하라고 수차례 조언하였으나 관리 여력이 안 된다는 핑계로 다른 유통 채널에는 진출하지 않았다. 그러다가 소셜커머스의 경쟁이 치열해지고 1회 딜 행사당 매출액이 떨어지면서 큰 위기를 맞았다. 이 업체는 그 후 다른 유통 채널을 추가로 개발하고 매출을 끌어올리기까지 많은 시간이 걸렸고 크게 고생을 하였다.

이와 같이 제조업체나 수입업체의 경우에는 상품에 대해 직접적으로 관리할 수 있기 때문에 가능한 많은 유통 채널을 가지고 판매하는 것이 좋다. 그러나 중소 업체 입장에서 모든 유통 채널과 유통업체를 관리하기는 현실적으로 쉽지 않으므로 본인의 상황을 고려하여 직접 관리할 유통 채널과 유통업체를 선정하여 운영하고, 직접 관리할 수 없는 부분은 전문 벤더를 쓰거나 미래를 기약하며 진입하지 않는 것도 하나의 방법이다.

상품별 특성이 있겠지만 이 책에서는 일반적인 상품의 유통 채널 확대 전략에 대해 이야기하고자 한다. 다음 순서대로 유통 채널을 확대해 나가는 것이 좋다.

① 자사몰(단독 쇼핑몰) & 스마트스토어(舊 스토어팜)

② 오픈마켓(G마켓/옥션/11번가/인터파크)

③ 상품 등록식 소셜커머스(쿠팡/위메프/티켓몬스터)

④ 카테고리 전문몰(디자인몰/뷰티몰/애견몰/얼리어답터몰/비품몰 등)

⑤ 대기업 종합몰(현대H몰/롯데닷컴/CJ몰/GS Shop/신세계몰/AK몰)

⑥ MD 승인 방식 소셜커머스(위메프/티켓몬스터)

⑦ 복지몰, SNS(카카오스토리 채널/네이버 밴드/온라인 카페) 공동구매

⑧ 홈쇼핑 & 오프라인 대형 유통(백화점/할인점/편의점/중형 슈퍼마켓 등)

①~③번 유통 채널까지는 등록만 하면 되기 때문에 누구나 쉽게 입점할 수 있다. ⑤~⑧번 유통 채널은 등록한다고 모두 입점되는 게 아니고 해당 유통업체의 MD/바이어가 상품과 업체를 평가하여 승인해주는 방식이기 때문에 입점이 쉽지 않다. ④번 카테고리 전문몰은 등록 방식도 있고 해당 몰의 승인 방식도 있지만 입점이 크게 어렵지는 않다. 단, ⑦번의 SNS 공동구매의 경우는 이미 충분한 충성고객이 있고 상품 노출도 확실히 되기 때문에 상황에 따라 더 앞의 단계에서 진행해도 된다.

유통 채널 확대 시에 유의할 점이 있는데 유통 채널의 수수료가 낮고 높은 데는 다 나름의 이유가 있다. 수수료가 낮다면 기존에 입점된 상품 수가 너무 많아서 입점해도 노출이 제대로 안 돼 매출이 적을 수가 있고, 수수료가 높다면 일단 입점만 하면 상품 노출이 잘되서 매출이 많은 경우가 대부분이다. 무조건 수수료가 높으면 좋지 않다는 생각은 버려야 한다. 수수료라는 것은 판매가 이루어져야 내는 것이다. 판매가 이루어지지 않는다면 아무리 수수료가 낮아도 의미가 없다. 가령 종합몰 같은 경우는 온라인 유통 중에서 수수료는 매우 높은 편이지만 오픈마켓처럼 입점 상

품 수가 많지 않고 광고비에 대한 부담도 거의 없다. 또한 종합몰에 입점했다는 것 자체가 상품의 브랜드 파워를 높여주는 역할을 하기 때문에 수수료가 높아도 많은 업체들이 입점하고 싶어 하는 것이다.

이제 각각 단계의 유통 채널 입점 전략에 대해 세부적으로 알아보도록 하자.

자사몰(단독 쇼핑몰) & 스마트스토어(舊 스토어팜)

자사몰은 어떻게 구축하느냐에 따라 수백에서 수천만 원의 비용이 들 수 있다. 100% 자유도가 있는 독립형 쇼핑몰보다는 기본 틀에 맞춰서 써야 하는 카페24, 고도몰, 메이크샵 같은 임대형 쇼핑몰을 쓰는 것이 유지/보수/관리에서 더 편리하다. 유통 초보라면 더더욱 임대형 쇼핑몰을 추천한다.

스마트스토어는 네이버에서 제공하는 무료 독립 쇼핑몰인데 제작 비용과 유지/보수/관리 비용이 없고, 네이버 쇼핑 영역 노출에서도 혜택을 받는 등 많은 장점이 있어서 중소 사업자라면 반드시 운영하는 것이 좋다. 처음 유통을 시작하는 입장에서는 관리와 운영이 어려운 자사몰보다는 스마트스토어를 운영하는 것이 유리하다.

만약 자사몰을 운영한다고 하면 반드시 네이버, 구글, 다음 검색 사이트에 등록 및 최적화와 네이버 쇼핑 연동을 해야 하고, 모바일 최적화와 고객 통계 분석 툴도 동시에 구축해야 한다. 또한 자사몰을 홍보하기 위해 네이버 키워드 광고 및 구글/다음 광고, 리타깃팅 광고, SNS 홍보 등이 동시에 진행되어야 한다.

스마트스토어는 기본적으로 네이버 쇼핑에 노출되고 키워드 등록만 잘해도 구매 건수와 후기가 늘어남에 따라 네이버 쇼핑 상위 노출이 가능하게 되는 등 장점이 매우 많아서 요즘은 스마트스토어의 중요성이 점차로 증가되고 있다.

오픈마켓(G마켓/옥션/11번가/인터파크)

G마켓, 옥션, 11번가, 인터파크 등은 각 오픈마켓에서 요구하는 필수 서류를 제출하고 등록만 하면 입점이 된다. 오픈마켓은 상대적으로 수수료가 저렴하고(8~13%) 입점이 쉬운 반면에 등록된 상품 수가 너무나 많기 때문에 상품 노출을 위한 광고가 필수적이다. 오픈마켓은 온라인 판매의 기본인데 여러 오픈마켓에서 다양한 단품을 운영하는 경우에는 오픈마켓 통합 관리 솔루션(샵링커, 플레이오토, 사방넷 등)을 사용하면 손쉽게 관리가 가능하다. 오픈마켓 판매 가격이 온라인 판매 가격의 기준이 되는 경우가 많다.

오픈마켓 상품 등록까지 완료되면 상품에 대한 SNS 홍보, 광고(페이스북, 인스타그램, 카카오스토리, 유튜브, 네이버 밴드 등)도 진행하여 오픈마켓, 자사몰, 스마트스토어로 고객을 유입시켜 매출을 올릴 수 있다.

상품 등록식 소셜커머스(쿠팡/위메프/티켓몬스터)

소셜커머스에는 세 가지 판매 방식이 있는데 첫째는 소셜커머스 MD와 협의를 통해 단기간 특별 행사를 진행하는 딜, 둘째는 오픈마켓처럼 상품 등록제로 운영되는 판매 방식, 셋째는 소셜커머스에서 직접 상품을 매입하여 판매하는 방식이 있다.

딜과 매입 판매 방식의 경우 MD의 승
인을 거쳐야 해 입점이 까다롭지만, 상품
등록제로 운영되는 판매 방식은 상품 등
록만 하면 되기 때문에 입점이 쉽다. 상

소셜커머스 매입 판매

로켓 배송(쿠팡),
로켓 프레시(쿠팡),
원더 배송(위메프)

품 등록제 판매 방식은 상품 노출을 위해 판매자가 선택하는 광고만 없을
뿐 기본적으로는 오픈마켓과 동일하다.

카테고리 전문몰(디자인몰/뷰티몰/애견몰/얼리어답터몰/비품몰 등)

카테고리 전문몰은 특정 카테고리의 상품만을 전문적으로 판매하는 몰
인데 입점 방식은 상품 등록 방식과 MD 승인의 두 가지 방식이 있다. MD
승인 방식이라고 해도 그다지 입점이 까다롭지는 않다. 특정 카테고리에
대한 충성고객들이 있기 때문에 내 상품에 맞는 카테고리 전문몰에만 입
점하면 큰 매출도 기대해볼 수 있다.

대기업 종합몰(현대H몰/롯데닷컴/CJ몰/GS Shop/신세계몰/AK몰)

대기업 종합몰은 주로 백화점이나 홈쇼핑을 소유한 대기업이 운영하
는데 온라인계의 백화점이라고 보면 된다. 백화점, 홈쇼핑에서 입점 업체
를 결정하는 것과 마찬가지로 종합몰에서도 입점 절차가 진행된다. 상품
성뿐만 아니라 업체의 규모, 신용도, 재무 건전성, 브랜드 인지도 등 다양
한 항목들을 평가하기 때문에 입점이 매우 까다롭다.

166~167쪽의 유통 채널 중에서 ①~④번까지는 비교적 쉽게 입점이

되지만 ⑤번 종합몰부터는 입점이 쉽지 않다. 중소 업체라면 ①~④번 유통 채널에서 어느 정도의 성과를 낸 후 그것을 바탕으로 종합몰 MD에게 어필하여 입점을 추진하는 것이 좋다.

종합몰은 입점이 까다롭지만 오픈마켓처럼 등록된 상품이 많지 않고 광고비에 대한 부담이 없기 때문에 MD와 커뮤니케이션을 잘해서 좋은 노출 위치(구좌)를 받으면 일정 수준 이상의 매출을 기대할 수 있다. 또한 종합몰에 입점되었다는 것은 브랜드와 상품성을 대기업으로부터 인정받았다는 효과도 있기 때문에 굳이 매출 목적이 아니더라도 브랜드 홍보를 위해 종합몰에 입점하는 것을 추천한다.

MD 승인 방식 소셜커머스(위메프/티켓몬스터)

MD 승인 방식의 소셜커머스는 '딜'이라는 판매 방식으로 운영한다. 과거 소셜커머스의 전성시대를 이끌었던 것이 바로 '딜'이라는 판매 방식인데 온라인 최저가로 노출이 잘되며, 모바일 쇼핑의 붐을 타고 폭발적인 매출을 올릴 수 있었다. 그러나 딜에 상품이 노출되면 그 가격이 온라인 최저가의 기준이 되고, 다른 유통 채널 MD들에게 행사 상품이라는 이미지를 줄 수 있기 때문에 종합몰이나 다른 유통 채널 입점 시에는 오히려 장애 요소가 될 수 있다.

일반적으로 상품이 딜에서 판매가 되기 위해서는 마진의 상당 부분을 희생해야 하는데 매출은 좋을지 몰라도 이익 구조는 나빠지며, 온라인 최저가 이하 가격을 요구하는 SNS 공동구매, 복지몰, 특판 같은 다른 유통 채널 입점이 어려울 수도 있다. 소셜커머스의 딜 방식 판매는 온라인에서 검색되기 때문에 신중히 검토 후 진행되어야 한다.

복지몰은 대기업, 공기업, 공무원 직원몰이나 공공단체 회원몰 등으로 외부에 노출이 안 되는 폐쇄몰 성격을 띠고 있다. 복지몰은 해당 소속 단체가 직접 운영하는 경우도 있지만 이지웰, E제너두, 네티웰 같은 전문 대행 업체에게 운영을 맡기는 것이 일반적이다. 이런 업체들은 보통 수백 개의 복지몰을 운영 대행하므로 일단 운영 대행 업체에 입점만 되면 특정 복지몰에서 시험 판매를 거쳐 실적이 좋은 경우에는 수백 개의 복지몰에 입점하는 것도 가능하다.

복지몰은 MD 승인제로 입점되기 때문에 입점이 쉽지 않다. 또한 폐쇄적인 유통 채널이라 정보가 많지 않고 인맥이 상당히 중요시된다. 복지몰 입점을 위해서는 운영 대행 업체 홈페이지에서 온라인 입점 신청을 하면 된다. 운영 대행 업체를 쓰지 않고 기업 또는 단체에서 직접 운영하는 복지몰의 경우에는 일일이 접촉해서 입점해야 한다. 이렇게 운영 대행 업체를 쓰지 않고 직접 운영되는 복지몰은 관리하기가 더욱 쉽지 않기 때문에 복지몰 전문 벤더업체를 통해 입점하는 것이 바람직하다.

복지몰의 경우는 온라인 최저가 이하의 저렴한 가격과 매력적인 상세 페이지만 있으면 입점을 시도해볼 수 있다. 게다가 복지몰은 온라인에서 검색되지 않기 때문에 가격을 노출하지 않고 특정 상품의 재고를 떨어낸다거나 전략적으로 판매를 해야 할 상품의 유통 채널로서 적합하다.

SNS(카카오스토리 채널/네이버 밴드/온라인 카페) 공동구매도 복지몰과 마찬가지로 온라인에서 검색이 안 된다는 장점이 있으며, 온라인 최저가 이하 판매 조건이다. 중소기업 아이디어 상품이 잘 팔리며 브랜딩이 안 되어 있는 상품이라도 가격이 좋고 상세 페이지가 우수하면 매출이 많이 나온다. 그래서 일부 SNS 공동구매 전문 업체들은 오픈마켓 판매 가격을 일부러 높게 책정하고 SNS 공동구매 가격을 확 낮춰서 매출을 올리는 경우도 종종 있다. 만약 상품은 우수한데 브랜딩할 여력도 없고 유통 조직을 구축할 여유도 없는 중소 업체라면 오픈마켓만 운영하면서 SNS 공동구매에 집중할 것을 추천한다.

필자가 네이버 온라인 유통 카페(유통노하우연구회)를 운영하면서 만나본 제조/수입업체들 중에는 단계를 밟아가며 상품 브랜딩이나 온라인 마케팅을 할 여력이 없는 경우가 많았다. 이런 업체들에게 필자는 일단 SNS 공동구매 채널에 가입해서 판매가 잘되고 상세 페이지도 잘 만들어진 상품들을 수백 개 보고 벤치마킹하여 상세 페이지부터 끌리게 만들라고 주문한다. 그 후에 오픈마켓, 스마트스토어 판매 가격 대비 제안 가격을 아주 저렴하게 하여 카카오스토리 채널, 네이버 밴드 공동구매에 제안하라고 컨설팅해주었다. SNS 공동구매는 상품 브랜딩이 제대로 안 되어 있고 정규 유통 채널에서 자리를 잡지 못했다 할지라도 매력적인 상세 페이지와 저렴한 가격만 있으면 충분히 판매가 이루어지기 때문이다. 좋은 상품을 가지고 있는 중소기업 입장에서는 상품 노출을 위한 광고비 부담 없이 단기간에 큰 매출을 올릴 수 있고 충성고객도 확보할 수 있는 우수한 유통 채널이다.

그러나 SNS 공동구매도 MD 승인제기 때문에 입점이 쉽지는 않다. 매출이 좋은 SNS 공동구매 채널 MD들에게는 수많은 중소기업으로부터 입점 제안서가 매일매일 들어온다는 점을 염두에 두어야 한다. 공동구매 MD를 알면 가장 좋겠지만 아는 MD가 없다고 하면 인디언 기우제처럼 끊임없이 다양한 상품을 제안하여야 한다.

홈쇼핑 & 오프라인 대형 유통(할인점/편의점/백화점/중형 슈퍼마켓 등)

①~⑦번 유통 채널까지는 그래도 중소기업이 노력만 하면 입점이 어느 정도 가능한 유통 채널이지만 홈쇼핑을 비롯한 오프라인 대형 유통 채널은 솔직히 말해서 입점이 쉽지 않다. 필자도 대형 유통업체 바이어를 10년 이상 했기 때문에 이 업계의 생리를 잘 알고 있다. ①~⑦번 유통 채널을 '마이너리그'라고 한다면 ⑧번 유통 채널은 '메이저리그'라고 할 수 있다.

유명하고 인기 있는 상품과 브랜드는 이미 대부분 입점되어 판매하고 있기 때문에 대형 유통 바이어/MD들은 웬만한 업체나 상품은 거들떠보지도 않는다. 중소기업이 아무리 상품이 우수하고 고객들에게 인기가 있다고 본인 입으로 떠들어봐야 대형 유통 바이어/MD들에게는 공허한 메아리인 경우가 많다.

대형 유통 바이어/MD를 상대할 때는 기존 상품과의 확실한 차별화 포인트와 함께 ①~⑦번 유통 채널에서의 우수한 판매 실적 같은 객관적인 자료로 설득해야 한다. 그러나 ①~⑦번 유통 채널에서 탁월한 판매 실적이 있다고 해도 대형 유통에서 기존에 판매되고 있는 상품과 차별화 포인트가 약하다고 하면 입점은 힘들다.

또한 과연 내가 대형 유통 시스템에 맞춰서 사업을 할 수 있을지에 대해서도 고려해보아야 한다. 보통 대형 유통의 결제 주기는 45일 이상인데 수백, 수천 개의 점포에 납품하면서 상품 대금을 45일 이후에 받는다고 하면 제조업체 입장에서는 엄청난 자금이 묶이게 된다. 매출이 늘어나면 늘어날수록 자금은 더욱 많이 묶이게 되는 셈이다. 또한 대형 유통에서는 정기적인 세일 행사와 함께 도우미 투입 판촉행사도 관례적으로 진행해야 하는데 여기에 소요되는 막대한 비용도 감당할 수 있을지 고려해보아야 한다. 홈쇼핑의 경우는 1회 매출 목표가 1억~3억 원 수준인데 얼마나 팔릴지 알 수 없지만 재고는 보통 목표액 대비 120% 수준으로 준비해야 한다. 중소기업 입장에서는 부담스러울 수밖에 없는 금액이다.

필자가 바이어 생활을 하면서 대형 유통과 거래해서 속칭 대박난 업체도 많이 보았지만 반대로 대형 유통업체와의 거래 때문에 부도가 난 업체도 많이 보았다. 필자가 아는 모 주방용품 업체는 온라인 유통 및 오프라인 소형 유통 채널과의 거래에서 15년간 착실하게 수익을 거두었는데 할인점에 입점해서 무리하게 확장하다가 자금 압박으로 결국 부도가 난 안타까운 경우도 있었다.

대형 유통 시스템에 맞출 수 있고 상품의 차별화 정도 및 가격도 우수한 중소 업체 상품이라면 굳이 ①~⑦번 유통 채널에 모두 입점하고 난 다음에 대형 유통에 도전할 필요 없이 중간에라도 대형 유통 입점을 추진할 수 있다. 단, 대형 유통업체에 입점을 추진할 만한 충분한 객관적인 근거를 마련하고 입점 신청을 해야 할 것이다. 오프라인 대형 유통업체의 경우 온라인 유통업체와 달리 상품 진열 공간상의 제약이 있고, 각각 유통업체별로 선호 상품이 다르기 때문에 이것 또한 충분히 고려해야 한다.

가령 백화점은 프리미엄 브랜드 상품, 편의점은 소용량 기호 상품, 할인점은 대용량 상품, H&B 스토어는 뷰티 및 기호성 식품 등 각 유통 채널별 상품 및 선호 규격을 잘 파악해서 입점 제안해야 한다.

또한 오프라인 대형 유통업체에 입점했다고 해서 처음부터 막대한 매출이 나올 거라고 기대해서는 안 된다. 지금은 프리미엄 웰빙주스 시장에서 완전히 자리를 잡은 '돈시몬(DON SIMON)'이라는 100% 스페인 천연 착즙주스의 경우 과거 천신만고 끝에 오프라인 대형 유통에 입점했지만 매출이 지지부진하여 운영을 중단할 위기에 처했다. 하지만 적극적인 영업 활동으로 대한항공의 기내식 및 커피빈에 입점되었고, 그 후 대한항공과 커피빈에 입점된 프리미엄 상품이라는 홍보 효과 및 독점 수입업체 유앤아이엔젤스의 적극적인 온라인/오프라인 마케팅에 힘입어 연 매출이 2억 원에서 30억 원으로 비약적으로 상승하였다. 이 사례에서도 알 수 있듯이 오프라인 대형 유통에 입점하는 것으로 끝이 아니고 추가적으로 마케팅, 홍보, 영업 활동이 뒤따라야 시장에 성공적으로 안착할 수 있다.

벤더/도매업체 활용 전략
내가 다할 수 없다면 유능한 파트너를 활용하라

유통 채널을 확대할 때 제조업체나 수입업체가 모든 것을 할 수 있으면 좋겠지만 유통 외에도 신경 쓸 일이 많은 중소기업 입장에서 모든 상품의 유통을 직접 해나가기란 쉽지 않다. 이때 합리적인 대안이 벤더업체와 도매업체를 활용하는 것이다.

유통 전체를 외부 업체에 맡기고 싶을 때는 유능한 벤더업체와 총판 계약을 맺으면 된다. 총판 계약은 모든 상품의 유통에 대한 권리를 벤더업체에게 넘긴다는 것이다. 머리 아프고 힘든 유통을 제대로 해낼 자신이 도저히 없는 경우에는 유능한 총판 벤더업체를 찾는 것이 좋을 수도 있다. 그러나 내가 유통에 대한 지식이 없으면 총판 벤더업체가 제대로 하는지 알수가 없고, 총판 벤더업체가 상품에 애착을 갖고 신경써서 유통을 해줄거라고 장담할 수도 없는 노릇이다.

유통 전체가 아닌 특정 유통 채널 부분만 외부 벤더업체에 맡기는 방법도 있다. 관리하기 쉬운 자사몰, 스마트스토어, 오픈마켓까지만 직접 하고 종합몰, 복지몰, SNS 공동구매, 오프라인 대형 유통 등은 해당 유통 채널 전문 벤더에게 맡기는 것도 한 가지 방법이다. 가령 종합몰 벤더, SNS 공동구매 벤더, 복지몰 벤더, 할인점 벤더, 편의점 벤더의 식으로 특정 유통 채널에 특화된 벤더들이 있다. 이런 벤더업체들은 네이버 유통 카페 및 각종 유통 모임, 유통 관련 카카오톡 오픈 채팅방에서 찾을 수 있다.

유통 벤더업체를 선택할 때는 과거의 벤더, 총판 경력을 확인하고 재무 구조가 튼튼한 업체를 선택해야 한다. 가능하다면 과거에 벤더, 총판을 주었던 제조업체에게 해당 업체의 평판에 대해 물어본다. 특정 유통 채널에 대해 벤더를 줄 때 복수 업체를 벤더로 선정하면 가격 정책에 혼선이 생기고 문제 발생의 소지가 높기 때문에 일반적으로 유통 채널당 한 개의 벤더만 운영하는 것이 좋다. 또한 가격 정책, 상품 운영 정책에 대해서도 사전에 충분히 협의를 거쳐야 한다.

필자가 아는 충청도 기반의 전통 과자 업체는 신규로 온라인 유통에 진출하기를 원했다. 그러나 회사 규모도 작고 인력도 충분지 않았던 터라 온라인 유통 전체를 직접 관리하기는 어려운 상황이었다. 이런 상황에서 지인의 소개로 유능한 온라인 유통 벤더를 만났고, 온라인 유통의 감각을 키운다는 의미에서 오픈마켓만 직접 운영하고 관리가 어려운 나머지 온라인 유통 채널은 벤더에게 일임하였다. 유통 벤더가 유능하고 관계도 좋았기 때문에 온라인 유통 매출은 매년 꾸준히 상승하여 작년에는 오프라인 유통 매출을 넘어서게 되었다. 이런 식으로 유능하고 신뢰할 만한 유통 벤더와의 협업은 좋은 결과를 만들 수 있으니 모든 것을 직접 하기 어려운 중소 업체들은 적극 활용하는 것이 좋다.

도매의 경우 온라인이 발달하기 이전에는 도매/소매업체를 오프라인으로 모집하여 도매를 진행했으나 지금은 온라인상에서도 도매/소매업체를 모집할 수 있다. 가장 쉬운 방법은 인터넷 도매몰을 이용하여 모집하는 것이다. 도매꾹(domeggook.com) 같은 온라인 매입형 도매몰에 상품을 등록하면 상품에 관심이 있는 도매/소매업체들이 상품을 사입하여 소매업체 또는 일반 소비자에게 판매하게 된다. 인터넷 도매몰 활용 시 가장 중요한 것은 도매몰 구매자들이 최소 20~30% 이상 마진을 보고 판매할 수 있도록 경쟁력 있는 가격으로 상품을 등록하는 것이다.

만약 제조/수입업체가 상품 이미지 및 상세 페이지를 줄 수 있고 낱개 포장과 배송까지 가능하다고 하면 온채널(www.onch3.co.kr), 오너클랜(www.ownerclan.com) 같은 배송대행형 도매몰을 이용하여 온라인 개인 판매자를 모집할 수도 있다. 이들 개인 판매자들은 제조/수입업체 대신에 오픈마켓, 스마트스토어, 개인 몰, 소셜커머스, SNS 등 다양한 온라인 판매 공간에 상품을 등록시켜 판매해줄 것이다.

그러나 도매로 판매할 때 제조/수입업체가 매출 욕심으로 개인 판매자/도매업체/소매업체가 판매할 수 있는 가격보다 더 낮은 가격에 판매를 한다면 개인 판매자/도매업체/소매업체들은 떠나가고 평판도 나빠질 것이다. 일부 비양심적인 제조/수입업체는 상품의 초반 홍보를 위해 도매몰을 통해 판매자를 모집하고 그들을 통해 온라인 홍보를 한 후에 정작 본인이 최저가로 판매하여 문제를 일으키는 경우도 있다.

도매 유통 채널을 활용하는 것이 장점만 있는 것은 아니다. 일단 도매 판매의 세계로 나가게 되면 적정 가격 관리가 어렵다. 얼마에 판매를 할지는 법적으로 최종 판매자가 결정하는 것이기 때문에 제조/수입업체가 원하는 적정 가격이 유지되지 않을 수도 있다. 가령 도매꾹 같은 매입형 도매몰을 통해 프리미엄 상품을 사입한 도매/소매업체가 판매가 잘되지 않아서 처분하기 위해 프리미엄 상품에 어울리지 않는 낮은 가격에 판매를 한다고 해도 막을 수 없다. 따라서 장기적으로 육성해야 하는 주력 상품의 경우에는 도매 유통 채널을 통한 판매에 대해 더욱 신중하게 결정해야 한다. 반면에 단기간에 판매하고 끝내야 하는 기획 상품, 시즌 상품 또는 과다 재고 상품 같은 경우에는 도매 유통 채널을 통해 판매하기에 좋다.

도매는 분명히 좋은 제도지만 관리가 제대로 안되면 가격 정책이나 브랜드 정책에 문제가 생길 소지가 많다. 그래서 도매몰을 선정할 때 온채

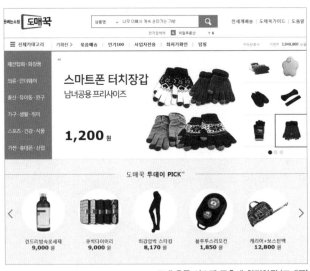

도매 유통 시스템 구축에 최적화된 '도매꾹'

널과 같이 적정 가격 유지 기능이 있거나 자사의 유통 정책과 맞는 도매 사이트를 선정해야 하며, 주기적으로 자사 상품의 온라인 판매 가격을 모니터링해야 한다. 일단 도매로 판매하면 온라인/오프라인의 불특정 다수 유통 채널에 자사 상품이 노출되며, 자신도 모르는 사이에 수많은 소비자에게 판매된다는 점을 기억해야 한다.

온라인 벤더업체 관리 방식

복수의 온라인 벤더업체를 두고 있는 제조/수입업체 중에서도 규모가 작고 오프라인 유통의 기반이 약한 회사의 경우 매출을 늘리는 데 중점을 두어 복수의 온라인 벤더업체 운영으로 인해 발생되는 각종 문제(가격 충돌, 유통 채널 중복 등)들을 방치하기 쉽다.

반면 오프라인 유통의 기반이 잘 잡혀 있고 규모가 큰 회사는 온라인 벤더업체를 효율적으로 통제하며, 일정 기준을 가지고 관리한다. 일반적으로 다음의 세 가지 방식으로 벤더업체를 관리한다.

① **유통 채널별로 나누는 방식**

　- 오픈마켓, 종합몰, 소셜커머스, 공동구매와 같이 유통 채널별로 벤더업체 지정

② **상품군별로 나누는 방식**

　- A 상품군, B 상품군, C 상품군 등 각 상품군별로 벤더업체 지정

③ **자율 경쟁**

　- 유통 채널별, 상품군별로 벤더업체를 정하지 않고 벤더업체들끼

리 무한 경쟁

- 매입 금액별로 프로모션 지원금을 걸고 달성 업체에게만 혜택을 줌

예) 매입 금액 5천만 원 이상 3% 지원금, 1억 원 이상 4% 지원금, 3억 원 이상 5% 지원금 지급

위의 세 가지 방식 중 유통 채널별로 나누는 방식은 유통 채널 내부에서는 문제가 생기지 않지만 결국 각 유통 채널별로 가격 차이가 발생하게 되어 문제가 발생한다. 이 방식은 보통 제조/수입업체가 특정 유통 채널을 직접 관리하는 경우에 많이 선택한다.

자율 경쟁 방식은 일명 개싸움 방식으로 우수한 벤더업체만 끌고 가는 것이다. 제조/수입업체 입장에서는 좋지만, 벤더업체 입장에서는 치열한 경쟁을 해야 하고 언제 퇴출될지 모르므로 본사와의 관계가 장기적으로 지속되기 힘들다. 또한 벤더업체들 간 치열한 경쟁으로 인해 시장 가격이 너무 낮아질 가능성도 있다.

상품군별로 나누는 방식의 경우 각 벤더업체가 관리해야 할 유통 채널이 많아지고 광고비가 증가하는 문제점이 있지만, 유통 채널별 충돌이 발생하지 않고 상품군별로 가격과 운영 정책을 수립할 수 있어서 안정적이다.

위의 세 가지 방식 모두 나름의 장단점이 있으므로 각자의 상황에 맞게 벤더업체 관리 방식을 결정하면 된다.

가격 전략 & 상품 운영 전략
유통 채널별 가격과 운영 상품 선정 방법은?

온라인/오프라인 유통 채널이 정말 많다 보니 각 유통 채널마다 어떤 상품을 판매하고 가격은 어떻게 해야 할지 고민이 될 것이다. 모든 유통 채널의 바이어가 원하는 것이 저렴한 가격이므로 유통 채널별 상품 선정과 가격에 신경을 써야 한다. 요즘은 네이버 검색만 한번 해보면 모든 상품에 대한 정보와 가격까지 다 나오니 각 유통 채널의 바이어/MD뿐만 아니라 소비자들도 최저가를 알 수 있다. 이런 상황에서 유통 채널별 가격 책정을 잘못했다가는 바이어/MD와의 관계가 악화되어 해당 유통 채널에서 퇴출될 수 있고, 다른 유통 채널에 진입하지 못하게 될 수도 있다.

필자가 아는 모 업체의 사장님은 상품이 출시되자마자 중형 체인 슈퍼마켓 바이어와 상담을 했는데 가격을 최저가 수준으로 낮춰서 공급하면 입점시켜주겠다는 제안을 받았다. 일단 대형 유통업체에 진입하게 되면 그 후광 효과로 다른 유통 채널에도 쉽게 진입할 수 있을 거라고 생각하고 거의 노마진에 가까운 가격으로 체인 슈퍼마켓에 상품을 공급하였다. 그러나 이곳에 노마진 수준의 최저가로 납품한 것 때문에 이후 다른 유통 채널에 진입하는 데 문제가 생겼다. 일반적으로 중형 슈퍼마켓보다 판매 가격이 더 낮게 책정되는 할인점, 소셜커머스, 복지몰, SNS 공동구매 등의 유통 채널에 기존 공급 가격보다 더 낮춰서 공급할 수가 없었기 때문에 입점이 어려워지는 문제가 발생한 것이다. 해당 유통업체의 바이어/MD에게 중형 슈퍼마켓에 입점하게 된 사연을 털어놓으며 부탁하였지만 상품 가격을 최우선하는 유통업체에서 해당 업체의 사정을 받아들일 리 만무했다.

유통 채널별 가격 책정은 정말 중요하다. 앞의 사례는 다른 유통 채널에 입점하지 못하는 것으로 끝났지만, 심한 경우는 기존에 상품을 공급했던 유통 채널에서도 퇴출될 수 있다. 먼저 일반적인 유통 채널별 가격 수준부터 알아보자.

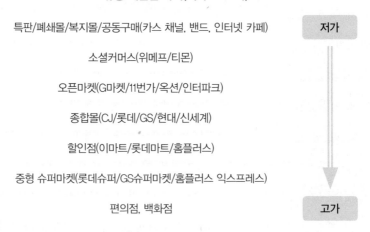

유통 채널별 가격(저가 → 고가)

특판/폐쇄몰/복지몰/공동구매(카스 채널, 밴드, 인터넷 카페)

소셜커머스(위메프/티몬)

오픈마켓(G마켓/11번가/옥션/인터파크)

종합몰(CJ/롯데/GS/현대/신세계)

할인점(이마트/롯데마트/홈플러스)

중형 슈퍼마켓(롯데슈퍼/GS슈퍼마켓/홈플러스 익스프레스)

편의점, 백화점

저가

고가

특수한 경우도 있겠지만 일반적으로 유통 채널별로 앞의 그림과 같은 가격 구조가 형성되어 있다. 유통업체 바이어/MD들도 최대한 저렴한 가격을 추구하기는 하지만 앞의 유통 채널별 가격 수준에 대해서 어느 정도는 인지하고 있다. 그런데 만약 그림에서 상위에 자리한 저가 유통 채널의 가격이 하위 고가 유통 채널의 가격보다 높다면 어떻게 될까? 신규 상품이라면 유통 채널에 입점이 거절될 것이고, 기존에 입점된 상품이라면 운영이 중단되고 괘씸죄에 걸려 해당 유통업체와의 관계가 악화될 가능성이 높다.

특정 유통 채널에 입점할 목적으로 또는 매출을 올려볼 욕심에 가격을 섣불리 파괴하면 유통 채널 전체에서 문제가 발생할 수 있기 때문에 주의해야 한다. 유통업체 바이어/MD들은 항상 가격 조사를 한다는 것을 기억하라. 심지어 중국, 동남아의 외국인 바이어들도 한국에 오기 전에 네이버에서 상품 가격을 조사한 후 방문한다.

그렇다면 유통 채널별 가격과 운영 상품은 어떻게 해야 할까? 가격 비교는 동일 상품일 때 가능하다. 따라서 가장 이상적인 것은 유통 채널별로 규격, 디자인, 포장이 다른 상품 또는 결합 상품을 운영하는 것이다. 그러나 수많은 유통 채널별로 다른 상품을 운영한다는 것은 현실적으로 불가능에 가깝다. 특히 중소 업체 입장에서 품목을 하나 늘리는 일은 공장 생산 설비를 바꾸는 등 추가 투자가 들어갈 수도 있는 사항이므로 실행하기가 쉽지 않다. 그렇다고 동일한 상품을 모든 유통 채널에서 판매한다고 하면 유통업체에서 문제로 삼을 여지가 많다.

필자는 기본적으로 온라인 상품과 오프라인 상품을 구분하고, 온라인에서는 오픈마켓/종합몰 상품과 온라인 최저가를 추구하는 소셜커머스/복지몰/SNS 공동구매 상품으로 구분할 것을 제안한다. 상품 가격대는 오프라인 상품은 고가, 오픈마켓/종합몰 상품은 중가, 소셜커머스/복지몰/SNS 공동구매 상품은 저가로 하여 세 가지로 운영한다. 각 상품 라인별로 가격 및 이익률을 조정하고, 이익률이 낮은 라인은 박리다매로 극복한다.

소셜커머스/복지몰/SNS 공동구매 상품은 행사/특별 상품의 성격이 강하기 때문에 기획 상품 형태로 만드는 것이 좋다. 만약 오프라인 유통에 강한 제조/수입업체라면 추가로 오프라인 상품을 대용량과 소용량으로 나눈 후에 대용량이 필요한 할인점과 중형 슈퍼마켓 같은 유통 채널에는 저가로, 소용량이 필요한 편의점과 백화점 같은 유통 채널에는 고가로 가격을 달리하여 운영하는 것이 좋다.

전체적인 가격을 세팅할 때 내가 주력으로 판매할 유통 채널 상품의 가격 및 이익률을 기준으로 나머지 유통 채널의 가격을 책정해야 한다. 가령 소셜커머스/복지몰/SNS 공동구매를 주력으로 하는 업체라면 나머지 유통 채널 상품의 가격을 높게 올리고 소셜커머스/복지몰/SNS 공동구매 상품의 가격을 상대적으로 낮게 책정하여 매출 및 이익을 극대화하는 것이다. 저가 상품이 잘 팔리는 것은 사실이나 상품 특성에 따라 평소에는 고가로 설정해놓고 행사를 자주 걸어주는 방법도 있다. 평소에는 판매가 거의 없고 행사 시 판매량으로 전체 매출과 이익을 맞춰나가는 경우에 유용하다.

온라인/오프라인에서 동시에 운영 상품과 판매 가격을 관리하는 일은 쉽지 않다. 제조/수입업체 또는 총판 벤더가 단독으로 유통을 하는 것이 가장 좋으며, 협업하는 벤더업체나 도매업체가 많아질수록 상품과 가격 관리는 더욱 어려워진다는 점을 기억하자.

해외 유통 판로 개척 전략
온라인 유통 시대에 훨씬 쉬워진 해외 유통 진출

　차별화된 상품을 가진 제조업체의 경우는 수출을 통한 해외 유통 판로 개척을 노려볼 필요가 있다. 과거에는 국내외 전시회에 참가하는 것이 해외 바이어를 만나는 유일한 수출 판로 개척 방법이었으나 인터넷이 발달한 요즘은 전시회에 참가하지 않아도 글로벌 B2B, B2C 온라인 마켓 입점을 통해서 우수 중소기업의 해외 수출이 가능하게 되었다. 또한 대량 수출뿐만 아니라 소매 고객 대상의 판매도 가능하다.

　해외 오픈마켓에서 판매하는 업체의 상당수가 벤더업체 또는 개인 판매자라는 점도 제조업체에게는 아주 좋은 소식이다. 당연히 이들보다는 제조업체가 가격경쟁력이 있기 때문이다. 해외 바이어도 당연히 제조업체와의 직거래를 원한다. 필자도 해외수입팀에서 근무할 당시 해외 오픈마켓에서 좋은 상품을 찾으면 판매자가 제조업체인지 벤더업체인지부터 확인하고 제조업체가 아니라면 직접 제조업체에게 연락하여 수입 업무를 진행하였다.

현재 글로벌 B2B, B2C 온라인 마켓들을 시장조사하여 자사의 상품이 거래되고 있는지를 확인하고, 만약 거래되고 있다면 입점하여 직접 판매하는 것을 검토해봐야 한다. 가장 좋은 가격을 줄 수 있는 것은 제조사기 때문이다. 만약 일반 소비자에게 판매가 잘되는 상품이라면 대량 수출의 길도 열릴 수 있을 것이다.

주요 글로벌 B2B, B2C 온라인 마켓

구분	업체명	언어권	사이트 주소
B2B	알리바바	글로벌	www.alibaba.com
	인디아마트	인도권	www.indiamart.com
	트레이드인디아		www.tradeindia.com
B2C/ C2C	이베이	영어권	www.ebay.com
	아마존		www.amazon.com
	큐텐 싱가포르		www.qoo10.sg
	타오바오	중국어권	world.taobao.com
	알리익스프레스		www.aliexpress.com
	라자다	글로벌(동남아 위주)	www.lazada.com
	라쿠텐	일본어권	www.rakuten.com
	큐텐 일본		www.qoo10.jp

B2B 글로벌 온라인 마켓은 대량 규모의 수출과 수입 거래 중심이고, B2C, C2C 글로벌 온라인 마켓은 소비자 고객 대상이다. 그러나 B2C, C2C 마켓에서 활발히 거래되는 상품들은 현지 국가의 수입업자에 의해

컨테이너 베이스의 대량 수출로도 이어질 수 있다.

중소 제조업체가 쉽게 접근할 수 있는 글로벌 온라인 마켓은 큐텐, 이베이, 라자다를 들 수 있으며, 알리바바, 타오바오, 라쿠텐 같은 경우는 입점 및 운영이 까다롭다. 큐텐(싱가포르, 일본)은 운영 방식이 국내 G마켓과 매우 유사하며 큐텐의 한국인 MD들로부터 지원도 가능하다. 이베이도 같은 영어권의 아마존 대비 진입 및 운영하기가 쉽다. 라쿠텐은 일본 최대의 글로벌 온라인 마켓인데 일본 내 법인이 있어야 진입이 가능하기 때문에 입점이 쉽지 않다.

알리바바는 개인 판매가 아니라 수출과 수입 기반의 영어로 된 글로벌 B2B 온라인 마켓인데 수출을 원하는 제조업체라면 반드시 관심을 가져야 할 마켓이다. 타오바오는 중국 최대의 C2C 마켓으로 시장 규모가 매우 크지만 중국어를 모르면 판매하기가 쉽지 않기 때문에 접근이 어렵다. 라자다는 동남아시아(베트남/필리핀/말레이시아/태국/인도네시아/싱가포르)에서 급성장하고 있는 글로벌 온라인 마켓인데 최근에 운영이 많이 쉬워졌다. 인디아마트, 트레이드인디아는 인도권 B2B 온라인 마켓인데 인도 시장에 대한 정보가 부족하다 보니 진입이 까다롭다.

중소 제조업체의 경우 언어와 운영상의 어려움 때문에 글로벌 온라인 마켓 입점에 소극적이다. 하지만 국내에 이베이, 큐텐, 알리바바, 타오바오 판매를 위한 도서와 교육과정이 많이 있으므로 조금만 관심을 기울이면 어렵지 않게 입점 및 판매를 할 수 있다. 각 온라인 마켓별 교육과정은 네이버에서 해당 온라인 마켓 키워드로 검색해보면 모두 알 수 있다.

글로벌 온라인 마켓을 이용한 해외 유통 판로 개척 이외에도 국내, 국외 B2B 수출/수입 지원 사이트를 통한 해외 수출 판로 개척의 길도 있다. B2B 수출/수입 지원 사이트를 이용한 해외 유통 판로 개척은 성사 확률이 높지는 않지만 비교적 쉽게 등록이 가능하기 때문에 수출에 관심이 있는 제조업체라면 시도해볼 만하다.

국내외 주요 B2B 지원 사이트

코트라에서 운영하는 수출 지원 사이트 : www.buykorea.org

한국무역협회에서 운영하는 수출 지원 사이트: www.kmall24.co.kr

EC플라자 : www.ecplaza.net

EC21 : www.ec21.com

글로벌소스 : www.globalsources.com

위 사이트 외에도 도매 사이트인 온채널에서 자체 글로벌 유통 센터(global.onch3.co.kr/main_login.html)를 통해 중소기업의 해외 수출을 적극적으로 지원하고 있다.

글로벌 온라인 마켓과 B2B 지원 사이트를 통한 수출 판로 개척 이외에 전통적인 수출 판로 개척 방법은 해외 전시회 부스 참가다. 사실 제대로 된 진성 외국인 바이어를 만나기 위해서는 해외 전시회 부스 참가가 가장 효과가 좋다. 다만 비용, 시간, 노력에 대한 부담이 크다.

해외 전시회에 참가할 때는 반드시 해외 실질 바이어들이 참가하는 카테고리별 특A급 전시회에 참가해야 한다. 가령 식품 같은 경우는 중국의 시알차이나 같은 박람회를 말하며, 화장품은 OO전시회, 완구는 홍콩

OO전시회 등 카테고리별로 특A급 전시회들이 있다. A급 수준의 전시회만 해도 실질 바이어를 만날 확률이 적으므로 비용이 조금 더 들더라도 특A급 전시회에 참가해야 한다. 일반적인 박람회나 전시회에 참가하면 돈과 시간만 날리기 쉽다. 특A급과 A/B급 전시회는 참가 업체의 숫자나 수준에서도 차이가 크다. 필자를 포함한 국내 대형 유통업체 바이어/MD들도 해외 전시회에 참가할 때는 거의 특A급 전시회에만 참석한다.

해외 전시회 참가는 수출 판로 개척에 가장 효과가 좋으나 워낙 비용과 시간의 부담이 크기 때문에 중소기업 입장에서는 자주 참가하기가 어렵다. 평상시에는 글로벌 온라인 마켓과 B2B 지원 사이트를 통한 수출 판로 개척에 힘을 쓰고, 여력이 될 때 해외 전시회에 참가하는 것이 좋다.

오프라인 대형 유통업체 입점 전략
메이저리그 유통에 진출하는 방법은?

 할인점, 편의점, 중형 슈퍼마켓, H&B 스토어 등 수백, 수천 개의 점포를 보유하고 있는 오프라인 대형 유통업체에 입점하는 것은 모든 제조/수입/벤더업체의 소망이다. 그러나 실제로 입점하기는 정말 어렵고, 바이어/MD와 상담 약속을 잡는 것조차도 쉽지가 않다. 이런 오프라인 대형 유통업체들은 야구로 치면 메이저리그기 때문에 기존에 입점한 업체들과 큰 차별점을 가지지 못하는 업체는 입점하기가 더욱 어렵다.

오프라인 대형 유통업체(매출 1조 원 이상)에 입점 가능한 업체
 ① 공장을 가진 제조업체
 ② 독점 수입업체 또는 업계에서 유명한 대형 수입업체
 ③ 브랜드 소유권을 가진 벤더업체
 ④ 유통 판매권을 가진 벤더업체(총판 벤더업체)

⑤ 누구나 인정하는 해당 업계의 대형 벤더업체

위의 업체들 중에서 가장 대접받는 것은 공장을 가진 제조업체 또는 독점 수입업체다. 위의 조건에 속하지 않는 업체는 솔직히 입점이 어렵다고 보면 된다.

신규 업체 입점 시 주요 고려사항

① 업체 주력 상품의 상품성/가격/품질
② 업체의 매출 규모/설립 연도
③ 생산 공장의 위생, 청결, 품질 관리 수준
④ 업체의 형태(제조업체/독점 수입업체/총판/브랜드 소유권을 가진 벤더
   업체 등)
⑤ 타 유통업체 입점 여부
⑥ 업체의 재무 구조/영업력/마케팅력/물류 시스템
⑦ 품질 관련 인증서(HACCP/ISO9001 등) & 각종 수상 경력
⑧ 업체 대표의 마인드
⑨ 기존 입점 업체들 대비 차별성

온라인 유통 채널이나 오프라인 소형 유통업체에 입점할 때는 보통 상품만 좋으면 입점이 가능한 경우가 많다. 하지만 오프라인 대형 유통에서는 상품만 좋아서는 입점이 어려우며, 업체의 전반적인 사항에 대해서 꼼꼼하게 검증을 한다. ①번 항목인 상품 자체에 대한 검증은 기본이고,

업체에 대한 검증인 ②~⑨번 항목도 입점 결정에 큰 영향을 끼친다. 가령 오프라인 대형 유통업체에서 판매된 상품에 문제가 있는 경우에 고객들은 제조업체뿐만 아니라 상품을 제대로 선정하지 못한 유통업체에게 책임을 묻는 경우도 많으므로 입점 업체 선정 과정에서 하나하나 꼼꼼하게 평가하는 것이다.

대형 유통업체 바이어/MD는 한 달에 수백 개의 온라인 입점 제안서를 받는데 제조업체 입장에서는 입점 서류를 통과하기도 쉽지가 않다. 웬만큼 인지도 있고 좋은 상품은 이미 과거에 판매한 경험이 있거나 현재 입점되어 있기 때문이다. 따라서 기존 상품들과 큰 차별화가 되지 않는다면 서류 검토 단계에서부터 제외된다. 실제로 서류 검토 단계를 통과해서 바이어/MD 면담 및 품평회 단계까지 올라간 업체라 할지라도 낙관할 수 없는데 최종 입점되는 업체는 입점 신청한 전체 업체들 중 5%도 되지 않기 때문이다. 따라서 바이어/MD도 신규 입점 신청 업체에 대한 기대 수준이 낮을 수밖에 없다.

신규 입점 신청 업체에 대한 바이어/MD의 기본 생각

- 보나마나 수준이 낮은 업체들일 거야.
- 기존 입점 업체들과 비슷한 업체일 거야.
- 아, 귀찮게 뭐 이리 입점 신청을 많이 한 거야.
- 자기 공장 가지고 운영하는 업체 맞아(벤더업체 아니야)?
- 이런 검증 안 된 신규 업체 잘못 입점시켰다가 문제 생기면 내가 독박?
- 이 업체는 콘셉트는 좋은데 팀장/이사/본부장 설득시키려면 내가 고

생 좀 해야겠네.

- 이 업체 한 개 입점시킬 시간이나 노력이면 다른 일 엄청할 수 있는데.
- 회사 규모가 너무 작은데. 나중에 상품에 문제 생겼을 때 처리 못해 주면 어떡하지?

입점을 검토하는 바이어/MD들은 온라인으로 신규 업체 신청이 들어 왔을 때 기본적으로 위와 같은 생각을 가지고 있다. 이들의 마음을 돌려 서 입점에 성공하기 위해서는 바이어/MD들의 눈에 확 띌 만한 일반 업 체들과 차별화된 무엇인가를 보여주어야 한다.

대형 오프라인 유통업체 입점을 위한 네 가지 전략

중소 제조/수입업체가 대형 유통업체에 입점하기 위해서는 어떻게 해 야 할까? 가장 중요한 포인트는 대형 유통업체를 설득할 만한 객관적인 실 적과 기존에 입점된 상품과의 확실한 차별화 포인트를 어필하는 것이다.

대형 유통업체는 객관적인 실적으로 입점 업체를 평가한다. 그런데 대 형 유통업체를 설득할 때 다음과 같이 감성적(?)으로 말하는 제조/수입 업체 사장님이 많이 있다.

"이 상품은 이러이러한 좋은 원재료를 써서 품질이 우수하고 가격도 저 렴하여 한 번 써본 고객은 반드시 재구매를 합니다. 일단 입점하면 분명 히 좋은 매출이 나올 것입니다."

바이어/MD가 가장 싫어하는 방식의 상품 설명이다. 위의 설명 중에 객관적인 사실은 하나도 없고 모두 확인하기 힘든 주관적인 내용뿐이다.

대형 유통업체를 설득할 때는 주관적인 내용이 아니라 객관적인 실적으로 이야기해야 한다. 전년 매출 실적, 현재 온라인/오프라인 유통 거래처 리스트 및 전체 납품 금액, 해외 수출 실적, 품질 관련 인증 및 수상 내역, 월별 매출 증가, 트렌드 분석 등 객관적인 수치와 자료로 어필해야 한다.

대형 유통업체 바이어/MD도 본인이 입점을 확정하는 것이 아니고 위의 상사(팀장, 임원)들을 설득해야 최종적으로 입점이 결정되는데 객관적인 수치와 자료가 없으면 결정권자들을 설득할 수가 없다. 그리고 이런 객관적인 실적과 아울러서 내 상품이 기존 입점된 상품과 어떤 차별화 포인트가 있으며, 입점이 되면 고객에게 어떻게 새로운 가치를 줄 수 있는지를 어필해야 한다. 기존에 입점되어 있는 상품과 약간 차별화가 있는 정도라면 객관적인 실적이 아무리 좋아도 입점이 어렵다.

대형 오프라인 유통업체 입점을 위한 전략 네 가지를 알아보자.

전략 1 : PB 제조업체 입점을 노려라

중소 업체가 오프라인 대형 유통업체에 입점을 추진할 때 PB(Private Brand) 상품 제조업체로 입점할 것을 강력히 추천한다. PB가 아닌 일반 상품으로 입점하면 천신만고 끝에 대형 유통업체에 입점했다 할지라도 보통 진열대에 1~3개 진열될 정도의 공간만 받게 된다. A급 진열 공간에는 매출이 우수한 기존 인기 상품들이 진열되기 때문에 대개 B, C급 진열 공간에 놓여지게 된다. 이런 B, C급 진열 공간은 상품 노출이 어려워서 A급 진열 공간에 비해 매출이 떨어진다. 이런 단점을 보완하고자 오프라인 유통에서는 온라인 유통의 상세 페이지처럼 상품에 대한 구체적인 설명을 하기 위해서 판촉사원을 써서 시음/시식/샘플 증정 행사를 시행한다. 그런데 이 비용은 중소 업체 입장에서 큰 부담이 되고, 일부 고객 대상으로 진행되기 때문에 홍보 효과도 크지 않다.

힘들게 입점했는데 좋은 진열 위치와 면적을 받지 못해서 일정 기간 판매 후 업체 평가를 통해 매출 부진으로 운영이 중단된다면 참으로 안타까운 일이다. 이를 극복할 수 있는 방법이 바로 대형 유통업체 PB 상품으로 입점하는 것이다. 대형 유통업체들은 타 업체와의 차별화를 위해 자체 PB 상품을 집중 육성하고 있다. 이마트의 노브랜드/피코크, 롯데마트의 Only Price/요리하다, GS슈퍼마켓의 리얼프라이스/YOUUS 등 대형 유통업체는 차별화된 PB 개발에 심혈을 기울이고 있다. 유통업체는 상품이 생명인데 다른 유통업체에서는 살 수 없는 자사만의 PB 상품이라면 얼마나 중요하게 여길지 짐작할 수 있을 것이다.

물론 PB로 선정되기 위해서는 제조업체의 상품당 이익률도 어느 정도 낮춰야 하고 각종 제약 요소들이 있어서 쉽지는 않다. 하지만 일단 대형 유통업체 PB로 선정되면 다음과 같은 큰 장점이 있다.

첫째, 대형 유통업체에 PB로 상품을 공급한다는 사실만으로도 제조업체의 브랜드 가치가 크게 올라간다. 꼼꼼하게 업체와 상품을 선정하는 대형 유통업체에 입점, 게다가 PB로 입점했으니 해당 상품과 업체는 업계 내에서 등급이 올라가는 효과가 있다. 일단 1개의 대형 유통업체 PB 상품 공급을 계기로 타 대형 유통업체에 입점하거나 해외 수출 등 추가 비즈니스 기회가 올 수도 있다.

둘째, 대형 유통업체들은 자사 PB를 적극 육성하기 때문에 진열대에서 가장 좋은 위치에 면적도 넓게 주고 정기적으로 홍보/마케팅도 해주면서 많이 팔릴 수 있도록 집중 지원한다. 앞에서도 말했다시피 PB가 아닌 일반 상품으로 입점하게 되면 이런 혜택을 받기가 쉽지 않고, 분기별 또는 반기별 상품 평가 시 매출이 기준 이하면 운영이 중지될 확률이 높다.

전략 2 : 기존 입점된 대형 벤더업체를 활용하라

대형 오프라인 유통업체에 상대적으로 쉽게 입점하는 방법은 기존에 입점한 대형 벤더업체를 통해 입점하는 것이다. 신규 업체로 입점하기 위해서는 까다로운 여러 단계들을 통과해야 하며 시간도 오래 걸리고 힘들지만 기존에 입점해 있는 대형 벤더업체를 통해 입점하기는 상대적으로 쉽다. 벤더업체들은 대형 유통업체에 업체 코드를 가지고 있는데 일단 업체 코드를 가지고 있으면 상품을 입점시키는 것은 그다지 어렵지 않다.

벤더업체를 통해서 입점했다고 해도 고객 반응이 좋아서 매출이 많이 나오면 대형 유통업체에서는 벤더를 통한 거래 대신 직거래를 추진하게 된다. 그러나 벤더업체를 통한 입점은 정식 입점이라고 보기 힘들며, 상품 관리 주체가 제조업체가 아닌 벤더업체다 보니 꼼꼼한 상품 관리가 어려워서 상품이 제대로 안착하기가 쉽지 않다. 단, 벤더업체를 통한 입점이라고 해도 누구나 아는 대형 유통업체에서 현재 판매되고 있는 상품이라는 광고 효과는 충분히 얻을 수 있다.

전략 3 : 대형 유통업체와 지역자치단체가 공동으로 주관하는 상생 행사를 활용하라

지역 기반의 중소 업체라면 대형 유통업체에서 매년 시행하고 있는 지역자치단체와 연계된 '지역 우수 중소기업 상생 대전' 등을 활용하는 것도 대형 유통업체에 입점할 수 있는 방법이다. "경상도 우수 중소기업 ○○○○○", "전라도 벤처 우수 기업 ○○○○○" 이런 식으로 대형 유통업체마다 매년 지역자치단체와의 상생을 위해 진행하는 우수 중소기업 상생 행사가 있는데 이런 행사를 이용하면 대형 유통업체 입점의 문턱이 상대적으로 낮아진다.

정상적인 루트라면 입점이 다소 어려운 업체라도 이런 지역 상생 행사를 통해 지역자치단체의 힘을 빌어(?) 입점이 가능한 경우가 꽤 있다. 지역 상생 행사를 진행하는 대형 유통업체 입장에서도 해당 지역의 중소 업체 중 일부라도 입점시켜야 하는 부담이 있기 때문이다. 지역 기반의 중소 업체들은 이런 행사를 잘 이용하면 대형 유통업체 입점 기회를 잡을 수 있다.

전략 4 : 해외에서 유행하고 있지만 국내에는 아직 없는 트렌디한 상품을 제안하라

대형 유통업체들은 항상 차별화되고 트렌디한 신상품을 찾고 있다. 특히 미국, 유럽, 일본 등 선진국에서 유행하는 인기 상품이지만 아직 국내에는 판매되지 않은 상품을 제안하면 입점할 확률이 높아진다. 수입업체의 경우에는 선진국의 트렌디한 인기 상품을 항시 눈여겨보고 있다가 적절한 타이밍에 제안하면 대형 유통업체 입점의 기회를 잡을 수 있다. 제조업체라면 해외에서 인기 있는 수입 상품을 동일 품질로 국내에서 제조

하여 가격 메리트를 주어 제안하면 대형 유통업체의 선택을 받을 확률이 높아질 것이다. 가령 미국, 유럽에서 다이어트에 좋다고 인기가 높은 콜라겐 돼지껍데기 스낵을 동일 품질로 국내에서 제조하여 상품화한다면 이 상품은 대형 유통업체 바이어에게 선택받을 확률이 높지 않겠는가?

백화점, 쇼핑몰, 할인점 등에 브랜드 점주로 입점하는 방법

백화점, 대형 마트, 쇼핑몰, 로드숍 등에서 의류, 잡화, 화장품, 음식점 매장 등을 운영하고 싶다면 샵오픈(www.shopopen.co.kr), 샵마넷(www.shopma.net) 등을 이용하면 각종 관련 정보를 얻을 수 있다. 월급제 직원으로도 가능하고 점주로 대형 유통에 입점해서 운영할 수도 있다. 이들 사이트에서는 각종 브랜드들이 상시로 점주 및 직원을 찾고 있다.

대형 쇼핑몰의 브랜드 점주는 보통 매출액 대비 수수료를 받는 방식으로 계약을 하며, 브랜드에 따라 인테리어 비용 및 보증금을 부담하는 경우도 있다. 상품 사입을 의무적으로 하는 브랜드도 있고, 상품 사입 없이 입점 가능한 브랜드도 있다. 필자도 유통에 입문하기 전에 이런 브랜드 점주에 대해 관심이 많았는데 브랜드만 잘 고르면 큰 투자 없이도 쉽게 점주가 될 수 있다는 사실을 알게 되었다.

점주를 생각하는 사람은 좋은 브랜드를 고르는 것도 중요하지만 매장이 들어가게 되는 대형몰이 장사가 잘되는지 여부와 대형몰 내 위치를 반드시 확인해야 한다. A급 브랜드라 할지라도 장사가 안되는 대형몰에 들어가면 매출이 잘 나오지 않을 확률이 높다. 반대로 B급 브랜드라 할지라도 장사가 잘되는 대형몰에 들어가면 매출이 잘 나올 확률이 높다. 대형몰 자체의 고객 유입이 입점 브랜드의 매출을 좌우하기 때문에 내가 입점하려고 하는 대형몰이 어떤 상황인지를 먼저 파악해야 한다. 대체로 장사가 잘되는 대형몰에는 입점하기가 쉽지 않고 브랜드에서 요구하는 사항도 많다.

샵오픈

Key Point

• 유통시장에서 내가 처한 현실을 냉정하게 파악하라.

　→ 상품성/시장에서의 위치/자금력/마케팅·홍보 능력/영업 조직

• 제조/수입업체가 남에게 유통을 전적으로 맡기기만 한다면 미래에 큰 위기가 올 수 있다.

• 제조/수입업체는 많은 유통 채널에 입점하여 상품을 판매하는 것이 유리한데 유통 채널 입점 전에 온라인/오프라인 상에 상품 브랜딩 작업을 반드시 해놓아야 한다.

• 네이버는 검색 점유율이 80% 이상이므로 네이버 각 영역에는 반드시 상품 콘텐츠를 확실히 구축하라.

　→ 뉴스/블로그/카페/동영상/이미지/쇼핑/지식iN 등

• 유통 채널 확대 시에 내 상품에 어울리는 유통 채널에서 단계를 밟아 진행하라. 수수료가 낮다고 좋고, 수수료가 높다고 나쁜 유통 채널이 아니다. 수수료의 높고 낮음에는 모두 이유가 있다.

- 모든 유통을 나 혼자 다할 수는 없다. 벤더업체와 도매업체를 적절히 활용하면 더욱 큰 성과를 올릴 수 있다. 선택과 집중을 하라.
- 누구나 상품을 구매하기 전에 온라인에서 가격 검색을 한다. 가격이 망가진 상품은 유통하기 힘들기 때문에 항상 가격 관리에 신경을 써야 한다.
- 섣불리 오프라인 대형 유통에 도전하지 마라. 어느 정도 온라인/오프라인 유통에서 성과를 이룬 후 도전하라.

Part 5

벤더업체의
유통 전략

나의 현실을 정확하게 파악하라

우리나라에서 벤더의 의미는 다른 업체의 상품을 가지고 온라인/오프라인 유통 채널에 공급 또는 판매하는 업체를 말한다. 내 상품이 아닌 다른 업체의 상품을 유통하기 때문에 제조/수입업체와는 유통 전략이 다를 수밖에 없다. 벤더업체의 경우 지금은 이 상품을 유통하고 있지만 언제 상품 계약이 종료될지 모르기 때문에 장기적으로 상품을 브랜딩하고 육성해야 하는 제조/수입업체와는 입장이 다르다. 따라서 우선 벤더업체로서 나의 위치와 현실을 파악하고 유통 전략을 수립해야 한다.

벤더업체는 보통 세 가지로 구분될 수 있다.

총판 벤더업체

제조/수입업체로부터 상품의 유통 판매에 대한 모든 권리를 위임받은 업체다. 제조/수입업체와 총판 계약을 맺게 되면 누군가 해당 상품을 공급받고자 할 때 제조/수입업체로부터 직접 공급받지 못하고 총판 벤더업체로부터 공급받아야 한다. 일반적으로 유통 전략도 제조/수입업체와 협의하여 총판 벤더업체가 직접 수립한다. 총판 벤더업체는 하위 벤더업체나 일반 판매업체에게 상품을 공급하는 등 상품의 유통 판매에 대한 전권을 가지고 있다.

일반 벤더업체

제조/수입업체와 제휴를 통해 상품을 공급받는 여러 업체들 중 하나다. 제조/수입업체가 유통을 할 수 있는 구역과 범위를 정해주기 때문에 상품의 유통 판매에 대한 권한이 제한적이다. 벤더도 1차 벤더, 2차 벤더, 3차 벤더의 식으로 구분할 수 있는데 제조/수입업체에게 상품을 공급받으면 1차 벤더, 1차 벤더에게 상품을 공급받으면 2차 벤더, 2차 벤더에게 상품을 공급받으면 3차 벤더가 된다.

온라인/오프라인 소규모 판매업체

일반적으로 유통 판매를 처음 시작하는 영세한 개인이나 소규모 사업자의 형태인데 제조/수입/벤더업체 등 어디서든지 간에 상품을 매입하여 온라인/오프라인으로 판매하는 업체다. 벤더업체처럼 공급 업체와 제휴 관계를 맺은 후에 상품을 공급받는 게 아니고 대부분 상품을 구매한 후에 온라인/오프라인으로 판매한다. 총판이나 일반 벤더업체 대비 공급받는 가격이 높은 경우가 많고, 주로 최종 소비자에게 판매한다.

독점적으로 전체 유통의 판권을 가진 총판인지, 제조/수입업체와 제휴하여 상품을 공급받는 여러 벤더들 중 하나인지, 아니면 단순 온라인/오프라인 판매업체인지에 따라 유통 전략을 달리 세워야 한다. 총판 벤더업체의 경우 당연히 상품 브랜딩 및 마케팅에도 신경을 써야 하며, 단순 판매업체라면 최종 소비자에게 판매하는 데 역량을 집중해야 할 것이다. 먼저 벤더업체로서의 나는 어느 단계에 속해 있는지, 내가 가진 자원(자금, 조직, 마케팅/영업 능력, 유통 경험, 상품 매입 루트 등)은 어느 정도인지를 검토해봐야 한다. 이렇게 나의 현실에 대해 정확히 파악하고 난 후에 상품은 어떻게 선정하고 어디서 공급받으며 어느 유통 채널에서 어떤 방식으로 판매해야 할지에 대한 감을 잡아야 한다.

일반적으로 처음 유통에 입문할 때 단계를 보면 온라인/오프라인 판매업자부터 시작해서 벤더업체를 거쳐 수준이 높아지고, 유통 실력을 인정받으면 총판까지 가게 된다. 총판을 하다 보면 결국은 나만의 상품을 가지고 싶다는 갈망을 하게 되고, 국내/국외에서 OEM 생산 또는 브랜드 라이센싱을 통해 차별화된 나만의 브랜드를 만들어서 유통하는 것이 일반적인 과정이라고 할 수 있다.

벤더업체로서 실력을 키우기 위해서는 최대한 많은 상품을 취급해보는 것이 좋다. 많은 상품을 취급하다 보면 실패도 하고 성공도 경험하면서 벤더로서 역량을 쌓을 수 있고, 그러한 과정을 거치면서 효자 상품이 나오게 된다. 단품당 매출이 적더라도 최대한 많은 상품을 취급하여 모으면서 매출이 커지는 것을 추구해야 한다.

벤더업체를 포함한 유통업자의 역할은 일반 중소기업 상품을 잘 유통/

마케팅하여 중소기업 히트 상품으로 만드는 것이다. 유통업자가 이런 사례를 많이 만들다 보면 제조/수입업체들이 알아서 모이게 된다. 현재 할인점, 백화점, 중형 슈퍼마켓 등 오프라인 대형 마트에 입점 중인 대형 벤더업체들도 대부분 처음에는 작게 시작했지만 중소기업 상품들을 잘 발굴하여 성공시키고 여기에 추가로 본인만의 차별화 상품도 개발하여 지금과 같은 대형 벤더업체가 된 경우가 많다. 이들에게는 지금도 수많은 제조/수입업체의 상품이 몰려들고 있다. 필자의 지인이 운영하는 안앤주코퍼레이션의 경우 처음에 1인 판매업자에서 출발하여 여러 중소기업의 상품을 성공적으로 유통시킨 결과 현재는 매일 수십 개의 업체로부터 상품제안서가 쇄도하고 있다.

상품 선정 전략
잘 팔리는 상품을 선정하는 네 가지 전략

유통을 할 때 상품 선정의 중요성은 두말할 필요도 없다. 좋은 상품을 선정하면 별 노력을 기울이지 않고도 좋은 결과를 얻을 수 있지만, 반대로 상품 선정을 잘못하면 아무리 열심히 해도 성공하기 어렵다.

유통업계에 이런 격언이 있다.

"좋은 상품이 잘 팔리는 것이 아니라 잘 팔리는 상품이 좋은 상품이다."

모든 제조/수입업체 사장님들이 본인의 상품이 좋은 상품이라고 말하지만 좋고 나쁘고는 사장님이 결정하는 것이 아니고 고객이 결정하는 것이다. 그리고 유통업계에서는 잘 팔리는 상품이 결국 좋은 상품이다. 그러면 잘 팔리는 상품은 어떻게 선정하는 것이 좋을까?

| 전략 1
잘 알고 좋아하는 카테고리의 상품을 선정하라 ──

상품 선정의 기본은 내가 잘 알고 좋아하는 카테고리의 상품을 선정하는 것이다. 내가 잘 알고 좋아하는 카테고리의 상품이라면 어떤 판매자와도 경쟁할 수 있는 발판이 될 수 있다. '잘 아는 카테고리'라고 하면 일반적으로 자신의 전공 분야나 오랜 기간 종사했던 카테고리라고 할 수 있으며, 해당 카테고리에 대한 전문성을 갖추고 있어야 한다. 또한 내가 마니아 수준으로 좋아하는 카테고리가 있다면 이것 또한 상품 선정이나 고객 판매에서 충분한 설명이나 설득이 가능하기 때문에 유리하다. 하지만 유통을 하다 보면 항상 이런 카테고리의 상품만 판매할 수 있는 것은 아니며 다른 카테고리의 상품을 선정할 때도 있다. 이때는 해당 상품에 대해 더 많은 사전 조사와 노력을 기울여야 한다.

| 전략 2
상품의 생명 주기와 트렌드를 파악하라 ──

상품 생명 주기 파악

모든 상품은 각자 나름의 생명 주기가 있다. 각각의 단계가 어느 정도 지속되냐의 문제일 뿐 모든 상품은 생명 주기 4단계를 거치게 된다.

상품 생명 주기상의 현재 위치를 파악하고 그에 따라 어떻게 판매 전략

표 3 상품 생명 주기 4단계

구분	고객 수요	매출	경쟁	상품 수급	상품 전략
도입기	미약	조금씩 증가	미약	받기 쉽다	판매 준비
성장기	증가	급상승	증가	조금 어렵다	판매 시작
성숙기	최대	정점	치열	많이 어렵다	상품 차별화 필요
쇠퇴기	감소	급하락	감소	쉽다	신상품 준비/처분

을 수립할지 고민해야 한다. 이때 해당 위치에서 판매 전략이 나의 상황과 맞지 않는 경우 상품을 선정해서는 안 된다. 성장기라고 무조건 좋고 쇠퇴기라고 무조건 나쁜 것이 아니다. 각 단계별로 특징이 있는데 그 특징과 나의 상황을 고려하여 선정해야 한다. 가령 의류라고 하면 성장기에는 고마진으로 판매할 수 있고, 쇠퇴기에는 땡처리로 판매할 수 있다.

보통 도입기에는 고객층이 매우 낮은데 신제품이고 고객이 잘 알지 못하므로 홍보를 해서 알려야 하는 문제가 발생한다. 성장기와 성숙기에는 어느 정도 상품에 대한 고객 인지는 되어 있는 상태이므로 고객과 만날 수 있는 유통 채널을 최대한 늘려야 하고, 특히 성숙기에는 치열한 경쟁을 극복하기 위한 상품 차별화도 필요하다. 성숙기에 접어들면 너도나도 판매하고 있기 때문에 상품을 공급받기도 쉽지 않다. 쇠퇴기에는 고객이 이탈하는 단계이므로 다른 신상품을 준비하거나 잔여 재고의 처분 활동에 매진해야 한다. 또한 해당 단계에서 상품을 제대로 공급받을 수 있는지도 체크해봐야 한다.

누가 봐도 대박 상품이라는 것을 알 만한 최고 성숙기 상품이 있는데 이때 시작하면 망할 확률이 매우 높다. 사람들은 보통 이슈가 되고 유행하는 상품을 판매하려는 경향이 있는데 일반적으로 이때가 바로 성숙기기 때문이다. 고수는 성숙기에 이미 재고 처분을 위해 할인행사를 시작하는데 일반 판매업자가 이때 유통에 뛰어든다면 백전백패할 수밖에 없다.

상품 트렌드 파악

트렌드를 타고 있는 상품은 경쟁이 치열하다는 단점도 있지만, 트렌드를 타는 초반에 상품을 잡으면 좋은 결과를 기대해볼 수도 있다. 하지만 상품이 이미 시장에서 한물가고 있는데 그 상품을 선정하면 좋은 결과를 얻기가 어려울 것이다. 2016년에 망고 아이스바가 크게 히트했다. 이것을 그해 5월부터 판매한 사람은 대박이 터졌지만, 뒤늦게 7월부터 판매한 사람은 좋은 결과를 얻지 못했다.

엄청나게 빠른 속도로 변하는 유통시장에서 트렌드를 정확히 파악하는 것은 정말 중요하다. 필자도 바이어 생활 초기에는 이런 트렌드에 대해 제대로 알지 못했다. 그러나 온라인 유통의 시대가 시작되면서 이제는 수많은 빅데이터와 큐레이션된 자료 덕분에 트렌드를 파악하는 데 어려움이 없게 되었다.

상품 트렌드를 파악하는 데 중요한 세 가지 자료는 다음과 같다.

① **네이버 트렌드**(datalab.naver.com)

네이버에서 무료로 제공하는 '네이버 트렌드'에서 검색어만 입력하면 사람들이 네이버에서 검색한 트렌드를 성별, 나이대별, 기간별로 볼 수 있다. 앞에서 언급한 망고 아이스바를 '네이버 트렌드'로 2016년 1월부터 2018년 1월까지 조회해보면 다음과 같다.

도표 5 '네이버 트렌드'의 망고 아이스바 검색 결과(2016년 1월~2018년 1월)

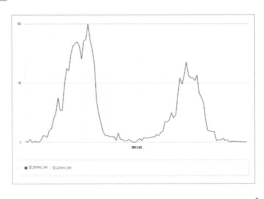

판매량은 2016년 5월부터 붐을 타서 7월까지 정점을 찍은 후 내려갔으며, 2017년 여름에는 2016년만큼의 인기는 얻지 못한 것을 알 수 있다. 2018년 여름도 별다른 이변이 없는 한 2017년과 비슷하거나 하향 트렌드를 그릴 것으로 예상된다. 이렇듯 '네이버 트렌드'의 좋은 점은 기간별 조회가 가능하다는 점이다. 월별 트렌드를 보면 나머지 기간의 트렌드도 어느 정도는 예측이 가능하다.

② 네이버 광고 키워드 분석(searchad.naver.com)

네이버에서는 사람들이 특정 키워드에 대해 최근 1개월간 얼마나 검색했는지에 대한 정보를 무료로 제공하고 있다. '네이버 광고'에서 키워드 검색량을 알 수 있다. 망고 아이스크림에 대해 검색한 결과 최근 1개월간 PC로 70번, 모바일로 480번 검색했다는 것을 알 수 있다. 조회 시점이 2018년 1월 겨울이었으므로 아이스크림 성수기인 여름에는 검색 수가 훨씬 높을 것이다.

'네이버 광고'의 망고 아이스크림 검색 결과(2018년 1월 기준)

③ 중고나라 활용 트렌드 파악(cafe.naver.com/joonggonara)

네이버 최대 회원수 카페인 중고나라(회원수 1천8백만 명)는 개인대 개인(C2C) 거래가 가장 활발한 중고마켓이다. 여기서 거래가 많이 된다는 것은 그만큼 신상품 거래도 많이 일어난다는 의미로 실물 거래 트렌드 파

중고나라 헤어/바디케어 카테고리 '삽니다' 검색 결과

악 또한 가능하다. 게시판에는 다양한 카테고리가 있는데 카테고리별 게시판에 들어가서 인기 상품을 파악할 수 있다. 또한 중고나라 카테고리별 검색창에서 '삽니다'라고 치고 10페이지 정도 보다 보면 요즘 인기 있는 상품의 트렌드를 알 수 있다.

| 전략 3
판매가 검증된 인기 상품을 벤치마킹하라 ───────

초보 벤더업체나 판매자에게 유용한 방법으로 국내외 경쟁업체의 상품을 조사하는 것이다.

① 오픈마켓, 소셜커머스, 종합몰 등의 카테고리 Best 상품

요즘 고객들은 결정장애가 있다. 너무 많은 정보가 있기 때문에 무엇이 좋고 무엇이 나쁜지 파악하기가 어렵다. 쇼핑몰에서는 이런 결정장애를

G마켓 Best(카테고리별로 볼 수 있음)

치유(?)해주기 위해 카테고리 Best 상품을 운영한다. 보통 판매량 Best 상품인데 현재 트렌디하게 인기 있는 상품이라고 할 수 있다.

각 온라인 유통 채널(G마켓, 11번가, 쿠팡, 티켓몬스터 등)의 카테고리 Best 상품을 보면 현재 트렌드 상품을 알 수 있다. 여러 쇼핑몰의 Best 상품을 종합해서 보면 공통적으로 인기 있는 트렌디한 상품이 보일 것이다.

② 가격 비교 사이트(네이버 쇼핑, 다나와 등) Best 상품

가격 비교 사이트의 카테고리별 Best 상품을 보면 인기 상품을 알 수 있다. 가격 비교 사이트는 모든 쇼핑몰들을 망라한 종합 집계 실적이기 때문에 더욱 신뢰할 수 있다.

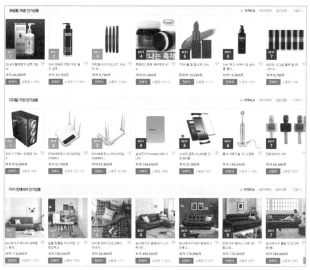

네이버 쇼핑 카테고리 Best 100 상품

③ 도매 사이트 히트 상품

도매꾹 같은 도매 사이트의 히트 상품은 소매 사이트에서도 히트할 확률이 높으므로 벤치마킹해볼 만하다. 게다가 소매 사이트에서 히트하기 전에 도매 사이트에서 먼저 히트하는 경우가 많기 때문에 트렌드 도입 초반기에 올라탈 수도 있다. 도매 사이트의 Best 상품 또는 인기 상품 키워드를 잘 분석해야 한다.

도매꾹 인기 상품 100

④ 해외 오픈마켓 Best 상품, 신상품

라쿠텐, 타오바오, 알리바바, 이베이, 아마존, 큐텐 같은 해외 오픈마켓의 Best 상품이나 신상품 등의 판매 동향이나 트렌드를 파악한다. 이 중 한국에 수입되지 않은 상품의 경우는 직접 수입하여 판매하면 좋은 성과를 올릴 수도 있다. 일본이나 중국 같이 우리나라와 정서가 맞는 국가의 상품에 주목해야 하는데, 특히 일본에서 유행한 상품은 우리나라에서도 유행할 확률이 높으므로 예의 주시하는 것이 좋다.

수입 상품의 가격경쟁력 간단 계산 방법

'상품 사업 원가×환율×1.5(관세, 부가세, 물류, 검사비)'를 하면 대략적인 수입 원가가 산출된다.

요즘은 해외 제품도 대행 업체등을 이용하면 쉽게 수입할 수 있으니 용기를 갖고 도전해보는 것도 좋다. 단, 국내 판매 용도기 때문에 통관이나 세금 문제에 주의해야 하며, 수입할 때 대부분의 상품이 별도의 검사를 받아야 하는데 검사비와 함께 소량 들여왔을 때의 운송비 및 기타 잡비

일본 라쿠텐

등을 계산해보고 신중하게 수입 여부를 검토해야 한다. 여기서 더 나아가 한국 온라인 마켓의 인기 상품을 해외 오픈마켓에서 역으로 판매하는 것도 생각해볼 수 있다. 이미 많은 한국 업체들이 이런 식으로 해외 오픈마켓에서 한국 상품을 판매하고 있다.

해외 오픈마켓의 시장조사를 할 때는 반드시 구글의 크롬 브라우저를 사용한다. 어느 사이트를 방문하더라도 쉽게 한국어로 번역되고, 매번 방문하는 페이지마다 번역기를 실행할 필요도 없기 때문에 매우 유용하다.

| 전략 4
초보자는 이런 상품 절대 선정하지 마라 ──────

유통 초보가 절대 선정하지 말아야 할 상품이 있다. 가격, 상품성, 디자인, 결제 조건 등이 아무리 좋아도 유통 초보자가 선정하면 손해를 볼 만한 상품이라면 아쉬워도 실력을 키운 후에 도전해보는 것이 좋다. 다음은 절대 선정하지 말아야 할 상품들이다.

① 단기적으로 유행을 타는 상품
② 유통기한이 짧은 상품
③ 동일 상품에 사이즈, 색상 등 구색이 너무 많은 상품
④ 개당 단가가 너무 높은 상품

이 상품들은 수요가 많거나 가격이 낮거나 마진이 높을 수 있지만 안 팔리고 남으면 큰 골칫거리가 될 확률이 다분하고, 초기 사입 비용이 많이 들 수 있다. 유통 초보는 욕심을 버리고 이 상품들은 선정하지 않는 것이 좋다. 다 판매할 수 있을 것 같지만 현실은 그리 녹록지 않다. 나중에 유통 경험이 많이 쌓이고 실력이 늘면 그때 도전하라.

상품 판매 전략
사입 판매 VS 위탁 판매

상품 선정 4대 전략을 바탕으로 유통할 상품을 결정한 후에는 더 나은 가격에 더 좋은 품질의 상품을 공급받을 수 있는 방법을 찾아 끊임없이 연구해야 한다. 또한 상품 공급처를 확보하기 전에 상품의 판매 방법에 대해서도 고민해야 한다. 상품을 직접 사입해서 판매할 것인지 사입 없이 위탁으로 판매할 것인지, 만약 사입을 한다면 제조업체에서 사입할 것인지 도매업체에서 사입할 것인지 결정해야 한다.

사입 판매와 위탁 판매에 대해서 이야기하자면, 사입 판매의 경우는 자금 부담이 있고 재고가 남으면 손실이 발생하는 반면 공급 원가가 낮고 안정적으로 판매할 수 있다. 위탁 판매는 자본이 필요하지 않고 재고 관리도 필요 없지만 공급 원가가 높고 안정적인 상품 공급을 보장할 수 없다. 개인 소비자 대상의 온라인 판매가 활성화되면서 위탁 판매 방식이 많이 늘고 있는데 마진은 크지 않지만 위험 부담이 없고 쉽게 접근할 수 있다는 점에서 많은 판매자들이 위탁 판매를 하고 있다. 스마트스토어, 블로그, 인스타그램, 온라인 카페 등에서 C2C로 판매하는 판매자들 중 다수가 위탁 판매 방식을 이용하고 있다. 위탁 판매로 상품을 공급하는 업체들은 주로 판매·영업 조직이 제대로 갖춰지지 않은 제조/수입업체나 총판, 도매업체다.

일반적으로 위탁 판매라고 하면 공급자의 상품을 대신 판매해주는 것을 의미하는데 상품을 미리 사입하는 것 없이 판매된 수량만큼 정산하는 방식이며, 상품 배송도 공급 업체가 직접 해주는 경우가 많다. 위탁 판매는 온라인 판매를 처음 시작하는 유통 초보자 입장에서는 편리하지만 가격경쟁력을 갖추기가 쉽지 않고 대량 매출을 올리기도 어려우며 많은 상품에 적용되지 않는 단점이 있다. 온라인으로 가격 비교를 하는 고객이 대부분이기 때문에 위탁 방식으로 판매하고 나서 나중에 고객에게 컴플레인을 받을 소지도 있다.

위탁 판매 방식이 가능성 있는 분야도 있는데 농수산물 등의 신선식품 판매와 블로그/인스타그램/온라인 카페/카카오스토리/네이버 밴드 등 나만이 확보한 판매 채널이 있는 경우다. 창고의 공간이 부족하거나 없을 경우 또는 냉장·냉동 식품인데 설비를 갖추지 못하였을 경우에도 위탁 판매 방식이 효과적이다.

일반적으로는 사입 판매 시 공급 원가가 좋지만 저가 상품의 경우에는 대량 배송을 하는 공급 업체에서 택배비를 나보다 훨씬 낮출 수 있기 때문에 이 경우에도 위탁 판매가 경쟁력이 있다. 사입 판매를 하는 나는 일별 배송 물량이 적어서 택배 가격이 2,500원이지만, 대량 배송을 하는 공급 업체는 1,600원에도 택배 가격을 맞출 수 있기 때문이다. 그러나 보통 사입 판매를 하는 벤더업체들이 들어가 있는 오픈마켓, 소셜커머스, 종합 몰, 복지몰 및 오프라인 유통 채널에서는 가격경쟁력이 부족한 위탁 판매 방식이 통하지 않는다. 만약 드물게 위탁 판매를 통해 대량으로 판매되는 상품을 찾았다면 사입 판매로 전환하는 것이 효율적이다.

사입 판매를 결정했다면 제조업체에서 사입할지 도매/벤더업체에서 사입할지를 결정해야 한다. 제조업체와 도매업체에서 사입하는 경우 각각의 장단점은 아래와 같다.

제조업체 사입

장점	단점
가격경쟁력 확보(낮은 상품 공급가)	초기 사입 자본금 부담
규모가 커지면 독점 공급의 기회	한정된 상품군
AS 가능	초기 제조업체 발굴 어려움
OEM 상품 개발을 통한 자체 브랜드 기회	재고 처리에 대한 부담

도매/벤더업체 사입

장점	단점
제조업체 사입 대비 접근 용이	제조업체 사입 대비 높은 상품 공급가
다양한 상품군 확보 가능	상품 공급 불안정
소자본 가능	AS 어려움
반품, 교환 유리	자체 브랜드 개발 불가

자금력이 있고 언젠가 나만의 브랜드로 판매를 해보고 싶은 업체는 제조업체 사입이 적합하고, 자금력이 부족하고 다양한 상품을 판매하고 싶은 업체는 도매/벤더업체 사입이 적합하다.

상품을 사입할 때 반드시 체크해야 할 사항들은 아래와 같다.

① 최소 사입 수량 및 초도 사입 물량

② 사입 물량에 따른 사입 단가 조정 유무

③ 계약 방식, 대금 결제일

④ 반품/교환/AS 여부

⑤ 상품 이미지/상세 페이지 제공 여부

⑥ 업체 담당자 정보/근무시간/휴무일

⑦ 해당 상품의 오픈마켓/소셜커머스 판매자 현황(경쟁 정도 파악)

상품 공급처 확보 전략
좋은 상품을 안정적으로 공급해주는 업체를 찾아라

상품을 선정하고 판매 방식까지 결정했다고 하면 상품 공급처를 어떻게 확보할 것인가 하는 문제가 발생한다. 벤더업체들이 유통을 할 때 상품 공급처 확보는 정말 중요하다. 좋은 상품을 안정적으로 공급해주는 업체만 찾는다면 유통이 얼마나 수월하겠는가? 그러나 이런 공급 업체를 찾기 위해서는 상당한 노력이 필요한데, 상품 공급처는 다음과 같은 방법으로 확보할 수 있다.

온라인 도매몰

상대적으로 쉽게 온라인 도매 사이트에서 상품 공급처를 찾을 수 있다. 도매 사이트에는 사입을 해야 하는 매입형 도매몰과 사입을 하지 않고 위탁 판매를 진행하는 배송대행형 도매몰이 있다. 매입형 도매몰은 사입을 하는 대신 가격경쟁력이 있으나 보통 상품 이미지 및 상세 페이지는 별도로 제공해주지 않는다. 배송대행형 도매몰은 사입할 필요가 없고 상품 이미지 및 상세 페이지도 주고, 주문만 넣으면 포장해서 구매 고객에게 배송까지 해준다. 대신 가격경쟁력이 많이 떨어지는데 주로 자본이 부족한 개인 온라인 판매자들이 많이 이용한다. 온라인 도매몰은 모두에게 오픈된 공간이기 때문에 동일 상품에 대해 여러 판매자들이 판매하는 특징이 있다.

주요 매입형 도매몰

도매꾹(종합 도매몰) : www.domeggook.com

신상마켓(패션/잡화 전문 도매몰) : www.sinsangmarket.kr

도매다(시계 전문 도매몰) : www.domeda.co.kr

주요 배송대행형 도매몰

온채널 : www.onch3.co.kr

오너클랜 : www.ownerclan.com

온유비즈닷컴 : www.onubiz.com

도매토피아 : www.dometopia.com

W-Trading : www.w-trading.co.kr

도매매 : www.domeme.com

오프라인 도매시장

우리나라 오프라인 도매시장에는 아직 온라인 판매를 하지 않아서 많이 알려지지 않은 업체와 상품이 많이 있다. 도매시장의 업체들 중에는 카피에 대한 두려움으로 상품이 널리 알려지는 것을 싫어하는 업체도 많이 있다. 그래서 이런 상품은 온라인에서 쉽게 찾아볼 수 없는데 이 상품들을 발굴하여 유통하는 것도 좋은 방법이다. 오프라인 주요 도매시장은 아래와 같다.

- 생활용품(주방용품/판촉물/생활잡화/인테리어/팬시용품/소형 가전/차량용품/국내외 브랜드 화장품/우산/타월/인형/게임기/문구/완구/도자기/가방/벨트) : 화곡동 도매시장(국내 최대 규모), 부천 생활용품 도매 단지, 광명 종합 물류 단지
- 식품, 식자재(라면/과자/주스/음료수/분유/설탕/식용유/조미료/생수) : 청량리, 영등포 식품 도매시장
- 문구, 완구(화방/팬시/체육사/교재사) : 창신동, 천호동 문구/완구 도매시장
- 수입 상품(식품/의류/잡화/가전/생활용품/소품) : 남대문 수입 상가
- 의류, 잡화, 액세서리 : 동대문시장, 남대문시장

국내외 전시회/박람회

국내외 수많은 전시회와 박람회를 통해 우수한 업체와 상품을 많이 찾을 수 있다. 단, 주의할 점은 카테고리별 특A급 전시회/박람회에 참가해

야 하며, A,B,C급 전시회/박람회에 참가하면 성과를 내기 힘들다는 점이다. A,B,C급 전시회/박람회는 판매업체를 찾는 목적이 아닌 직접적으로 상품 판매를 할 목적으로 운영되는 경우도 많고, 제대로 된 업체들이 참가하지 않는 경향이 있다.

또한 지방 중소기업 중에는 우수한 상품을 개발했지만 홍보/영업/유통에 약해서 세상에 모습을 드러내지 못한 숨은 보석 같은 상품을 가지고 있는 업체도 있다. 지방자치단체에서 주최하는 각종 우수 중소기업 행사에 참석하면 이런 업체와 상품을 찾을 수 있다.

유통/기업 모임

각종 정부기관(중소기업진흥공단, 중소기업청 등)이나 유통 관련 단체(체인스토어협회, 유통과학연구회, 온라인유통센터 등)에서 주관하는 세미나, 교육, 강의 등의 모임에 참석하면 많은 제조/유통업체들을 만날 수 있다. 이런 모임에서 인맥도 구축하고 상품을 공급받을 업체도 만나보자. 또한 유통 관련 카카오 오픈 채팅방이나 유통과학연구회 같은 네이버 대형 유통카페를 통해 좋은 업체와 상품을 만날 수도 있다.

수수료가 높은 유통 채널

홈쇼핑, 인포머셜 홈쇼핑, 신문 광고 등 수수료가 높은 유통 채널에서 판매되고 있다는 것은 도매로 판매할 수 있는 구조를 가지고 있다는 의미다. 이런 채널에서 판매되는 상품의 제조/수입업체에 유선이나 이메일로 내가 운영하는 업체에 대한 소개와 함께 상품을 공급받을 수 있는지 제안하라.

글로벌 온라인/오프라인 도매몰

글로벌 온라인/오프라인 도매몰도 주요 상품 공급처가 될 수 있다. 글로벌 도매몰에서 상품을 공급받으면 상품 차별화와 함께 가격경쟁력도 확보할 수 있어 유리하다. 다만 통관비, 운송비, 각종 세금과 함께 수입해서 국내 창고까지 들어가는 각종 비용을 더한 최종 수입 원가를 꼼꼼히 검토해보아야 한다. 또한 국내 경쟁자의 판매 가격도 반드시 체크해서 나의 상품이 수입됐을 때 가격경쟁력이 있을지 확인해야 한다.

주요 글로벌 온라인 B2B 도매몰

알리바바 : www.alibaba.com(세계 최대 B2B 도매몰)

EC21 : www.ec21.com

Ec플라자 : www.ecplaza.net

트레이드인디아 : www.tradeindia.com(인도 최대 B2B 도매몰)

→ 상품 공급처가 제조업체인지 확인

주요 글로벌 오프라인 도매시장

중국 도매시장 중에는 이우/광저우 도매시장이 유명하다. 광저우 도매시장은 패션잡화, 신발, 가방, 시계 등이 유명하며, 이우 도매시장은 안경, 액세서리, 완구, 가방, 속옷, 양말, 소형 가전, 공구, 우산, 그릇, 문구, 팬시, 패션잡화, 자동차용품 등 일상 생활용품의 천국이다. 특히 이우 도매시

세계 최대의 B2B 도매몰 '알리바바'

장은 세계에서 가장 큰 도매시장이다. 중국에서 수출되는 일상 생활용품의 70%, 그리고 전 세계 소싱 상품의 30%가 이우 도매시장에서 나온다.

광저우 도매시장보다 이우 도매시장이 가격이 훨씬 좋은데 이우시와 이우시가 속한 저장성 정부의 전폭적인 세금 지원 혜택과 광저우 대비 저렴한 인건비 때문이다. 따라서 이우 도매시장은 탁월한 가격경쟁력을 가지게 되었고, 교통도 좋지 않은 이우시에 전 세계 바이어들이 몰려들고 있다.

그러나 중국 상품은 워낙 품질에서 문제가 많이 발생하기 때문에 수입하기 전에 충분히 성능 테스트를 거쳐야 하고, 불량품에 대한 구체적인 반품 여부를 계약서에 명시해두어야 한다. 또한 이우/광저우 시장이 도매시장이다 보니 상품의 원활한 공급 가능성에 대해서도 미리 확인해야 한다.

중국 도매시장의 경우 한국 도매시장과 비교해 가격이 매우 저렴하다. 여기에 혹해서 제대로 알아보지도 않고 사오기 쉬운데 그러다 엄청난 불량 재고를 떠안게 될 위험성이 크다. 상품의 불량률이 상당히 높고, 샘플과 실제 수입품이 차이가 나는 경우도 많이 있다. 중국 도매처에 불량품에 대해 컴플레인해봤자 지금까지 그런 문제가 없었다고 하고 끝인 경우가 대부분이다. 한마디로 한국에 도착하면 무조건 수입자 책임이라고 보면 된다.

유통 초보자라면 중국 도매시장과 거래하기 전에 먼저 국내 도매시장과 거래할 것을 권한다. 국내 도매시장은 한 상품당 10~20개 소량 단위로도 거래가 가능하지만, 중국 이우/광저우 도매시장은 최소 상품당 200~1,000개는 구입해야 한다. 여기에 통관비, 물류비, 검사비, 관세 등을 고려하면 소량 구매 시 도리어 국내 도매시장의 가격이 더 좋을 수도 있다. 불량품이나 반품, 교환 등에서도 국내 도매시장이 더 유리하다.

국내 도매시장과 거래하면서 실력을 쌓은 후 자금, 수량, 창고 등이 갖춰지면 중국 도매시장에서 사입하는 것이 맞다. 중국 도매시장이 가격이 좋다고 해도 중국 제조사와 직거래하는 것과는 차이가 있다는 점도 알아둬야 한다. 필자가 운영하는 유노연(유통노하우연구회) 카페 회원들 중에 중국 이우시장에서 탁월한 가격에 대량으로 상품을 사입했다가 불량률이 높아서 판매도 못하고 아까워서 떠앉고 있다가 결국 용달차를 불러서 돈 주고 폐기하는 경우도 자주 보았다. 팔아보지도 못한 내 상품을 돈 주고 폐기해야 할 때의 비통함은 이루 다 말할 수 없을 것이다.

유통 채널 확대 전략

제조업체와 달라야 하는 유통 채널 확대 전략

벤더업체는 상품 전체를 직접 운영하는 것이 아니므로 유통 채널 확대 전략에서도 제조/수입업체와는 달라야 한다. 일반적으로 제조/수입업체가 직접 하든 중간 벤더를 이용하든 최대한 많은 유통 채널에 진입하여 상품을 판매해야 한다. 하지만 벤더업체 입장에서는 관리의 어려움과 거래상의 위험 때문에 문어발식으로 모든 유통 채널에 진입하기보다는 자신 있는 전문 유통 채널을 발굴하여 집중하되 추가로 하나씩 다른 유통 채널을 늘려나가는 것이 바람직하다. 대신 다양한 상품을 취급하여 단품당 매출은 적지만 모두 더하면 매출이 크게 되는 구조를 지향하는 것이 좋다. 만약 벤더업체가 제조업체/수입업체/총판처럼 많은 유통 채널에 상품을 깔아놓고 시작한다면 관리도 어려울 뿐만 아니라 해당 유통 채널의 다양한 요구에 대해 벤더업체로서의 한계가 있기 때문에 제대로 대응하기도 어려울 것이다. 유통 벤더업체에게는 상품 수가 정말 중요하다.

상품을 많이 경험하면 할수록 유통에 대한 감이 생기고 총판 벤더업체 등 A급 벤더업체가 될 확률이 높아진다.

벤더업체는 온라인 판매부터 시작하는 것이 기본이다. 처음에는 독점으로 상품을 주는 업체가 없을 테니 위탁이든 사입이든 알아서 상품을 소싱하여 온라인 판매부터 시작한다. 일반 벤더업체의 경우 보통 제조/수입업체처럼 상품 브랜딩을 할 필요가 없기 때문에 바로 판매에 들어가도 된다. 오픈마켓, 스마트스토어, 개인 쇼핑몰부터 시작하여 전문몰, 소셜커머스, 종합몰, 복지몰, SNS(카카오스토리 채널, 네이버 밴드) 공동구매, 특판, 각종 오프라인 유통 채널 등으로 확대하면 된다. 당연히 잘 팔릴 만한 좋은 상품으로 선정해야 한다.

| 특정 유통 채널 전문 벤더가 되라

오픈마켓이나 스마트스토어는 등록제이므로 쉽게 판매가 가능하다. 하지만 판매를 시작한 이후에는 해당 유통 채널 MD와의 관계가 중요한데 계속 거래를 하다 보면 MD와 친밀한 관계가 형성되고, 유통 채널에 대한 전문성과 자신감이 생기면서 해당 채널의 전문 벤더가 된다. 특정 유통 채널의 전문 벤더가 되기 전까지는 단지 온라인 판매업체, 온라인 개인 판매자라고 봐야 할 것이다. 전문 벤더가 되기 전에는 제조/유통업체로부터 상품을 유통해달라는 의뢰가 들어오지 않는다.

전문 벤더가 되기 위해서는 특정 유통 채널에서 실적이 있어야 하고

MD와의 친밀한 관계에 대해 입증할 수 있어야 한다. 제조/수입업체, 총판 벤더업체, 다른 벤더업체를 설득하여 전문 유통 채널에서 판매할 상품을 소싱해야 하는데 해당 유통 채널에서의 판매 실적 및 MD와의 친밀한 관계를 보여주지 못하면 전문 벤더로서 인정받을 수 없다. 소셜커머스 전문 벤더, 복지몰 전문 벤더, 홈쇼핑 전문 벤더, 할인점 전문 벤더, 편의점 전문 벤더, 땡처리 전문 벤더의 식으로 특정 채널의 전문 벤더가 되어야 한다.

특정 유통 채널의 전문 벤더가 되는 가장 좋은 방법은 우수한 상품을 지속적으로 발굴해서 해당 유통 채널에 꾸준히 제안하는 것이다. 해당 채널 MD들이 관심을 가질 만한 상품을 꾸준히 발굴해서 제안하고 매출도 어느 정도 나오게 되면 이후에는 해당 채널 MD들로부터 오히려 이러이러한 상품을 소싱해달라는 부탁도 들어오게 된다. 이 정도 단계까지는 가야 특정 유통 채널 전문 벤더라고 말할 수 있다.

필자도 MD 시절 어떤 트렌디한 구색 상품이 필요하게 되면 전문 벤더들을 불러서 기회를 주었다. 이들은 필자가 속한 유통 채널의 시스템 및 거래 조건 등을 잘 알고, 해당 채널의 고객에게 잘 팔리는 상품의 속성도 속속들이 꿰고 있었기 때문에 이들을 활용하는 것이 가장 효과적이었다. 일단 특정 유통 채널 전문 벤더가 되면 그 다음부터는 상품을 소싱할 때마다 해당 유통 채널에 입점시켜서 판매할 확률이 높아지게 된다. 한마디로 나의 전문 유통 분야가 생기는 것이기 때문에 취급하는 상품 수를 늘리기도 쉽다.

이런 전문 유통 채널을 한 곳 만들고 나면 이제 추가로 다른 전문 유통 채널도 하나씩 늘려가야 한다. 유통 채널도 흐름이 있기 때문에 한 유통 채널에만 집중하다가 그 유통 채널의 흐름이 꺾이게 되면 사업에도 타격을 받을 수밖에 없다. 유통 채널의 트렌드가 변하는 것도 문제지만 거래하는 유통업체의 담당 MD가 바뀔 때도 문제가 발생할 수 있다. 이렇게 전문 유통 채널을 넓히고 다양한 상품을 판매하고 좋은 실적을 내다 보면 입소문이 나서 유통에 어려움을 겪고 있는 제조/수입업체로부터 연락이 오기 시작할 것이다.

| 총판 벤더를 노려라

전문 벤더업체로서 이름을 날리게 되면 아예 상품 유통에 대한 모든 권한을 위임받는 총판 벤더업체가 될 수 있다. 제조/수입업체들 중에는 유통/마케팅에 약하거나 회사의 규모상 유통/마케팅에 직접 뛰어들 수 없는 업체들이 많이 있다. 이런 업체들은 제조/수입만 하고 실제 유통은 유통 전문 벤더업체에게 맡기고자 한다. 이때 유통에 대한 일체의 모든 권리를 위임받으면 총판 벤더업체가 되는 것이다.

총판 벤더업체는 남의 상품을 판매하는 점에서는 일반 벤더업체와 동일하나 제조/수입업체와의 계약을 통해 상품을 1차로 유통하는 독점적인 권리를 가진다는 점에서 차이가 있다. 물론 온라인 유통만 총판을 주거나 오프라인 유통만 총판을 줄 수도 있다. 보통 오프라인 기반의 제조/수입업체는 오프라인은 직접 하고 온라인만 총판을 주는 경향이 있고,

아예 제조/수입만을 전문으로 하는 업체에서는 온라인/오프라인을 포함한 전체 총판을 주기도 한다.

내가 제조/수입업체라면 어떤 업체를 총판 업체로 선정할까? 아마도 유통 및 마케팅을 아주 잘하는 업체에게 총판권을 줄 것이다. 따라서 일단 총판이 되었다는 것은 나의 유통 실력을 어느 정도 인정받았다는 것을 의미한다. 총판 업체가 되면 제조/수입업체처럼 상품 브랜딩에도 신경을 써야 한다. 그러나 총판 업체는 제조/수입업체와는 달리 언제 총판 계약이 끝날지 모르기 때문에 제조/수입업체보다는 상품 브랜딩에 들이는 노력을 줄이고 유통 채널 확대와 판매 활성화에 주력해야 한다.

총판 벤더업체는 제조/수입업체와의 총판 계약에 따라 다르지만 일반적으로 직접 유통 채널에서 판매를 할 수도 있고, 다른 벤더업체나 도매업체를 통해 유통을 할 수도 있다. 단, 벤더업체나 도매업체를 활용할 때는 유통 구역과 범위를 잘 지정해줘야 한다. 여하튼 총판 업체는 제조/수입업체에게서 유통에 대한 모든 권한을 위임받아 상품 유통/판매를 성공시켜야 한다.

요즘 유능한 벤더업체는 총판 계약을 할 때 매입을 하지 않는다. 매입하지 않는 대신 마케팅/광고비에 투자하기로 하고 계약을 맺는다. 판권 계약은 보통 3개월, 6개월, 1년 정도로 짧게 가는 게 좋은데, 만약 1년 이상 한다고 하면 매출/수익에 다급한 제조/수입업체가 상품의 시장 가격을 흔들어버릴 수도 있다. 매입을 하지 않고 제조/수입업체를 설득하여 총판 계약을 맺으려면 나의 내공이 깊어야 하고, 과거 유통 판매 실적 및 인지도가 있어야 한다. 제조/수입업체 입장에서는 매입 없이 총판권을 준다는 것은 큰 위험 부담이 따르는 일이기 때문에 이를 상쇄시킬 만한 충분한 증거를 보여주어야 하는 것이다. 매입하지 않고 모든 비용을 마케팅/광고/홍보에 투자하는 것이 매출을 올리고 브랜드 가치를 올리는 데 더 효과적이라고 제조/수입업체를 설득해야 한다.

유통 벤더의 역할은 일반 중소기업 상품을 잘 홍보/마케팅/유통하여 중소기업 히트 상품으로 만드는 것이다. 일반적인 중소기업 상품을 히트 상품으로 만들 정도의 능력이 있어야 유통 벤더업체로서 명성을 얻을 수 있고, 사업을 하는 보람도 찾을 수 있다.

벤더업체의 미래 전략
나만의 브랜드가 있어야 살아남을 수 있다

이제는 유통에서도 나만의 브랜드가 없으면 살아남기 힘든 시대가 되었다. 가격 경쟁을 하면 총판과 제조/수입업체만이 살아남는다. 게다가 아직까지는 제조/수입업체가 유통/마케팅에 눈을 뜨지 못해서 벤더업체에게 유통을 맡겼지만 유통 구조의 단축과 제조/수입업체의 수준이 올라감에 따라 나만의 상품과 브랜드를 갖지 못한 벤더업체는 갈수록 힘들어지고 있다.

일반적으로 유통 벤더업체를 하다 보면 온라인 개인 판매부터 시작하여 전문 벤더, 총판을 거쳐 결국은 나만의 브랜드를 OEM 생산하거나 아니면 브랜드 라이센싱까지 욕심을 내게 된다. 물론 일반 벤더업체보다 실패 시 위험 부담은 훨씬 크지만 장기적으로 사업을 키우고자 한다면 단순 벤더업체로는 한계가 있다.

벤더/총판 업체가 상품을 많이 판매하게 되면 결국 제조/수입업체가 유통을 배워서 벤더/총판 업체를 제치고 직접 판매를 하게 된다. 당신이 제조/수입업체의 사장님이라고 가정해보자. 짧은 기간 동안에는 벤더/총판 업체와 제휴를 하겠지만 판매량이 늘면 늘수록 직접 해도 되는 걸 굳이 중간에 벤더업체를 두고 하겠는가? 필자는 바이어/MD 생활을 하면서 이런 경우를 비일비재하게 보았다.

일정 규모 이상 되는 오프라인 대형 유통에서는 제조/수입업체 직거래가 원칙이기 때문에 벤더업체의 거래 물량이 커지면 반드시 제조/수입업체와의 직거래를 추진하게 된다. 이런 과정에서 벤더업체가 유통업체에게 서운한 감정을 느낄 수 있으나 고객에게 최고의 가격을 공급해야 하는 것이 유통업체의 숙명이기 때문에 어쩔 수가 없다. 따라서 벤더업체는 끊임없이 상품을 발굴하여 유통업체에게 제안해야 하는 숙명을 타고났다고 할 수 있다.

| OEM 생산을 통해 나만의 브랜드를 만들어라 ──

어느 정도 규모가 되는 벤더업체는 나만의 특화 상품에 대한 욕심이 생겨서 경쟁력 있는 제조업체를 통해 본인의 브랜드로 OEM 생산하는 것에 대해 고민하게 된다. 그래서 OEM 생산이 유행처럼 퍼지게 된 것이다. 제조업체 입장에서는 처음에는 물량도 많지 않고 과정도 귀찮아서 무시했지만 서서히 OEM 생산도 같이 하게 된다.

나만의 브랜드가 생긴다는 것은 엄청난 무기를 갖게 되는 것이다. 그

동안 내 상품이 없어서 받았던 설움을 날려버리고 당당하게 유통을 할수 있다. 또한 내 브랜드가 생기면 내 상품을 판매하는 벤더/도매업체도 생기게 되는데 이런 벤더/도매업체를 통해 다른 상품도 유통할 수 있게 된다.

물론 브랜드를 론칭한다는 것은 쉬운 일이 아니고 위험 부담도 크다. 따라서 벤더업체로서 유통을 하면서 항상 트렌드를 잘 파악하고 우수한 제조업체들을 많이 알아놓아야 한다. 이때 중요한 것은 서두르지 말고 유통실력을 쌓다가 기회가 왔을 때 놓치지 말고 꼭 잡아야 한다는 것이다. 자기 브랜드가 있는 업체는 유통시장에서 당당하고 대접을 받을 수도 있다. 보통 제조업체들이 유통/마케팅 능력이 없어서 고생하는데 만약 유통업자가 자기 브랜드를 갖는다면 제조업체보다는 브랜드를 성공시킬 확률이 훨씬 더 높아지지 않겠는가?

필자의 거래처 중에도 실력 있고 깨어 있는 벤더업체들은 결국 모두 자기 브랜드를 론칭했다. 이들은 브랜드를 론칭했다고 해서 남의 상품을 유통하는 것을 포기하지 않고 내 상품과 다른 업체의 상품을 동시에 유통하면서 끊임없이 새로운 상품을 찾아 나선다. 치열한 무한 경쟁 시대에는 이런 식으로 계란을 여러 바구니에 담고 있어야 한다. 내가 론칭한 브랜드가 얼마나 갈지 누가 알 수 있겠는가? 실제로 건강식품, 유기농/웰빙 식품, 주방용품 및 생활용품 같이 최소 생산 수량이 적은 카테고리에서는 OEM 생산을 통해 브랜드를 론칭한 업체들이 많이 있다. 이런 식으로 론칭한 브랜드가 성공해서 수익을 올리게 되면 공장을 세울 수도 있고, 우수한 제조업체를 인수할 기회도 오게 된다.

중간에서 남의 상품만 유통해서는 살아남을 수 없는 시대가 오고 있다. 따라서 벤더업체는 자기만의 브랜드를 론칭하기 위해 항상 준비해야 한다. 할인점, 중형 슈퍼마켓, 편의점 같은 오프라인 대형 유통에서도 남의 상품을 중간에 유통해서 판매하는 벤더업체들은 거의 다 정리되었고, 예전부터 거래해왔던 규모가 큰 대형 벤더업체들만이 살아남았다. 유통업체 입장에서 가격을 낮추기 위해서는 제조업체 또는 브랜드를 보유한 업체와의 직거래가 필수일 수밖에 없기 때문이다.

제조업체 관리만 잘된다고 하면 OEM 생산이 공장을 운영하는 데 따르는 각종 비용과 문제점을 생각하지 않아도 되기 때문에 오히려 효율적일 수 있다. 애플, 나이키 같은 글로벌 기업들도 자기 공장 없이 OEM 업체를 통해 상품을 생산하고 있다. 상품 기획만 잘하면 내 상품을 만들어줄 우수한 제조업체는 국내외에서 충분히 찾을 수 있다. 남의 상품만 판매해서는 미래를 기약할 수 없다는 점을 다시 한 번 기억하기 바란다.

Key Point

- 남의 상품을 유통하는 벤더업체는 제조/수입업체와 유통 전략이 달라야 한다. 먼저 벤더업체로서 내가 처한 현실부터 파악하라.
  → 총판 벤더업체/일반 벤더업체/온라인·오프라인 소규모 판매업체
- 제조/수입업체와 맺은 공급 계약은 언제라도 끝날 수 있다는 점을 명심하라. 벤더업체가 상품을 많이 판매하면 할수록 제조/수업업체가 직접 유통할 확률이 높아진다.
- 벤더업체는 최대한 많은 상품을 취급해야 하며, 이 중에 효자 상품이 나오면서 벤더업체의 역량이 올라가게 된다.
- 벤더업체의 역할은 일반 중소기업 상품을 잘 유통/마케팅하여 중소기업 히트 상품으로 만드는 것이다. 이런 사례를 많이 만들면 제조/수입업체들이 알아서 몰려들게 된다.
- 우수한 상품을 공급받을 거래처는 발품과 손품을 팔면 찾을 수 있다.
  → 온라인 도매몰/오프라인 도매시장/국내외 전시회/각종 유통 모임/

글로벌 도매몰

- 특정 유통 채널 전문 벤더나 총판 벤더가 될 수 있을 정도의 실력을 쌓아야 한다. 이런 단계로 올라가지 못하면 더 이상 성장할 수 없다.
- 미래에는 나만의 브랜드가 있어야 살아남을 수 있다. 벤더업체로서 실력이 올라가면 제조업체 OEM 생산 등을 활용하여 나만의 브랜드를 만드는 것을 고려하라.

매출 극대화를 위한
실전 유통 노하우

단순히 온라인/오프라인 유통 채널에 입점했다고 해서
상품이 잘 팔리는 시대는 지났다.
실전 유통 판매 10대 노하우와
유통/마케팅 7대 노하우를 통해 매출을 극대화하자.

Part 6
온라인/오프라인 실전 유통 판매 10대 노하우

Part 7
온라인/오프라인 유통/마케팅 실전 7대 노하우

Part 6

온라인/오프라인 실전 유통 판매 10대 노하우

온라인 판매 기법

오프라인 판매와는 차별화된 온라인 판매

온라인 판매와 오프라인 판매는 여러 면에서 다르다. 온라인에서 상품을 구매하는 소비자는 기본적으로 오프라인보다는 싸게 사고 싶다는 심리와 함께 쉽고 편하게 구매하고 싶다는 욕구가 있다. 만약 오프라인 판매가보다 비싸거나 구매하고 일주일이 지나서야 물건을 받게 된다면 다음에 같은 온라인 판매처에서 다시 상품을 구매하기는 쉽지 않을 것이다. 또한 온라인에서는 오프라인보다 판매자에 대한 충분한 정보를 가지고 있지 않기 때문에 판매자에 대한 신뢰 문제의 한계도 있다.

필자의 거래처 중에는 오프라인 판매만 하는 40대 중반 이상의 사장님이 많은데 온라인 판매에는 아주 서툴다. 이들은 온라인 판매의 특성을 파악하지 못해서 온라인 유통에 제대로 적응하지 못하는 경우가 대부분이다. 이들은 이렇게 말한다. "상품과 가격만 좋으면 팔리지 않나요?"

이들은 처음에는 직접 온라인 판매를 해보기 위해서 잘못된 방향으로 열심히 노력하다가 결국에는 "나는 온라인 유통과는 맞지 않아"라면서 포기하거나 아니면 온라인 판매 대행 업체를 찾아서 맡기게 된다. 하지만 본인이 온라인 판매에 대한 기본 개념이 정립되어 있지 않기 때문에 판매 대행 업체와 온라인 판매 시 주요 이슈들에 대해 의견 다툼이 잦고, 결국 성과 없이 계약을 해지하게 되는 경우가 많다.

온라인 판매는 결국 상품 노출과 구매 전환이다. 상품 노출은 마케팅과 광고라고 할 수 있고, 구매 전환은 상품이 가지는 속성의 우수성이 고객을 얼마나 설득하느냐와 관련된다. 일반적으로 온라인 판매 시 반드시 알아야 할 중요 포인트는 다음과 같다.

매력적인 상세 페이지

오프라인 판매와 다른 온라인 판매의 가장 큰 장점으로는 상세 페이지를 들 수 있다. 오프라인에서 판매하는 경우를 생각해보자. 마트에서 판매할 때 상품은 단순히 마트 매대에 진열되어 있고 가격표가 부착되어 있을 뿐이다. 만약 고객에게 추가로 더 구체적인 설명을 해주고자 한다면 비용을 들여서 판촉사원을 써야 한다. 반면 온라인에서 판매할 때는 상품의 속성 및 특징에 대해 상세하게 설명할 수 있는 상세 페이지가 있다. 상세 페이지 안에 모든 것을 표현할 수 있는데 이 상세 페이지를 가지고 고객이 구매를 하도록 잘 유혹해야 한다. 오픈마켓이나 소셜커머스, 종합몰에서 브랜드 상품이 아닌 중소기업 상품이고 가격도 보통 수준임에도 판매가 우수한 상품의 경우 상세 페이지가 고객이 끌릴 만하게 잘 만들어져 있는 경우가 많다.

우수한 상세 페이지로 판매한다는 것은 역으로 말하면 온라인 유통에서는 상품이 아무리 우수해도 상세 페이지가 좋지 않으면 판매하기 쉽지 않다는 것을 의미한다. 따라서 온라인 판매를 하는 사장님은 고객이 끌릴 만한 상세 페이지 제작에 혼신의 힘을 다해야 한다. 그러나 필자가 경험한 오프라인 기반의 중소기업 사장님들은 대개 본인의 상품에 너무나 큰 자부심과 확신이 있어서 상세 페이지 제작에 큰 관심을 기울이지 않았다. 상세 페이지가 고객을 끌 만큼 매력적이지 않으니 아무리 상품이 좋아도 결국 온라인 판매가 잘되지 않는 경우가 많았다. 특히 최근 온라인 쇼핑의 트렌드인 모바일 쇼핑에 맞게 상세 페이지가 제작되어 있는지 여부도 반드시 체크해봐야 한다. 상세 페이지 작성의 세부 기법은 Part 7에서 자세히 설명하겠다.

구매 후기 개수 및 긍정적인 구매 후기

온라인상에서 A라는 상품의 판매 글을 보았는데 가격도 저렴하고 상품도 아주 좋아 보였다. 그러나 주변의 다른 상품들은 구매 후기가 여러 개 달려 있는데 A 상품은 후기가 한 개도 없었다. 당신이라면 이 상품을 과연 살 것인가? 직접 얼굴을 보고 물건을 구매하는 오프라인 구매자와는 달리 온라인 구매자는 상품이나 서비스에 대해 신뢰하기 어려운데, 좋은 구매 후기가 많이 있으면 판매자에 대한 신뢰가 올라가게 된다.

현재의 온라인 유통은 상품 구매 후기에 죽고 사는 시대가 되었다. 온라인 유통이 발전하고 모바일 쇼핑이 증가할수록 실제 구매를 한 고객의 후기는 더욱 중요해지고 이에 따라 판매량이 좌우된다. 상품에 대해서 부정적인 구매 후기가 늘어날수록 판매량은 급격히 줄어들며, 판매량이 저조했던 상품이라도 좋은 구매 후기가 많아지면 판매량은 다시 급격히 늘어나게 된다. 가끔 동일한 상품인데도 다른 판매자보다 더 비싸게 판매하는 경우를 본다. 때에 따라 비싸도 좋은 구매 후기가 많은 판매자는 싼 가격에 판매하지만 후기가 적은 판매자보다 물건을 더 많이 판매하기도 한다. 따라서 온라인 판매에 있어서 구매 후기는 중요하며, 반드시 만들어놓아야만 한다. 구매 후기를 남기면 선물을 준다든지 할인쿠폰 또는 적립금을 주는 등 수단과 방법을 가리지 말고 만들어야 한다.

보통 처음 상품을 판매할 때는 구매 후기가 작성되기 힘든데 이런 경우에는 최후의 수단으로 지인들에게 상품을 추천한 후 구매하게 해서라도 구매 후기를 만들어놓아야 한다. 아무리 상품의 가격이 저렴하고 품질이 좋다 하더라도 후기가 없거나 부정적인 후기가 달려 있다고 하면 선뜻 구매로 이어지기가 어렵다는 점을 기억하라.

찜, 공유, 구매 후기 개수 비교

앞의 그림을 보자. 왼쪽 상품은 찜이 747개, 공유 2,328개, 후기가 519개가 있는 반면 오른쪽 상품은 찜 1개, 공유 0개, 후기가 1개 달려 있는데 그것도 평점이 3점밖에 되지 않는다. 실제 상품의 상품성을 떠나 이와 같은 구매평을 보고 고객이 어느 상품을 구매할 확률이 높겠는가? 오른쪽 상품의 경우 그 상품을 구매하기로 마음먹고 온라인 검색을 통해 쇼핑몰에 유입되었다 할지라도 이런 구매평과 구매평 개수를 보고 어쩌면 마음을 바꿀 수도 있겠다.

온라인 판매 가격의 기준 설정

온라인에서 판매할 때 가격 기준을 세우는 일은 매우 중요하다. 온라인/오프라인 판매 가격과 각 유통 채널별 판매 가격의 기준을 잘 세팅해놓아야 한다. 특히 도매업체나 대리점을 통해서 상품을 유통하는 사업자는 도매업체와 대리점의 판매 가격을 잘 파악하고 있어야 한다. 온라인상에서 가격이 들쭉날쭉 흐트러진 상품은 판매하기가 쉽지 않다.

SNS 공동구매, 복지몰 등 일부 유통 채널은 온라인 최저가보다 더 낮은 판매 가격이 아니면 입점을 할 수가 없다. 만약 특정 유통 채널에서 가격이 너무 낮게 책정되어 판매되고 있다고 하면 SNS 공동구매, 복지몰 등에서 온라인 최저가 이하 조건에 더해 판매 수수료까지 부담하면서 입점하기가 쉽지 않을 것이다.

SNS 공동구매, 복지몰의 MD뿐만 아니라 모든 유통업체 바이어/MD들은 상품 입점을 결정할 때 네이버에서 가격 검색을 한다. 그런데 만약 가격에 기준이 없고 흐트러져 있다면 해당 유통 채널에 입점해서 판매할 기회를 얻지 못할 수도 있다. 특정 유통 채널에서 많이 판매하기 위해 가격을 내려서 진행한 경우 기존 거래하고 있는 유통 채널에서 퇴출당할 수 있으며, 신규 유통 채널에 진입할 기회를 아예 상실할 수 있다는 점도 유념해야 한다.

만약 다른 판매자들과 동일한 상품을 판매한다면 온라인 가격 검색을 통해서 항상 경쟁자의 가격을 인지하고 있어야 한다. 온라인상에서 무조건 최저가가 잘 팔리는 것은 아니지만 고객의 선택에서 가격이 미치는 영향력은 무시할 수 없다.

효율적인 광고 집행

오프라인에서는 매장의 매대에 진열되면 기본적으로 고객에게 노출이 되지만 온라인에서는 고객에게 내 상품을 노출시키는 것이 쉽지 않다. 개인 쇼핑몰을 운영한다고 하면 대기업이 운영하는 대형 온라인 유통 채널 대비 인지도가 없는 나의 개인 쇼핑몰로 고객을 유입시켜야 한다는 부담이 있고, 대형 온라인 유통 채널에 입점해서 판매하고 있다고 하면 수많은 경쟁 상품 사이에서 내 상품을 고객에게 노출시켜야 하는 문제가 발생한다.

만약 어떤 키워드로 검색했는데 나의 상품이 20페이지에 있다면 판매가 되겠는가? 적어도 1~2페이지 내에는 있어야 판매가 가능할 것이다. 상품이 노출되고 고객이 유입되어야 매력적인 상세 페이지, 저렴한 가격, 긍정적인 구매 후기로 구매를 유도할 수가 있다. 상품 노출이 제대로 되지 않아서 고객 유입조차 없다면 상세 페이지, 경쟁력 있는 가격, 긍정적인 구매 후기는 모두 의미가 없다.

온라인 상위 노출에 영향을 주는 요소는 많이 있지만 사실 상위 노출을 위한 가장 확실한 방법은 비용을 지불해서 광고를 하는 것이다. 개인 쇼핑몰의 경우에도 내 쇼핑몰로 유입을 시켜야 구매 전환을 일으키든 말든 할 것인데 이때 유입시키는 가장 확실한 방법이 바로 광고다. 따라서 온라인 판매와 광고는 떼려야 뗄 수가 없다. 물론 판매 데이터가 충분히 쌓이고 상품 인지도가 올라가면 광고 없이도 판매가 이루어질 수 있지만 처음 판매를 시작하는 단계에서는 상품 노출을 위해 광고가 필요한 경우가 많다. 광고 없이도 판매가 되는 유통 채널 외에 광고가 중요한 유통 채널에 대해서는 효율적으로 광고를 집행할 필요가 있다.

빠른 배송, 간편한 결제

온라인으로 상품을 구매하는 고객은 편리하고 쉽게 쇼핑을 하고 싶어 한다. 그런데 만약 배송에 일주일이 걸리거나 결제 시스템 설치를 위해 복잡한 단계를 거쳐야 한다고 하면 고객은 구매를 포기할 확률이 높아진다. 입장을 바꿔서 내가 온라인으로 상품을 구매한다고 가정해보면 쉽게 이해가 될 것이다. 배송은 빠르면 빠를수록 좋으며, 배송 추적이 가능해서 고객의 배송에 대한 의구심을 해소해줄 수 있어야 한다.

판매자 입장에서는 배송비에 대해서도 고려해야 한다. 물량에 따라 다르지만 일반적으로 택배 배송비는 1,800~2,500원 사이라고 봐야 하는데, 온라인에서 판매하는 상품의 가격이 1만 원이 안 된다고 하면 배송비가 무척 큰 비중을 차지하게 된다. 오프라인에서 사면 배송비가 없다는 점을 생각하면 온라인으로 구매할 이유가 없어진다. 상품 가격이 오프라인 판매가 대비 훨씬 저렴하다고 해도 배송비를 생각하면 구매를 망설일 수밖에 없다. 따라서 판매자 입장에서는 배송비와 상품 판매 가격의 관계를 잘 따져봐야 한다. 가격을 올리더라도 배송비를 무료로 한다거나 묶음 판매로 배송비에 대한 부담을 낮춰줘야 구매가 일어나게 된다.

결제 방법도 온라인 판매에서 중요한 요소다. 개인 쇼핑몰이 온라인 판매에서 힘든 이유 중 하나가 바로 결제 방법 때문이다. 개인 쇼핑몰에서 결제를 하기 위해서는 회원가입을 해야 하는데, 보통 개인 쇼핑몰이 결제 시스템에 최적화되어 있지 않기 때문에 액티브X 등 각종 프로그램을 추가로 설치해야 하는 경우가 많다. 온라인에서 구매하는 고객은 대체로 성격이 급하다. 이렇게 복잡한 결제 구조를 접하게 되면 구매를 포기하는 경우도 상당수다. 차라리 가격이 조금 더 비싸더라도 한번에 결제가 가능하고 익숙한 오픈마켓, 소셜커머스 같은 대형 쇼핑몰에서 구매를 할 수도 있다. 만약 개인 단독 쇼핑몰을 운영한다고 하면 각종 결제 조건에 맞게 쇼핑몰 내부 시스템을 구축해놓아야 한다.

온라인 판매의 기본을 배울 수 있는 사이트

① 유통마케팅 사관학교(www.retailcampus.co.kr) : 무료/유료
② G마켓/옥션 판매자 교육 센터(www.ebayedu.com) : 무료
③ 11번가 셀러존(seller.11st.co.kr) : 무료
④ 네이버 파트너스퀘어(partners.naver.com) : 무료
⑤ 서울IT직업전문학교(www.seoulit.or.kr) : 무료/유료

카카오스토리 채널/네이버 밴드 공동구매
중소기업 新 유통 채널

　카카오스토리 채널/네이버 밴드 공동구매의 매출 규모는 오픈마켓/소셜커머스/종합몰 등 정통 온라인 유통 판매 채널 대비 적은 수준이다. 그러나 네이버 검색에 가격이 노출되지 않고 결제 조건이 좋으며 별도의 광고비 지출 없이도 중소기업 상품의 판매가 잘되기 때문에 인기가 높다. 결제 조건의 경우 기존에는 15일 이내로 기간이 짧았으나, 최근 공동구매 채널이 많아지면서 15~30일로 길어지는 추세다.

　카카오스토리 채널/네이버 밴드 공동구매는 특별한 상품 브랜딩 작업 없이 매력적인 상세 페이지와 저렴한 가격만 가지고도 상품을 다량 판매할 수 있다는 것이 큰 장점이다. 일반적으로 오픈마켓에서 상품 노출을 위한 광고 없이 중소기업 상품을 많이 판매하기는 쉽지 않다. 따라서 온라인/오프라인 모든 유통 채널에서 이러저러한 이유로 거절당한 상품들이 끌리는 상세 페이지와 저렴한 가격만으로 카카오스토리 채널/네이버 밴드 공동구매에서 좋은 성과를 내는 경우가 종종 있다.

카카오스토리 채널/네이버 밴드 공동구매에서 판매하기 위해서는 우선 온라인상에 가격(온라인 최저가)을 잘 세워놓아야 한다. 카카오스토리 채널/네이버 밴드 운영자에게 공동구매 상품을 제안할 때 가장 기본이 되는 요소가 바로 온라인 최저가보다 싸야 한다는 것이다. 이 조건을 지키지 못한다면 공동구매 자체가 이루어지지 않는다. 또한 운영자에게 주어야 하는 높은 수수료(20~30%) 때문에 충분한 마진 구조가 나오지 않는 상품은 판매하기가 어렵다. 이런 점들을 고려했을 때 홈쇼핑, 인포머셜, 신문 광고 판매 같은 수수료가 높은 유통 채널에서 판매되는 상품이 적합하다.

카카오스토리 채널/네이버 밴드 공동구매에서는 중소기업의 아이디어 생활잡화 상품에서 매출이 많이 나오기 때문에 아예 전략적으로 카카오스토리 채널/네이버 밴드 공동구매를 겨냥해서 상품을 개발하는 경우도 많다. 이 경우에는 오픈마켓, 종합몰, 전문몰 같은 채널에 고마진으로 가격을 높게 세팅해서 온라인 최저가를 맞춰놓은 후에 카카오스토리 채널/네이버 밴드 공동구매에 온라인 최저가보다 훨씬 저렴한 가격으로 제안하여 판매한다.

카카오스토리 채널/네이버 밴드 공동구매에서 잘 팔리는 상품은 다음과 같은 특징이 있다. 첫째, 온라인 최저가와 공동구매 판매가의 차이가 커서 고객이 봤을 때 상대적으로 할인율이 높다. 둘째, 카카오스토리 채널/네이버 밴드 운영자에게 제공하는 마진이 높다. 셋째, 상세 이미지, 세일즈 카피, 홍보 영상(요즘은 움짤 형식의 이미지 동영상이 트렌드)이 우수하다. 넷째, 고객 구매 후기를 생생하게 잘 표현한다.

반대로 잘 안 팔리는 상품들을 보면 온라인 최저가와 공동구매 판매가에 큰 차이가 없거나 운영자에게 주는 마진이 적거나 공급사(제조사)의 가격 간섭이 심한 상품인 경우가 많다.

카카오스토리 채널/네이버 밴드 공동구매 시 꿀팁

① **고객의 생생한 구매 후기를 보여줘라.**

- 상품이 좋다는 평가는 판매자가 아니라 고객이 해야 효과가 높다.

② **온라인 최저가를 관리하라.**

- 오픈마켓/소셜커머스/종합몰 판매가 대비 공동구매 판매가를 훨씬 더 낮게 제안한다.

③ **상품 판매 시점보다 약간 앞서서 제안하라.**

- 시즌 과일, 신학기용품, 겨울 방한용품, 가을 레깅스 등

④ **수량 한정, 기간 한정을 강조하라**(공동구매 기간은 보통 1~2일).

- 이번 기회를 놓치면 후회할지도 모른다는 고객의 불안감을 자극한다.

⑤ **상품이 비싸다면 비싼 이유를 충분히 어필하라.**

- 고급 원재료 사용 또는 상품 제조상의 원가 증가 사유에 대해 구체적으로 설명한다.

⑥ **상품을 제안하기 전에 반드시 시장조사를 하라.**

- 유사 상품의 공동구매가 먼저 진행되었는지 사전에 파악하고, 만약 먼저 진행되었다면 반드시 일정 기간(3~4개월)의 시차를 두고

진행한다.

⑦ **중저가 상품 가격대를 공략하라.**

- 보통 3만 원 전후 가격대에서 판매가 잘된다.
- 너무 저렴한 상품은 택배비가 부담되고, 5만 원 이상 고가의 상품
  은 가격대가 높아서 판매가 잘 이루어지지 않는다.

카카오스토리 채널 공동구매 상세 페이지

카카오스토리 채널/네이버 밴드 공동구매 입점하는 방법

카카오스토리 채널/네이버 밴드의 검색창에 '주부', '살림', '육아', '엄
마', '공동구매', '요리', '레시피' 등의 키워드로 검색해보면 여러 채널 및
밴드를 찾을 수 있다. 회원이 일정 수 이상 되는 곳을 기준으로 들어가보
면 공동구매 여부를 알 수 있다.

직접 입점과 공동구매 전문 벤더를 통해 입점하는 두 가지 방법이 있
다. 일반적으로 공동구매를 전문으로 하는 카카오스토리 채널의 프로필
을 보면 운영자 상품 제안 연락처가 있는데 직접 입점하려면 이곳으로 상

품 제안을 하면 된다. 단, 너무나 많은 업체에서 제안해오기 때문에 운영
자로부터 답변을 받기는 쉽지 않다.

카카오스토리 채널 운영자 연락처

카카오스토리 채널/네이버 밴드의 입점/판매 절차 및 입점 제안 서류
  - 상품 제안(이메일/전화/카카오톡) 및 샘플 발송 → 입점 검토 → 입점
    승인 → 상품 판매 → 고객 수령 → 정산
  - 사업자등록증/회사 소개서/통장 사본/상품 제안서/상세 페이지/기
    타 홍보 자료

  공동구매 운영자들은 카카오스토리 채널은 하루 3건, 네이버 밴드도 매
일 여러 번의 공동구매를 진행해야 하기 때문에 가격과 마진은 좋지만 몇
개 안 되는 상품을 보유한 제조업체보다는 다양한 상품을 보유하고 운영
자의 다양한 요구를 수용할 수 있는 공동구매 전문 벤더를 선호하는 경
향이 있다. 전문 벤더는 공동구매 시스템을 잘 이해하고 지속적으로 새
로운 상품을 공급해주며 각종 문제 발생 시 신속하게 대응해주기 때문에
공동구매 운영자들은 위험 부담이 있는 신규 업체보다 이들을 더 선호하

는 것이다.

네이버 대형 유통 카페인 유통과학연구회(cafe.naver.com/dbstnzld1), 유노연(cafe.naver.com/aweq123), 무유모(cafe.naver.com/kukmuyu), 온라인 유통센터(cafe.naver.com/zelpia) 등에는 수많은 카카오스토리 채널/네이버 밴드의 운영자 및 공동구매 전문 벤더들이 유통 정보를 교류하며 우수한 상품을 찾아 왕성하게 활동하고 있다. 이런 대형 유통 카페에 회원으로 가입하고 카페 활동을 하다 보면 카카오스토리 채널/네이버 밴드 운영자/MD와 공동구매 전문 벤더들을 찾을 수 있다.

또한 유통 관련 카카오톡 오픈 채팅방에서도 카카오스토리 채널/네이버 밴드 운영자와 전문 벤더들을 찾을 수 있다. 카카오톡에서 '유통'이라는 키워드로 검색하면 오픈 채팅방이 많이 나오는데 이 채팅방에 들어가면 유통/제조업자뿐만 아니라 카카오스토리 채널/네이버 밴드 운영자 및 전문 벤더도 만날 수 있다.

카카오스토리 채널/네이버 밴드 운영자와 직접 공동구매를 진행하게 되면 공동구매 전문 벤더에게 줘야 하는 10~15%의 수수료를 절약할 수 있는 장점이 있지만, 많은 공동구매 채널들을 개별적으로 접촉해야 하며 막상 입점하기도 쉽지가 않다. 공동구매 전문 벤더를 이용하면 이들이 공동구매를 진행하는 카카오스

카카오스토리 채널/네이버 밴드 공동구매 추천 전문 벤더

안앤주(100여 개 SNS 채널과 거래 중인 공동구매 전문 벤더)
→ 상품 입점 제안 :
이메일 hp3065hl@naver.com,
카카오톡 ID hp3065hl

토리 채널/네이버 밴드가 많이 있기 때문에 동시에 여러 곳에 입점해서 판매할 수 있다.

공동구매 전문 벤더는 상세 페이지 제작과 각종 판매/마케팅/영업 테크닉에서 일반 제조업체보다 훨씬 뛰어나기 때문에 제조업체가 직접 공동구매를 진행할 때보다 더 많은 매출을 올릴 수 있다. 또한 공동구매 전문 벤더 중에는 카카오스토리 채널/네이버 밴드의 운영 대행도 동시에 하는 업체도 있는데 이런 업체를 이용하면 더욱 큰 효과를 볼 수 있다.

공동구매가 활성화된 대표적인 카카오스토리 채널/네이버 밴드
(회원수는 2021년 4월 기준)

① 카카오스토리 채널

15초 다이어트(회원수 67만 명, story.kakao.com/ch/15diet)

카카오톡 선물하기(회원수 54만 명, story.kakao.com/ch/kakaogift)

살림의 여왕(회원수 33만 명, story.kakao.com/ch/0u82)

키즈팡(회원수 26만 명, story.kakao.com/ch/kidspang)

살림의 달인(회원수 25만 명, story.kakao.com/ch/isalrim)

다이어트 위너(회원수 17만 명, story.kakao.com/ch/dietwinner)

레시피 여왕(회원수 15만 명, story.kakao.com/ch/recipeq)

룸 & 베딩(회원수 10만 명, story.kakao.com/ch/nextfox1234)

② 네이버 밴드

그녀의 살림창고(회원수 10만 명)

해피콜의 5일 장터(회원수 14만 명)

주부상식(회원수 6만 명)

집밥 레시피(회원수 10만 명)

여왕의 쇼핑창고(회원수 8만 명)

꼼꼼한 언니들의 비밀공구(회원수 10만 명)

카카오스토리 채널 '15초 다이어트'

네이버 밴드 '그녀의 살림창고'

카카오스토리 채널/네이버 밴드 공동구매 대행 운영 업체 '퀸즈안젤라'

중소 업체에서 카카오스토리 채널/네이버 밴드 공동구매를 시작하려고 할 때 일일이
수많은 카카오스토리 채널/네이버 밴드와 직접 접촉하여 입점하기는 쉽지 않다. 그래
서 10~15%의 수수료를 주고라도 전문 공동구매 벤더업체를 이용하는 경우가 많다.
'퀸즈안젤라'라는 업체는 카카오스토리 채널/네이버 밴드의 공동구매를 운영 대행하고
있다. 퀸즈안젤라의 카테고리별 상품 MD들이 우수한 상품을 선정하여 수백만 명의 회
원을 보유하고 있는 30여 개의 카카오스토리 채널/네이버 밴드에서 판매하므로 퀸즈
안젤라에게 상품 선정만 되면 공동구매 채널에서 큰 성과를 기대해볼 수 있다.
더불어 퀸즈안젤라는 유통/제조업자 1,500명이 모인 유통 관련 카카오톡 오픈 채팅방
을 운영하고 있고, 중소 사업자들을 위한 유통 교육 및 3자 물류 프로그램도 직접 진행
하고 있다. 직접 운영하는 30여 개 채널/밴드 외에도 500여 개의 공동구매 채널을 거
래처로 갖고 있는 명실공히 1등 SNS 공동구매 업체라고 할 수 있다. 공동구매에 관심
이 있는 중소 사업자라면 퀸즈안젤라에 입점 제안을 해볼 것을 추천한다.
퀸즈안젤라 상품 입점 제안 : 09queens@naver.com

네이버 커뮤니티 카페 공동구매
온라인 충성고객을 잡아라

카카오스토리 채널/네이버 밴드 공동구매가 활성화되기 전까지 언더
그라운드 공동구매의 1인자는 네이버 커뮤니티 카페 공동구매였다. 네이
버에는 주제별로 많은 커뮤니티 카페들이 존재한다. 가령 지역 엄마들이
모인 지역맘 카페, 특정 자동차 동호인들이 모인 자동차 카페, 캠핑인들
이 모인 캠핑 카페 등 주제별로 다양한 카페들이 있는데, 이런 카페들 중
에는 카페 회원들을 대상으로 공동구매를 진행하는 경우가 많다.

공동구매가 가장 활성화된 카페는 왕성한 구매력을 자랑하는 20대 후
반~40대 주부들이 모인 지역맘 카페(분당맘, 일산맘, 목포맘 등)인데 주부
들을 대상으로 하는 공동구매가 자주 이루어진다. 카테고리별 마니아들
이 모인 동호인 카페에서도 카페 주제와 관련된 상품의 공동구매가 이루
어진다. 가령 자동차 동호인 카페에서는 자동차 관련 용품, 캠핑 카페에
서는 캠핑용품, 뷰티 관련 카페에서는 뷰티용품 등 카페 주제와 관련된

상품의 공동구매가 진행된다.

공동구매가 진행되는 카페는 보통 카테고리의 대형 카페들인데 여기서는 판매뿐만 아니라 업체 홍보도 이루어진다. 일정 비용을 내고 카페 내에서 배너 광고를 하거나 게시판을 할당받아서 상품 홍보도 가능하다. 가령 내가 캠핑용품을 취급한다고 하면 수십만 명의 캠핑 동호인들이 모인 캠핑 카페에서 내 상품을 홍보하고 판매한다면 좋지 않겠는가? 이들 카페에 모인 회원들은 정확히 내 상품에 맞는 타깃층이므로 판매 효율도 매우 높다. 주부 대상 상품이라고 하면 식품, 비식품 가릴 것 없이 엄마들이 모여 있는 맘카페에서 판매된다.

공동구매가 진행되는 대형 카페는 일반 개인이 아닌 기업이 운영하는 경우가 많으며, 카카오스토리 채널/네이버 밴드/모바일 앱 등도 같이 운영하는 경우가 많다. 최근 네이버 대형 카페 활용 트렌드는 굳이 카페 내에서 상품의 공동구매를 진행하지 않고 상품 체험단, 이벤트 등을 통해 내 상품을 타깃에 맞는 수만, 수십만의 카페 회원들에게 노출시켜서 홍보하고 자사몰 또는 온라인 쇼핑몰에서 구매하게 하는 것으로 바뀌어가고 있다. 특히 신규 브랜드라면 수십만 명 이상이 모인 동호회 카페에서 상업성이 강한 공동구매 대신 이벤트나 체험단 등을 진행하게 되면 자연스럽게 타깃 고객들에게 나의 상품을 홍보하는 효과도 기대할 수 있다.

공동구매 카페 찾는 방법

네이버 카페 영역에서 내가 취급하는 상품의 키워드로 조회하면 된다. 만약 자동차용품을 취급한다고 하면 '자동차', '소나타', 'K5' 등 자동차 관런 키워드로 조회해서 나오는 카페들 중에 회원수가 많고 게시판에 글이 많이 올라오는 활성화된 카페를 선택해서 공동구매가 진행되는지 확인하면 된다. 뷰티 상품을 취급한다고 하면 '화장품', '뷰티' 키워드로 검색하면 된다. 농수산물의 경우도 공동구매 네이버 카페들이 많이 있는데 특히 주부 대상 상품의 공동구매 카페는 조금만 검색해도 쉽게 찾을 수 있다.

카페 내에서 공동구매를 진행하지 않고 이들이 운영하는 네이버 밴드/모바일 앱/카카오스토리 채널에서 공동구매를 하는 경우에는 보통 카페 내 배너 홍보에서 내용을 안내한다.

입점 방법 및 조건

공동구매를 하는 카페를 찾았다면 대개 카페 왼쪽 하단에 운영자에 대한 정보가 있으므로 핸드폰이나 이메일을 통해 연락하면 된다. 만약 운영자에 대한 정보가 없을 시에는 쪽지를 보내서 연락하면 된다. 입점 조건은 일반적으로 판매된 매출액에 대해 일정 비율의 수수료를 지급하는 조건 또는 매출에 상관없이 일정액의 입점비를 내고 진행하는 방식이다. 대개 수수료 조건이라고 하면 20~30%를 생각하면 된다. 단, 매출 효율이 형편 없는 카페도 있는데 특히 입점비 방식으로 진행되는 카페는 위험 부담이 있으니 주의해야 한다. 판매 방식은 카페 운영자가 상품을 사입하여 판매하는 방식이 아니라 대부분 카페 회원들이 주문을 하면 업체에서 직접 배송해주는 방식이다.

주요 공동구매 진행 네이버 카페(회원수는 2021년 4월 기준)

농수산물 : 농라카페(회원수 87만 명, cafe.naver.com/tlsxh)

식품 및 생활용품 : 예카(회원수 34만 명, cafe.naver.com/mjann)

식품 및 생활용품 : 지후맘(회원수 46만 명, cafe.naver.com/1msanbu)

캠핑용품 : 초캠(회원수 91만 명, cafe.naver.com/chocammall)

주방 생활용품 : 하이디카페(회원수 16만 명, cafe.naver.com/heidicafe)

의류/잡화 및 생활용품 :

쇼핑지름신(회원수 50만 명, cafe.naver.com/shopjirmsin)

네이버 커뮤니티 카페 '예카'

인스타그램/블로그마켓 판매
20~30대 초반 타깃 상품이라면?

| 인스타그램

인스타그램의 경우 20~30대 초반이 주로 이용한다. 따라서 이들을 타깃으로 한 패션, 주얼리, 뷰티, 다이어트 상품이 많이 판매된다. 인스타그램에는 눈으로 보여주는 비주얼이 중요한 상품이 적합하고 이외의 상품들은 타깃에 맞지 않기 때문에 판매가 잘 이루어지지 않는다.

인스타그램에는 구매를 유도하는 링크를 넣을 수가 없어서 인스타그램 자체 내에서 결제가 되지 않기 때문에 보통 네이

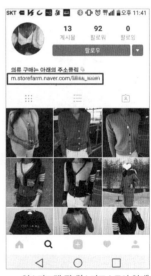

인스타그램 판매(스마트스토어 연계)

버 블로그 또는 카카오톡/카카오톡 플러스친구/스마트스토어/자사 쇼핑몰 등으로 연계하여 상품 판매가 이루어진다. 인스타그램에서 유일하게 링크를 넣을 수 있는 곳이 프로필 영역인데 이 프로필 영역에 네이버 블로그/카카오톡/스마트스토어/자사몰 링크 주소를 넣어서 고객을 이동시킨 후 판매가 이루어지는 것이다.

그러나 2018년 10월부터 미국처럼 우리나라도 인스타그램 비즈니스 계정에 한해 인스타그램 쇼핑태그를 활용하여 구매, 결제를 위해 외부 사이트로 나갈 필요 없이 인스타그램 내에서 바로 상품을 구매/결제하는 것이 가능하게 되었다. 점차적으로 인스타그램 쇼핑태그를 활용한 판매로 바뀌어가고 있는 트렌드이다.

| 블로그마켓

블로그마켓이란 일반적인 네이버 블로그가 아닌 상품 판매 목적의 블로그를 말한다. 주로 의류나 잡화 같은 패션 상품이 판매된다. 블로그마켓에는 SNS 폼, 공구폼 등의 결제 시스템(수수료 2.8~3.2%, 거래액 증가에 따라 수수료 인하)을 넣을 수 있어 바로 구매가 가능한데 신용카드 결제뿐만 아니라 무통장 입금 결제도 많이 이루어진다. 예전에 네이버 파워블로그가 운영되던 시절에는 블로그마켓으로 판매하는 사람이 많았지만 지금은 주로 인스타그램과 연계하여 인스타그램에서 유입되어 판매하는 방식으로 진행되고 있다.

이와 같이 인스타그램이나 네이버 블로그마켓으로 판매하기 위해서는 크게 두 가지 방법이 있다. 첫 번째는 팔로워나 방문자가 많은 인스타그램, 네이버 블로그를 내가 직접 운영하는 경우로 나의 상품을 올려서 판매를 하는 방식이다. 둘째는 팔로워나 방문자가 많은 인스타그램이나 블로그마켓 유저에게 일정 수수료를 주고 나의 상품을 판매하는 방법이 있다. 이런 파워 인스타그램이나 블로그마켓 유저를 찾는 방법은 인스타그램에서 해시태그로 '블로그마켓', '공동구매'로 검색하면 된다. 검색해서 나온 사람들 중에 팔로워 수가 수천 명 이상이고 상품 판매가 활발히 이루어지고 있는 사람에게 쪽지나 전화, 이메일로 제휴 요청을 하면 된다.

인스타그램 농산물 판매

일반적으로 제휴로 판매를 할 때는 인스타그램 또는 블로그마켓 유저가 상품을 사입해서 판매하는 방식이 아니라 파워 유저가 판매하고 나에게 주소를 보내주면 내가 배송을 하는 방식이다. 최근에는 농산물도 다이어트와 연계해서 20~30대 초반 여성 대상으로 인스타그램에서 팔리고 있다. 농산물 수확하는 사진을 실시간 라이브로 보여주면서 구매를 유도하는 방식이 인기를 끌고 있다.

최근 페이스북 상품 판매 트렌드

일반적으로 페이스북은 상품 브랜딩을 위한
홍보는 활성화되어 있으나 고객에게 상품을
직접 판매하는 데는 적합하지 않다고 인식되
어왔다. 그러나 최근에는 일부 대형 뷰티 관련
페이스북 페이지에서 화장품 등 뷰티 상품의
동영상을 올리면서 동시에 판매하기 시작했
다. 해당 뷰티 상품의 특성과 사용 전/후 모습
을 동영상으로 생생히 보여주면서 구매를 유
도한다.

스마트스토어(舊 스토어팜) 판매
온라인 공룡 네이버의 무료 개인 쇼핑몰

2020년 현재 가장 핫한 온라인 유통 플랫폼이라면 스마트스토어(舊 스토어팜)라고 할 수 있다. 스마트스토어는 네이버에서 제공하는 무료 개인 쇼핑몰이라고 할 수 있는데 저렴한 수수료, 네이버 쇼핑 상위 노출의 유리함 등 다른 유통 플랫폼 대비 많은 장점으로 큰 관심을 불러일으키고 있다.

네이버는 스마트스토어를 통한 2017년 신규 창업자 수가 1만 5천 명을 기록했다고 밝혔다. 스마트스토어를 통한 연매출 1억 원 이상 판매자 수도 1만 명을 넘었으며, 월 거래액 1천만 원 이상의 스마트스토어 푸드 윈도 생산자가 70명에 달하는 등 농업 분야 창업자의 성장도 두드러졌다. 스마트스토어 판매는 앞으로 더욱 활성화될 것으로 예상되므로 중소사업자는 반드시 스마트스토어를 운영해야 한다.

필자가 아는 도시락 업체는 인지도가 없는 신규 브랜드다. 현재 스마트

스토어, 오픈마켓 4사, 소셜커머스 3사, 자사 쇼핑몰, 기타 온라인 유통업체 등 다양한 유통 플랫폼에 입점하여 판매하고 있는데 스마트스토어의 매출 비중이 거의 70%에 달한다.

스마트스토어는 중소기업이 활용하기 좋다. 자사 쇼핑몰을 만드는 경우 제작, 유지/관리, 쇼핑몰 홍보에 많은 비용이 투입되지만, 스마트스토어를 이용하면 제작, 유지/관리 비용이 무료고 홍보도 네이버 쇼핑을 통해 무료로 가능하다. 오픈마켓, 소셜커머스, 종합몰 등에서 아무리 많이 판매해봤자 고객은 판매자를 기억하지 못한다. 단지 좋은 상품을 싸게 구매했을 뿐이다. 반면 스마트스토어는 나만의 독립 쇼핑몰 개념이기 때문에 내 충성고객을 만들 수도 있고, 내 스마트스토어에 들어온 고객에게 기타 등록된 다른 상품들의 판매도 가능하다.

최근 트렌드는 매출이 일정 수준 이상이 되면서 스마트스토어 판매지

스페인 100% 착즙주스(DON SIMON)를 판매하는 스마트스토어 '유앤아이엔젤스'

수가 높아서 노출이 잘되는 스마트스토어는 다른 판매자의 상품을 입점 시켜 판매하고 중간 수수료를 받기도 한다. 이들은 기존 스마트스토어의 충성고객들을 충분히 확보하고 있고 스마트스토어 지수도 높아서 상품을 등록하면 노출이 잘되기 때문에 다른 판매자들로부터 입점 제안도 꾸준히 들어온다. 네이버 스마트스토어라는 플랫폼 내에서 추가로 자체적인 플랫폼 사업을 하는 셈이다.

스마트스토어의 10대 장점

① 제작, 유지/관리비 무료, 쉽게 만들고 관리 가능

② 네이버 쇼핑 연동 가능

③ 저렴한 수수료(결제 수단에 따라 1~3.85%, 단, 네이버 쇼핑 연동 시 2% 추가)

④ 빠른 대금 정산 조건(고객 구매 확정 후 1일, 고객 구매 미확정 시 배송 완료 후 10~12일)

⑤ SNS 연동 가능(블로그, 페이스북, 인스타그램)

⑥ 고객 결제의 용이함(네이버페이 이용)

⑦ 무료 홍보 지원(럭키투데이, 기획전, 윈도, 핫딜)

⑧ 일정 조건 충족 시 5개 스마트스토어 동시 운영 가능
　- 6개월 전 가입, 최근 3개월 총매출 5백만 원 이상, 최근 3개월 구매 만족도 85% 이상

⑨ 사업자뿐만 아니라 개인도 운영 가능

⑩ 네이버의 전폭적 지원(네이버 쇼핑 내 스마트스토어 노출 지원)

사실 온라인 판매에서 가장 좋은 루트는 홈페이지를 이용한 단독 쇼핑몰이다. 그러나 단독 쇼핑몰의 경우 제작, 유지/관리 비용이 많이 들고, 더욱이 단독 쇼핑몰을 알리는 데 드는 엄청난 홍보 비용이 문제가 된다. 그래서 자금이 취약하고 홍보에 자신이 없는 중소기업은 단독 쇼핑몰 대신에 네이버에서 무료로 제공하는 스마트스토어를 활용하는 것이 훨씬 효과적이다. 특히 네이버 쇼핑 영역 노출은 스마트스토어의 가장 큰 장점인데, 일반적으로 사람들이 어떤 상품을 구매하려 할 때 우선 네이버에서 검색하는 경우가 상당히 많기 때문에 네이버 쇼핑 노출은 정말 중요하다.

스마트스토어는 네이버에서 전략적으로 밀어주는 플랫폼이므로 당연히 네이버 쇼핑 영역 노출에 유리하다. 수수료 또한 온라인 유통 중 최저 수준이다. 오픈마켓 수수료 8~13%, 소셜커머스 7~20%에 비해 1~3.85%(네이버 쇼핑 연동 시 2% 추가)라는 파격적인 수수료는 큰 매력이다. 또한 상위 노출을 위한 광고비 부담이 큰 오픈마켓 대비 스마트스토어의 경우 성실히 판매 활동을 하면서 판매량과 구매 후기가 쌓이면 광고 없이도 상위 노출이 가능하다. 또한 네이버 쇼핑에서 광고비 없이 무료로 제공하는 럭키투데이, 윈도, 기획전, 핫딜 등을 잘 활용하면 많은 사람들에게 노출도 되고 큰 매출을 올릴 수도 있다.

그러나 개인 쇼핑몰 대비 스마트스토어의 큰 단점이 하나 있는데 고객 데이터베이스 구축이 안 된다는 점이다. 보통 개인 쇼핑몰의 경우 고객 정보를 보유하고 그에 따라 고객 관리 및 추가 마케팅 활동을 할 수 있으나 스마트스토어의 경우 고객이 네이버 아이디로 내 스마트스토어에 와서 상품을 구매한 것일 뿐 내 스마트스토어에 별도로 회원가입을 한 것이

네이버 쇼핑의 '윈도', '핫딜', '기획전', '럭키투데이'

아니기 때문에 고객 데이터베이스 구축이 되지 않는다.

　요즘 스마트스토어가 특히 주목받고 있는 이유는 검색시장의 80% 이상을 좌우하는 네이버와의 연계성 때문이다. 다른 유통 플랫폼들은 어느 정도 독립성을 띠고 있지만 스마트스토어의 경우는 우리나라 1등 온라인 업체인 네이버와의 연계성 때문에 쉽게 트렌드에 흔들리지 않고 네이버의 막대한 고객 기반을 활용할 수 있다는 큰 장점이 있다. 네이버에 노출이 잘되고 네이버 고객 기반을 이용할 수 있다는 점은 어떤 유통 플랫폼도 가질 수 없는 핵심 장점이다.

　스마트스토어는 중국의 대표 전자 상거래 기업인 알리바바가 운영하는 C2C 기반의 중국 매출 1등 유통 플랫폼인 타오바오와 상당히 유사하다. 개인 쇼핑몰을 지원하고 알리왕왕이라는 고객 대화 메신저 대신에 네이버 톡톡이라는 메신저를 이용하며 상대적으로 저렴한 수수료 등 타오바오를 벤치마킹한 것 같은 느낌이다.

스마트스토어에서 상품 판매 시 가장 중요한 것은 상위 노출이다. 가령 내 상품을 스마트스토어에 등록했을 때 20페이지에 노출된다면 판매가 잘 이루어지지 않을 것이나 1페이지에 노출된다면 반대로 판매가 잘 될 것이다. 상위 노출은 하루아침에 되는 게 아니다. 상품명, 이벤트 필드, 상품 이미지, 카테고리, 브랜드 제조사, 속성, 가격 비교, 구매평, 구매 데이터, 신용 정보, SPAM ABUSE, 메타 태그 정보, 구매 옵션, 모바일 대응, 상품 정보 구성, 결제, 배송, 고객 대응 등 여러 요소들이 종합적으로 평가되어 노출 순위가 정해진다. 상품을 등록할 때 실제 상품의 속성에 따라 이미지, 카테고리 등 각종 상품 정보를 정확하게 등록하고 결제, 배송, 고객 대응 서비스가 우수하며 고객의 구매가 많이 일어나고 구매평이 좋은 상품순으로 상위 노출이 일어난다는 것이다. 특히 구매 건수 및 구매평이 어느 정도 쌓여야 상위 노출이 되기 때문에 상위 노출을 위해서는 일정 기간이 필요하다. 간혹 스마트스토어 상위 노출 점수를 올리기 위해 불법

조회하는 상품의 네이버 쇼핑 내 노출 순위를 알 수 있는 모바일 앱 '오늘의 순위'

구매 작업 및 구매평 입력 등 어뷰징(abusing) 행위를 하는 사람들이 있는데 적발 시에 스마트스토어 폐쇄 등의 조치를 당하니 주의해야 한다.

'오늘의 순위'라는 모바일 앱을 통해서 내 스마트스토어에 있는 상품이 특정 키워드로 네이버 쇼핑에서 몇 페이지에 노출되는지 알 수 있다. 상위 노출에 영향을 주는 각종 조건을 테스트하며 내 스마트스토어 상품을 최적화할 수 있으니 사용을 추천한다.

스마트스토어 입점 절차 및 필요 서류

가입 신청 : sell.smartstore.naver.com

- 사업자등록증 사본 1부

- 통신판매업신고증 사본 1부

- 대표자 인감증명서 사본 1부

- 대표자 혹은 사업자 명의 통장

　(단, 사업자가 아닌 개인 판매자의 경우 필요 서류 없음)

카카오 커머스 판매
전 국민이 사용하는 카카오에서 판매하기

전 국민이 사용하는 카카오톡에 들어가보면 카카오 커머스라고 하는 상품을 판매하는 쇼핑몰이 있다. 주식회사 카카오에서 직접 운영하는 모바일 쇼핑몰이라고 할 수 있다. 전 국민이 이용하는 카카오톡이다 보니 유입 고객도 상당하며, 모바일 쇼핑이 급성장하여 이미 온라인 유통의 60%를 넘어선 만큼 카카오라는 거대 플랫폼의 모바일 쇼핑몰은 충분히 도전해볼 만한 가치가 있다.

카카오 커머스는 '선물하기'와 '스타일'의 두 가지로 구성되는데 '선물하기'는 모바일 교환권(기프트콘), 배송 상품, 디지털 아이템 등을 카카오톡 메시지를 통해 친구들에게 실시간으로 선물할 수 있는 모바일 서비스다. '스타일'은 인기 쇼핑몰의 트렌디한 아이템을 한눈에 볼 수 있는 패션 정보 서비스로서 원하는 아이템을 카카오톡, 카카오스토리로 공유하거나 쇼핑몰로 연결하여 구매할 수 있다.

카카오 커머스 '선물하기'와 '스타일'

| 카카오 선물하기

　일반 쇼핑몰과는 달리 기프트콘을 기반으로 하는 모바일 쇼핑몰로서 선물을 오프라인에서 직접 주고받는 것처럼 모바일로 카카오톡에서 간편하게 주고받는다는 개념에서 출발하였다. 카카오 선물하기는 선물하기 홈, 추천, 베스트 상품, 브랜드숍, 선물함의 카테고리로 나뉘어져 있다. '선물하기 홈'은 카카오 MD가 선정한 다양한 이벤트 및 상품으로 구성되어 있으며, '추천'은 매일매일 파격적인 할인 상품을 소개한다. '베스트 상품'은 선물하기에서 고객들에게 반응이 좋은 인기 상품을, '브랜드숍'은 입점된 전체 브랜드와 최근 유행하는 브랜드를, '선물함'은 받은 선물과 보낸 선물 내역 및 공지사항의 콘텐츠를 제공한다.

카카오 선물하기의 시작은 일반적인 상품 판매보다는 배스킨라빈스, 뚜레쥬르 등 외식업체의 모바일 쿠폰을 주고받는 것이었으나 지금은 모바일 쿠폰뿐만 아니라 오픈마켓, 소셜커머스, 종합몰처럼 다양한 브랜드와 상품이 판매되고 있다. 브랜드숍의 경우는 브랜드만 입점이 가능한데 어느 정도 알려진 일정 수준 이상의 브랜드가 아니면 입점이 쉽지 않다. 입점에 유리한 상품은 브랜드 상품, 시즌 상품, 특가 상품 등인데, 브랜드 상품이 아니라고 하면 특별한 테마가 있는 시즌에 맞는 상품(가령 여름철에 물놀이용품, 겨울에 방한용품 등)들을 시즌 전에 먼저 제안하는 것이 좋다. 또한 모바일 쇼핑몰에 부합하며 선물용으로 적합한 상품이나 아직 선물하기에 입점해 있지 않은 카테고리의 상품도 제안해볼 만하다.

대금 정산 조건은 상품 배송 완료 기준으로 익월 결제 조건이다. 다시 말해 당월 1~30일에 판매되고 배송까지 완료된 상품에 대해 다음달에 결제하는 조건이다. 오픈마켓, 스마트스토어 대비 정산주기는 상당히 늦다.

입점 상품의 조건

카카오 선물하기의 입점 상품 조건은 판매하고자 하는 상품이 전 연령대의 사람들이 접근 가능한 상품이어야 한다는 것이다. 담배, 주류, 성인용품, 사행사업 등의 카테고리는 입점 불가하다. 또한 상품의 특성이 다음 세 가지 중 하나여야 한다.

① 모바일 쿠폰 상품 : 온라인/오프라인 교환처에서 실물 상품으로 교환할 수 있는 모바일 쿠폰

② 실물 배송 상품 : 선물 받는 사람이 주소지를 입력하고 직접 배송 받는 상품

③ 디지털 아이템 상품 : 구매 후 모바일에서 직접 사용 가능한 디지털 아이템 상품

카카오 선물하기 판매 프로세스

① 입점 제안하기
카카오 제휴 안내 사이트에서 입점 제안을 합니다.

② 카카오 담당자 검토
상품 카테고리별 담당 MD가 제안주신 입점 내용을 검토 후 2주 내에 회신드립니다.

③ 판매 조건 및 상품 개발 협의
판매 조건 및 상품 개발 에 대한 판매자와 카카오협의를 진행합니다.

④ 계약 진행
판매 조건 및 상품에 대한 협의가 완료되면 전자 계약서로 계약을 진행합니다.

✓ 판매 시작
선물하기 판매자 센터에 상품을 등록 후, 판매를 시작합니다.

※ 출처 : 카카오 홈페이지

카카오 선물하기 입점 제안 세부 가이드

https://comm-auth-web.kakao.com/seller/guide

| 카카오 스타일

카카오 스타일은 온라인에서 있는 인기 쇼핑몰 및 그 상품들을 한꺼번에 모아서 보여주는 서비스라고 할 수 있다. 트렌디한 의류, 구두, 액세서리, 화장품 등의 아이템이 주를 이루며, 마음에 드는 상품이 있으면 카카오톡 또는 카카오스토리로 공유하거나 쇼핑몰로 연결하여 구매할 수 있다. 카테고리는 각 쇼핑몰의 추천 상품을 보여주는 'HOT', 특가 세일 상품을 보여주는 'SALE', 쇼핑몰의 다양한 정보와 친구들의 소식을 구독할 수 있는 'SOHO', 입점되어 있는 쇼핑몰을 확인하고 구독 신청을 할 수 있는 'SHOP'으로 구성되어 있다.

카카오 스타일에 입점하면 좋은 점은 단독 쇼핑몰 운영자의 가장 큰 고민인 쇼핑몰 홍보의 문제를 어느 정도 해결할 수 있다는 점이다. 단독 쇼핑몰을 홍보하는 데 들어가는 막대한 비용을 생각했을 때 카카오 스타일에 입점해서 수많은 카카오 고객들에게 나의 쇼핑몰이 노출된다는 것은 엄청난 장점이다. 단독 쇼핑몰 운영자라면 수단과 방법을 가리지 말고 카카오 스타일에 입점해야 한다. 단, 카카오 스타일에 입점하기 위해서는 모바일 웹 기반의 독립적인 패션 전문 쇼핑몰이 있어야 하며, 비회원 구매 및 모바일 환경에서 휴대폰/신용카드 등의 결제가 가능해야 한다.

입점 방법

카카오 스타일 입점은 카카오 광고를 통해 입점하는 방법도 있고 카카오쇼핑 판매자센터(https://comm-auth-web.kakao.com/seller/index)에서 카카오.biz 계정을 만든 후 입점 신청을 하는 방법이 있다.

기타 카카오 판매(카카오 메이커스/카카오톡 스토어)

카카오 선물하기/카카오 스타일 이외에 상품 판매가 가능한 카카오 영역이 또 있는데 '카카오 메이커스'와 '카카오톡 스토어'이다.

'카카오 메이커스'는 일정 수량 이상의 주문이 달성되어야 판매에 들어가는 공동구매 판매 방식인데 수제청 등 수제품이나 소량 생산 방식의 상품에 적합하다. 도입 초기에는 수제 상품 위주로 진행되었으나 갈수록 상품군이 확대되고 있다. 설립 취지도 국내 제조업/소상공인의 우수한 상품을 소개하는 것이기 때문에 중소기업이 입점하기에 유리하다. 카카오 메이커스 시작 초기에는 공동구매 개념이 확실하였으나 갈수록 공동구매 최소량이 줄어들어서 지금은 공동구매의 개념이 희박한 상황이다. 카카오 메이커스 입점 신청은 카카오 메이커스 판매자센터(https://makers-partner-center.kakao.com)에서 하면 된다.

카카오가 본격적으로 온라인 유통에 뛰어든 것이 바로 카카오톡 스토어라고 할 수 있다. 카카오톡 스토어는 네이버의 스마트 스토어와 개념이 비슷하다. 네이버 쇼핑 내에 스마트 스토어가 입점되어 있는 것과 비슷하게 카카오 쇼핑하기 내에 카카오톡 스토어가 입점해 있다고 보면 된다.

스마트 스토어가 네이버에서 제공해주는 무료 쇼핑몰이라고 하면 카카오톡 스토어는 카카오가 제공해주는 모바일 전용 무료 쇼핑몰이라고 할 수 있다. 일반 상품의 경우 입점·관리·등록 비용은 없는데 기본 수수료 3.5%(VAT 포함)이며 공동구매로 특가 상품을 제안하는 톡딜 주문의 경우 기본 수수료는 10%(VAT 포함)이다.

그러나 카카오톡 스토어가 노출되는 노출 채널별 추가 수수료가 부과될 수 있는데 '카카오 쇼핑하기', '다음 쇼핑', '카카오 스타일'에 노출 시 각각 2%가 추가로 부가된다. 노출 추가 수수료는 각 채널을 통해 유입되어 주문 완료된 내역에 대해서만 추가로 과금된다. 카카오톡 스토어 입점 신청은 카카오쇼핑 판매자센터(https://comm-auth-web.kakao.com/seller/index)에서 하면 된다.

카카오 메이커스　　　　　　　　　카카오톡 스토어

유통 인맥과 정보 구축
유통 인맥은 곧 매출?

　어느 업계에서나 마찬가지지만 유통업계에서도 인맥은 매우 중요하다. 특히 유통이라는 것이 상품의 판매와 관련된 일이고, 인맥이 있으면 상품을 홍보하고 판매할 채널이 생길 확률이 높아지므로 인맥 구축에 특히 신경을 써야 한다.

　흔히 할인점, 백화점 등 대형 유통이나 도매시장, 복지몰에 진입하기 위해서는 인맥이 있어야 한다는 말을 많이 하는데 어느 정도는 사실이기도 하다. 인맥이 있다고 해서 이런 유통 채널에 무조건 입점할 수는 없지만 입점에 있어 유리한 위치에 서는 것은 맞다. 필자만 해도 바이어로 일할 때 수많은 신규 업체들을 평가했지만 인맥을 통해 소개받은 업체는 좀 더 꼼꼼히 들여다보곤 했다.

　일반적으로 대형 유통업체 바이어/MD들은 수많은 신규 업체의 제안을 받게 되는데 바쁘고 시간도 없어서 입점 신청한 업체들 모두를 세심하게 들여다볼 여력이 없다. 심지어는 상품명, 업체명 및 제안서의 일부만 보고 기존 상품과 차별화가 안 된다고 생각하여 바로 입점을 거절하는 경우도 많다. 이런 상황에서 인맥으로 소개받았다고 하면 무조건 입점시키는 것은 아니지만 조금 더 신경을 써서 들여다보게 된다. 또한 온라인을 통한 공개 입점 제안 방식이 정착된 대형 유통업체가 아닌 일부 폐쇄적인 유통 채널의 경우 바이어나 MD를 만나는 방법이 인맥밖에 없는 경우도 많다. 이런 경우는 인맥이 없으면 상품 입점 제안조차 할 수 없다. 특판, 판촉물, 복지몰/폐쇄몰, 도매, SNS 공동구매 등 비공개 형식의 유통 채널에서 인맥의 중요성은 더욱 높아진다.

유통을 처음 시작하는 사업자는 유통 인맥이 없기 때문에 막막함을 느낀다. 인맥이라도 있으면 이들이 이것저것 유통에 대한 정보를 알려주고 여러 노하우도 알려주며 채널도 소개해줄 텐데 이런 인맥이 없으니 막막한 것은 당연하다. 예전 Know-How 시대에는 너무나 많은 정보가 돌아다녔다면 트렌드가 급변하는 요즘은 Know-Who의 시대라고 할 수 있다. 내가 어떤 분야에서 혼자 10년을 공부해서 쌓은 지식이 해당 분야의 전문가와 한 시간 상담한 것보다 못할 수도 있다. 심지어 10년간 공부해서 쌓은 지식이 틀린 방향일 수도 있다. 유통의 경우도 마찬가지다. 가령 내가 복지몰 쪽으로 관심이 많아서 상품을 유통해보고 싶다고 하면 먼저 책, 강의, 인터넷 등을 통해서 복지몰 관련 기본 정보를 파악하겠지만, 가장 좋은 방법은 경험이 많은 복지몰 벤더나 MD를 만나서 정보를 얻는 것이다. 이들은 심지어 복지몰에 내 상품을 공급하는 다리 역할을 해줄 수도 있다.

필자는 동남아 현지에서 대형 슈퍼마켓을 운영하는 한국인 사장님과 한국 상품을 수입/유통하는 현지인 사장님들을 아는데 중소기업이 동남아에 자기 상품을 수출하기를 원할 때 이런 사장님들을 알고 있다면 수출 확률이 높아질 것이다. 실제로 필자가 현지 대형 슈퍼마켓이나 수입업체 사장님들에게 동남아에서 통할 만한 한국 상품들을 소개해줘서 동남아 수출로 연결된 사례도 많이 있다.

각종 신규 유통 채널에 대한 세부 입점 조건, 유통 노하우, 바이어/MD의 성향, 거래 시 주의사항 등 디테일한 내용은 책, 교육, 강의, 인터넷에서 얻기에는 한계가 있으며 그 분야의 인맥에게서 은밀하게 얻을 수밖에 없다. 다양한 인맥이 있으면 다양한 상품을 유리한 조건으로 소싱할 수도 있고, 다양한 유통 채널에 더 빠르게 진입하는 것도 가능하다. 실제로 유통에 대해 잘 모르면서도 좋은 인맥을 통해 유통에서 좋은 성과를 내는 경우도 허다하다.

앞의 사례들만 봐도 유통에서 인맥이 얼마나 중요한지 잘 알 수 있다. 하지만 복지몰 벤더/MD 그리고 필자와 같은 대형 유통업체 바이어/MD 및 유통 각 분야의 경험자들을 어떻게 만날 수 있는가 하는 문제가 발생한다. 온라인이 발달하기 이전에는 이런 분야별 종사자들을 만나기가 쉽지 않았다. 그러나 지금은 인터넷이 발달하여 본인의 노력 여하에 따라 상대적으로 인맥을 구축하기가 쉬워졌다.

필자가 제안하는 실전 유통 인맥 구축 노하우는 다음의 두 가지다.

| 온라인 유통 카페

　네이버, 다음 같은 포털 사이트에는 유통/제조/수입업자들이 모이는 온라인 유통 카페가 있다. 이런 카페에는 상품을 판매하려는 제조/벤더 업체뿐만 아니라 유통업체 바이어/MD도 활동하고 있다. 유통, 유통 마케팅, 유통 채널에 관련된 다양한 고급 정보들이 카페 내에서 공유되며 각종 유통 교육, 강의, 세미나, 오프라인 모임도 이루어지고 있다. 이런 프로그램에 적극적으로 참여하고 카페 활동도 활발히 해 많은 인맥을 구축할 수 있다. 특히 온라인상에서만 만나는 것과 오프라인 교육, 모임, 세미나에서 만나는 것은 큰 차이가 있다. 좋은 인맥을 만들고자 한다면 오프라인에서 이루어지는 각종 모임과 교육에 적극 참여하기를 추천한다.

네이버 인기 유통 카페 '유통노하우연구회'

만약 내가 제조업체 사장님인데 이런 대형 온라인 카페의 온라인/오프라인 교육과 모임에서 내 상품을 홍보한다고 가정해보자. 내 상품을 판매해줄 도매업자, 유통 바이어/MD, 벤더업체를 만날 수도 있고, 카페 회원과 운영진을 통해 유통업계에 대한 최신 실전 고급 정보도 얻을 수 있다. 반대로 내가 벤더업체라면 나에게 상품을 공급해줄 제조/수입업체나 총판 업체 또는 다른 벤더업체도 만날 수 있다. 대표적인 유통 카페는 다음과 같다.

유통노하우연구회 : cafe.naver.com/aweq123

유통과학연구회 : cafe.naver.com/dbstnzld1

온라인유통센터 : cafe.naver.com/zelpia

유통과학연구회(회원수 13만 명의 국내 최대 유통 커뮤니티)

13만 명의 제조사와 유통사가 활동하는 유통과학연구회는 대기업에 비해 상대적으로 취약한 유통 구조를 갖고 있는 중소기업의 판로 개척과 마케팅을 함께 고민하고 문제를 해결해 나가는 유통 마케팅 전문 커뮤니티다. 제조사에게는 다양한 유통 경로 확보의 기회를, 유통사에게는 경쟁력 있는 신제품 발굴 및 판매 기법을 공유하는 장이다.

유통과학연구회에는 유용한 유통 마케팅 정보를 얻을 수 있는 게시판이 많은데, 그중에서도 독보적인 인기를 끌고 있는 게시판은 '간편 명함 등록 게시판'이다. 회사 소개 및 자사 상품을 소개하는 간편 명함을 등록하면 주기적으로 전체 회원에게 이메일이 발송되는 구조로서 홍보에 어려움을 겪는 회원에게 큰 도움이 되고 있다. 정회원은 명함 등록이 필수다.

명함을 등록했다면 본격적으로 회원들에게 자사의 상품을 홍보할 수 있다. 제조사/유통사 신제품 전시관에는 매일 다양한 상품들이 등록되며, 등록된 상품 정보는 회원들에게 전체 이메일을 통해 소개된다. 유통과학연구회는 내 상품을 찾는 발굴의 장인 동시에 인맥을 확보할 수 있는 교류의 장이기도 한 셈이다.

유통과학연구회를 더욱 특별하게 만드는 행사로는 판로 개척 세미나를 꼽을 수 있다. 전·현직 유통 채널/마케팅 채널 전문가를 초빙하여 세미나를 여는데 복지몰(폐쇄몰)/종합몰/오픈마켓/전문몰/소셜커머스/공동구매 등 유통에 관한 다양한 정보와 인맥을 공유할 수 있는 시간이다. 또한 마케팅 세미나에서는 중소기업 신제품 히트 상품 만들기, 블로그/카페 마케팅, 언론 홍보 마케팅 등 온라인 마케팅에 대해 전략적으로 접근할 수 있다.

유통과학연구회에서 빼놓을 수 없는 것으로 회원사 간의 교류 모임이 있다. 교류 모임

에서는 유통과 마케팅 관련 이야기를 나누며 시야의 폭을 넓힐 수 있다. 유통의 꽃인 교류 모임은 여러 분야에 대해 주제별로 매월 개최되고 있다. 특판 교류 모임, 제조사 교류 모임, 신제품 전시회 모임, 유통 채널 교류 모임, 종합몰/전문몰 교류 모임, 폐쇄몰 교류 모임 등 다양하다.

| 유통 관련 카카오톡 오픈 채팅방, 네이버 밴드

최근에 뜨고 있는 카카오톡 오픈 채팅방에는 다양한 주제의 많은 오픈 채팅방이 존재한다. 각 분야의 인맥을 쌓는 데는 카카오톡 오픈 채팅방이 대세다.

카카오톡 채팅에 들어가서 오른쪽 하단의 노란 동그라미를 누르면 '오픈 채팅'이라는 아이콘이 나오는데 여기에 들어가면 검색을 할 수 있다. '유통'이라고 검색하면 수많은 유통 관련 오픈 채팅방이 나온다. 여기에

는 많은 제조업체, 벤더업체, 수입업체, 유통업체 바이어/MD들이 활동하는데 유통 관련 실전 정보도 얻고 인맥도 만들 수 있다. 마찬가지로 네이버 밴드에 들어가서 '유통'이라는 키워드로 검색하면 많은 유통 관련 밴드들이 나오는데 여기서도 유통 인맥을 만들 수 있다. 카카오톡 오픈 채팅방과 네이버 밴드에서 내가 상품을 공급해줄 그리고 반대로 상품을 공급받을 인맥도 만들 수 있다.

카카오톡 오픈 채팅방과 네이버 밴드에서 '유통' 키워드뿐만 아니라 '사업', '공동구매', '수출', '판매', '영업', '마케팅' 등 비즈니스 키워드들로 검색해서 나오는 수많은 오픈 채팅방과 네이버 밴드에서도 많은 비즈니스 인맥을 만들 수 있다.

온라인 유통 카페, 카카오톡 오픈 채팅방, 네이버 밴드는 유통 인맥을 넓히는 좋은 방법이지만 여기서도 주의할 점이 있다. 이런 온라인 유통 모임은 구성원들 간의 신뢰가 약하고, 조직적으로 사기를 치기 위해 가입

유통 관련 카카오톡 오픈 채팅방   유통 관련 네이버 밴드

해서 활동하는 사람도 있기 때문에 각종 사기 사건 및 불미스러운 일이 발생하기도 한다. 따라서 이런 모임에서 비즈니스를 진행할 때는 거래 상대방에 대해 철저히 알아보고 신중히 업무를 진행해야 한다.

깔세 판매
정식 오프라인 매장보다 매출이 10배?

일반적으로 오프라인에 정식으로 매장을 내고 상품을 판매할 때는 권리금, 보증금, 월세의 세 가지 비용을 지불해야 한다. 깔세는 이 중에서 월세만 내고 단기간 장사를 하는 유통 판매 방식을 말한다. 보증금과 권리금이 없는 대신에 월세가 일반적인 월세 임대료보다 20~30% 높게 책정되어 있다. 대략적으로 월 임대료는 보증금과 권리금을 더한 가격의 2%지만 다소 입지가 떨어지는 곳은 보증금의 2% 정도다.

흔히 길거리를 다니다 보면 건물 1층 매장에 인테리어 없이 "여성의류 대방출", "인기 스포츠 브랜드 초특가 판매", "1,000원 균일가 생활용품 세일", "디자이너 XXX 고별전" 이런 식의 현수막을 걸고 상품을 박스째로 부어놓고 단기간 장사하는 것을 볼 수 있는데 이런 것이 깔세 판매 방식이다. 깔세 매장에서 판매되는 주요 상품은 땡처리, 덤핑 상품이다. 디자이너 숙녀 의류 땡처리는 라벨갈이(일반 의류를 매입하여 브랜드 의류의

294

라벨로 교체하는 것)를 한 경우도 많다. 처음 유통 판매를 하는 사람이라면 인테리어 비용, 보증금, 권리금까지 내면서 많은 투자금이 들어가는 오프라인 매장을 하는 것보다 깔세 매장으로 시작하는 것도 나쁘지 않다. 깔세 매장을 하면서 상품 소싱과 판매에 대한 감도 익힐 수 있다.

깔세 판매(사진 출처 : Newsis)

깔세 판매 상품의 특성상 개당 이익액은 적어도 매출은 일반 매장보다 훨씬 많이 나오는데 상품 구성 및 매장 위치에 따라 매출 차이도 크다. 깔세 매장 중 가장 비싼 곳은 지하철 환승 매장으로 2~3평 매장에 비싼 곳은 1개월에 1,000만 원이 넘어간다. 심지어 명동 같은 초 A급 중심 상권의 경우 깔세 1억 원짜리 매장도 있다. 가게를 통으로 빌리기도 하지만, 재래시장의 경우 일주일 단위로 가게 앞칸을 하루에 얼마 식으로 일세로 계산하여 미리 선금을 받고 빌려주기도 한다.

깔세 상품은 보통 덤핑, 땡처리, 제조/수입업체의 과다 재고 또는 약간의 하자가 있는 상품들이다. 깔세에 대한 자세한 정보를 얻기 위해서는 깔세114(www.ggalse.co.kr)나 깔세천사 위닛(kalse1004.com)에서 관련 정보를 얻을 수 있다. 이 사이트에서는 전국 깔세 관련 정보와 각종 깔세 판매용 상품의 매입, 판매가 이루어진다. 일반 유통에서는 접할 수 없는 각종 시장 바닥 정보들이 돌아다니므로 음지 유통에 대한 정보를 얻기에도 좋다.

깔세는 자리와 상품만 잘 선정하면 대박이 날 수도 있다. 좋은 조건의 덤핑, 땡처리 상품을 지속적으로 확보할 수 있는 업체라면 직원이나 단기 판촉사원을 써서 판매를 해보는 것도 추천한다. 정식 유통 채널에서 연 1억 원을 버는 것과 힘들고 주변 지인들에게 인정은 못 받아도 깔세 판매로 연 5억 원을 버는 것 중 어느 쪽이 더 나을까?

깔세114

특수한 판매 채널
이런 판매 채널도 있나요?

대개의 유통 채널에서는 정품을 판매하지만 중고품을 전문으로 거래하면서 엄청나게 성장한 유통 채널이 있다. 네이버 온라인 카페 중고나라와 모바일 앱 번개장터가 그런 경우인데, 중고나라는 네이버 온라인 카페 중에서 회원수가 가장 많다(2021년 4월 기준 회원수 1,865만 명).

최근에는 지역 기반의 중고거래 어플인 당근마켓이 누적 다운로드 수 1,000만 명을 넘어서서 중고나라의 아성을 위협하고 있다. 당근마켓은 일반 소비자들의 거래가 원칙이나 상업적 판매자들의 판매활동도 점점 높아지고 있다.

중고나라의 경우 개인간 C2C(Customer to Customer) 중고 거래 위주로 성장했고 아직도 중고 거래가 주를 이루고 있지만 중고가 아닌 개인간 C2C 정품 거래도 활발히 이루어진다. 보통 정품의 경우 '미개봉 신상'이라는 문구로 포장되어 거래가 이루어지는데 온라인 가격 비교에 노출되지 않기 때문에 시장 가격에 혼란을 주지 않고, 급하게 재고를 처분할 때 또는 정식 유통 채널에서 판매하지 못하는 사연이 있는(?) 상품을 판매할 때 유용하다. 또한 예전과 달리 요즘에는 개인간 C2C 중고품 거래에서 나아가 B2C(Business to Customer)로 상품 공급 업체들이 카페 운영진과의 제휴 하에 카페 내에서 정품 공동구매도 진행하고 있다. 1,800만 명이라는 엄청난 고객 기반이 있는 것이 최대 장점이다. 필자의 지인 중에도 중고나라에서만 월 1천만 원 이상 매출을 올리는 사람이 꽤 있다.

중고나라

번개장터는 본래 중고나라와 비슷한 콘셉트의 개인간 C2C 중고 장터 모바일 어플리케이션(앱)이었으나 중고나라와 마찬가지로 중고품 거래

뿐만 아니라 정품 거래로도 카테고리 영역을 확대해 운영하고 있다. 개인 간 C2C 비즈니스 시장의 가능성을 높게 본 네이버에서 2013년 번개장 터를 인수하여 운영하고 있다.

번개장터의 경우 화장품, 뷰티, 패션 상품 등 젊은층, 특히 20대 여성 을 타깃으로 하는 상품의 인기가 높다. 번개장터의 앱 다운로드 횟수도 2017년 11월을 기점으로 1천만 번을 넘어서서 중고나라와 마찬가지로 고객 기반이 탄탄하다.

번개장터에서 거래할 때는 거래에 대한 수수료는 없으나 구매자는 결 제 시 네이버페이를 필수적으로 이용해야 한다. 네이버페이 수수료는 신 용카드나 핸드폰 결제 시 3.5%, 계좌이체 시 2%, 무통장 입금 시 1%가 적용된다. 번개장터와 비슷한 콘셉트의 개인간 C2C 기반 중고 상품 거래 모바일 앱으로 헬로마켓도 있다.

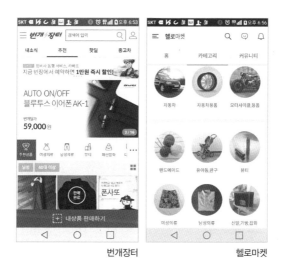

번개장터   헬로마켓

중고나라, 번개장터, 헬로마켓 모두 온라인 가격 검색 시 노출이 되지 않는 유통 채널로서 판매하는 상품의 가격대가 검색되는 온라인 최저가 대비 낮아야만 판매가 일어난다. 번개장터와 헬로마켓의 경우 지속적으로 성장하고 있는데 아직 오픈마켓이나 소셜커머스처럼 경쟁이 치열한 상황은 아니기 때문에 해당 유통 채널과 콘셉트가 맞는 상품을 가진 사업자는 빨리 뛰어들 것을 추천한다.

필자의 지인은 매번 추석이나 설날 시즌에 중고나라, 번개장터, 헬로마켓에서 홍삼 등 건강식품 판매로 수천만 원의 매출을 올린다고 한다. 이런 매출은 지인이 취급하는 홍삼이 온라인 최저가 대비 꽤 저렴하기 때문에 가능한 일이며, 이때 상품을 어떤 조건으로 공급받을 수 있느냐가 중요하다. 번개장터의 경우 광고를 통한 상위 노출 작업이 있어야 큰 매출을 기대할 수 있는데 현재 광고 비용이 타 유통 채널 대비 상대적으로 저렴하니 적극 이용하는 것이 좋다.

카카오스토리 채널, 네이버 밴드 공동구매에 이어 최근에는 공동구매 모바일 앱도 활성화되고 있다. 번개장터, 헬로마켓이 개인간 C2C 중고품 거래 기반의 앱인데 반해 이런 공동구매 모바일 앱은 카카오스토리 채널, 네이버 밴드의 공동구매를 모바일 앱에서 구현했다고 볼 수 있다. 실제로 카카오스토리 채널을 운영하는 많은 업체들이 공동구매 모바일 앱을 동시에 운영하고 있다. 하지만 아직까지는 시작 단계로 카카오스토리 채널 공동구매처럼 큰 매출이 나오고 있지는 않다. 이런 모바일 앱의 경우 페이스북 등 각종 SNS에서 광고를 해야 다운로드를 유도할 수 있기 때문에 광고비 집행이 필수다.

대형 카카오스토리, 네이버 밴드 공동구매 운영자가 이런 모바일 앱을 동시에 운영하는 이유는 플랫폼 사업자(카카오, 네이버)로부터의 영향력을 줄이기 위해서다. SNS 채널은 생명 주기가 있기 때문에 언제 트렌드가 바뀔지 모르고, 플랫폼 사업자가 운영 정책을 변경할 경우 심각한 타격을 받을 수 있기 때문이다. 또한 카카오스토리, 네이버 밴드와 달리 모바일 앱의 경우 콘텐츠가 회원에게 100% 도달된다는 장점이 있다.

모바일 앱의 경우 플레이스토어상에서 조회되는 다운로드 수에 현혹되기 쉬운데 이 경우는 삭제되지 않고 유지되는 잔존율을 생각해야 한다. 100만 명이 다운로드를 받았다 하더라도 실제로 앱을 사용하는 유저는 100만 명보다 적기 때문이다. 매출이 잘 나온다고 알려진 공동구매 앱들의 경우 회원수를 유지하고 공동구매 앱을 활성화시키기 위해서 지속적으로 막대한 광고비 집행을 하고 있다.

공동구매 앱의 다운로드 회원수가 진성인지 허수인지 파악하는 방법은 공동구매 상품의 구매 후기 수나 플레이스토어에서 검색했을 때 해당 공동구매 앱의 리뷰 수로 어느 정도 예측해볼 수 있다. 가령 몇십만 명이 다운로드했는데 상품 구매 후기나 리뷰 수가 현저히 적을 때는 다운로드 회원수가 허수가 아닌지 의심해봐야 한다.

보통 매출이 많이 나오는 공동구매 앱은 생활정보 및 기타 콘텐츠도 제공해주면서 공동구매를 하는 앱보다는 오로지 공동구매만 하는 앱들이다. 이들 매출이 많이 나오는 앱들은 마케팅과 광고에 정말 많은 비용을 쓴다. 역으로 이야기하면 마케팅과 광고에 별로 투자하지 않는 앱에는 입점해서 판매를 해봐야 매출이 미미하다는 것이다. 아직까지 매출이 정말 많이 나오는 앱은 손으로 꼽을 정도다. 카카오스토리 채널이나 네이버 밴드 공동구매처럼 앱 공동구매가 활성화되지는 않았지만 이들의 뒤를 이을 차세대 판매 모델로서 상승 트렌드를 타고 있기 때문에 관심을 기울일 필요가 있다.

대표적인 공동구매 앱

심쿵할인(다운로드 수 100만~500만 건)

공구마켓(다운로드 수 100만~500만 건)

할인중독(다운로드 수 100만~500만 건)

미스할인(다운로드 수 100만~500만 건)

※ 심쿵할인/공구마켓/할인중독 입점 제안 : https://www.jasondeal.kr

심쿵할인   할인중독

잔여 재고 처리 방법

손실을 최소화하면서 팔 수 있는 루트는?

상품을 유통하다 보면 항상 잔여 재고가 남게 된다. 판매량 예측에 실패해서 남게 되는 과다 재고, 판매 후 일부 남게 되는 자투리 재고, 유통기한 임박 재고 등 필수적으로 처리해야 할 재고가 발생할 수밖에 없다. 이런 재고는 제조/유통업체에게는 골칫거리다. 잔여 재고는 가지고 있으면 있을수록 창고 비용과 재고 관리 비용이 증가하고 상품성이 감소하여 손해가 발생할 수밖에 없는 구조이므로 손실을 최소화하면서 빨리 처리해야 한다.

잔여 재고는 보통 '땡처리', '덤핑'이라고 하여 제값보다 훨씬 낮은 가격으로 판매되는데 온라인/오프라인 도매업자에게 넘기는 경우 짧은 시간에 깔끔하게 그러나 헐값으로 넘기게 된다. 반면 소매로 소비자에게 판매하게 되면 도매업자에게 넘길 때보다는 가격을 제대로 받을 수 있는 반면에 시간이 더 걸리며 깔끔하게 모든 재고를 소진하지 못할 수도 있다.

도매업자에게 넘기는 방법은 가공식품이나 가정·생활용품의 경우 화곡동 도매시장, 영등포 식품 도매시장, 부천 생활용품 도매시장 등에 있는 오프라인 땡처리 매입 업자들에게 판매할 수 있으나 번거롭고 귀찮기 때문에 비추하고, 차라리 온라인에 있는 땡처리 매입 업자에게 넘기는 편이 더 낫다.

온라인으로 땡처리 사업자를 만날 수 있는 루트

① 깔세 정보 사이트

깔세114 : www.ggalse.co.kr

깔세천사 위닛 : kalse1004.com

② 네이버 유통 카페

유통노하우연구회 : https://cafe.naver.com/aweq123

유통과학연구회 : cafe.naver.com/dbstnzld1

온라인유통센터 : cafe.naver.com/zelpia

③ 유통 관련 카카오톡 오픈 채팅방, 네이버 밴드

깔세 정보 사이트에는 각종 깔세 정보들이 오가는데 땡처리, 덤핑 상품들이 주로 거래되다 보니 전문 땡처리 매입 업자도 많이 있다. 게시판을 검색하다 보면 땡처리 업자들을 찾을 수 있는데, 내가 땡처리 글을 올려서 직접 찾을 수도 있다. 유통노하우연구회나 유통과학연구회 같은 네이버 유통 카페에서도 땡처리, 덤핑 상품들이 거래되므로 여기에서 땡처리 업자에게 연락하거나 게시판에 판매 글을 올려도 된다. 마찬가지로 카카오톡 오픈 채팅방과 네이버 밴드에서도 내가 처리할 상품에 대한 정보를 올리고 구매할 사람을 찾을 수 있다.

지금까지는 도매업자에게 판매하는 방법이고, 만약 재고 처리 시간에 여유가 있고 가격을 조금이라도 더 받고 싶다면 일반 소비자에게 판매하는 것이 좋다. 오픈마켓이나 소셜커머스 등 정규 온라인 채널에서 판매하게 되면 브랜드 가치가 손상되고 가격이 노출되기 때문에 좋지 않다. 따라서 땡처리나 덤핑 상품을 전문으로 판매하는 떠리몰(www.thirtymall.com), 이유몰(www.eyoumall.co.kr), 반품몰(www.banpummall.com) 같은 처분몰에서 판매하는 것을 추천한다. 또는 우리나라 매출 1등 도매몰인 도매꾹(domeggook.com)의 덤핑 상품 기획전 등을 이용해도 된다.

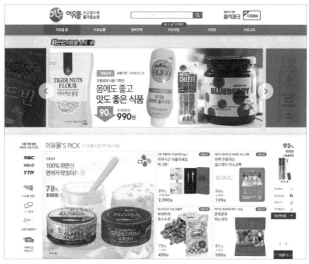

이유몰

'도매꾹'의 덤핑, 땡처리 상품전

덤핑(땡처리) 상품이 나오는 유통 구조

① 일반 가공식품 & 생활용품

과자, 음료, 라면 등의 일반 가공식품과 세제, 물티슈 등의 일상 생활용품은 업체가 자체 유통망을 통해 유통하거나 외부 대리점을 통해서 유통한다. 자체 유통망을 통해서 유통하는 경우에는 유통망에 들어가는 막대한 비용 때문에 중견 기업 이상 대기업으로 한정할 수 있는데, 생산 공장에서부터 상품을 판매하는 소매점에 이르기까지 모든 유통 과정에 자사 직원들이 직접 관여한다.

반면 중소 규모의 일반 기업들은 막대한 비용이 드는 자체 유통망을 만들기 어렵기 때문에 외부 대리점을 통해 상품을 유통하게 된다. 이런 대리점, 총판 체제는 자체 유통망 체제에 비해 조직력은 약하지만 막대한 비용을 절감할 수 있다. 또한 자사 상품을 좀 더 많이 취급하도록 하기 위해 판매 지원금 또는 사은품을 지급하기도 한다. 판매 지원금 및 사은품을 받기 위해서는 일정량의 매출 목표를 달성해야 하기 때문에 대리점에서 청량리/화곡동/영등포 도매시장이나 전문 땡처리 업자에게 덤핑으로 판매하는 경우도 있다.

자체 유통망 구조에서도 업체 지점의 영업 담당자가 내부 매출 목표를 맞추기 위해 은밀히 위의 도매시장이나 땡처리 업자에게 덤핑으로 판매하기도 한다. 이것을 '밀어내기'라고 하는데 기존의 유통 질서를 흐리기 때문에 대기업/중견 기업에서 강력하게 관리해서 많이 사라졌지만 아직도 음성적으로 진행되는 상황이다. 그 밖에도 유통기한 임박 상품이나 과다하게 재고를 보유한 상품이 덤핑 시장에 나오기도 한다.

② 의류/잡화 & 수입 상품

의류/잡화 및 수입 상품의 경우 홈쇼핑, 대형 마트, 백화점, 할인점 등 대형 유통 채널에서 판매 목표에 맞춰서 준비한 물량이 많이 남았을 때, 식품의 경우 유통기한이 임박하거나 신속한 재고 소진이 필요한 상황일 때 온라인/오프라인 덤핑 시장으로 나오는 경우가 많다. 일반적으로 정말 메리트 있는 덤핑 상품은 일반인에게까지 차례가 오지 않고 대량 물량을 소화해줄 수 있는 전문 덤핑 업자에게 판매된다. 전문 덤핑 업자는 하부의 유통업자에게 마진을 붙여서 넘기거나 소비자에게 직접 판매한다.

Key Point

- 온라인 유통 채널에 입점했다고 해서 상품이 팔리는 것은 아니다. 온라인 판매에 필요한 판매 기법을 공부하여 직접 실행해보지 않으면 좋은 매출을 기대하기 어렵다. 항상 새로운 유통 채널, 유통 판매 기법에 대해 관심을 기울여라.

- 중소기업이라면 대형 유통 채널 입점뿐만 아니라 매출은 좀 적더라도 틈새 유통 채널에 관심을 기울여야 한다. 대형 유통 채널에 입점할 발판을 만들 수 있다.

  → 카카오스토리 채널/네이버 밴드/네이버 카페 공동구매, 인스타그램/블로그 판매, 모바일 앱/번개장터/깔세/페이스북 판매

- 네이버 스마트스토어는 반드시 직접 운영해보아야 한다. 광고비 투자 없이 네이버의 엄청난 고객 기반을 활용할 수 있으며, 내 소유의 쇼핑몰을 가질 수 있는 최고의 기회다.

- 전 국민이 사용하는 카카오에서 판매할 수 있는 카카오 커머스를 적극

활용하라. 카카오에서도 카카오 커머스에 대해 적극 육성하고 있다.

→ 카카오 선물하기/카카오 스타일/카카오 메이커스/카카오 파머/ 카 카오톡 스토어

• 유통에서 인맥의 중요성은 간과할 수 없다. 좋은 유통 인맥은 내 상 품을 판매해줄 수도 있고, 우수한 상품을 나에게 공급해줄 수도 있다.

→ 네이버 온라인 유통 카페, 유통 관련 카카오톡 오픈 채팅방/네이버 밴드, 각종 유통/사업자 모임

Part 7

온라인/오프라인
유통/마케팅
실전 7대 노하우

네이버 활용 홍보/마케팅 1
거인의 어깨에 올라타라 1

우리나라에서 홍보/마케팅 분야에 가장 크게 영향력을 미치는 매체는 어디일까? 조선일보, 중앙일보, 동아일보? MBC, KBS, SBS? 모두 아니다. 정답은 '네이버'다. 우리나라 검색시장의 80% 이상을 차지하는 네이버의 영향력은 상상을 초월한다. 우리도 일반적으로 무엇에 대해 알아보거나 정보를 얻고자 할 때 네이버에서 검색해본다는 점을 생각하면 쉽게 이해가 될 것이다.

유통 마케팅에서도 막강한 힘을 가진 네이버를 잘 활용하면 큰 성과를 낼 수 있다. 나의 비즈니스 또는 상품을 홍보/마케팅한다고 할 때 TV, 신문 및 기타 매체에서 홍보/마케팅하는 것과 네이버에서 홍보/마케팅하는 것 중 어느 쪽이 더 효과가 있을까? 필자라면 당연히 네이버를 선택한다. 다른 매체에서는 일회성일 확률이 높지만 네이버에서의 홍보/마케팅은 네이버의 데이터베이스에 저장되어 지속적으로 노출되는 효과를 볼 수 있다.

네이버에서는 사업자들을 위해 많은 무료 홍보/마케팅 프로그램을 제공하고 있는데 이러한 프로그램을 제대로 활용하는 사업자는 극소수에 불과하다. 네이버의 무료 홍보/마케팅 프로그램을 사용할 때 가장 좋은 점은 네이버에서 제공하는 프로그램이기 때문에 당연히 네이버에서의 검색 노출에 있어서 더 유리하다는 것이다. 네이버의 무료 마케팅/홍보 프로그램들에 대해 자세히 설명하자면 책 한 권으로도 부족하기에 여기서는 간단하게 핵심만 다루어보겠다.

필자는 네이버의 각종 무료 프로그램들 중 다음에 소개하는 네이버 스마트플레이스, Modoo, 네이버 TV, 쇼핑 윈도, 스마트스토어 등은 반드시 이용할 것을 추천한다.

| 네이버 스마트플레이스

네이버 스마트플레이스는 한마디로 네이버 검색 등록에 나의 사업체를 등록하는 것이다. 고객이 네이버에서 나의 사업체를 검색했을 때 홈페이지 주소가 나오고 지도도 나오게 할 수 있다. 만약 고객이 네이버에서 내 사업체를 검색했는데 아무 정보도 나오지 않는다면 고객에게 신뢰를 주기가 힘들 것이다. 반면에 실제 사업체 규모가 작다 할지라도 일단 네이버에서 검색했을 때 많은 정보가 나온다면 고객의 신뢰도는 높아진다.

필자의 지인이 킴스글로벌마트라는 사업체를 운영하는데 네이버 스마트플레이스에 등록해놓았다. 네이버에서 킴스글로벌마트를 검색하면 다음과 같이 정보가 나온다.

킴스글로벌마트는 각종 생활용품을 판매하는 중소 업체다. 그런데 예비 고객 또는 비즈니스 파트너가 킴스글로벌마트에 대한 정보를 얻기 위해 네이버에서 검색했는데 위와 같이 나온다면 어느 정도 신뢰를 가질 수 있을 것이다. 그러나 킴스글로벌마트를 검색했는데 아무 정보도 나오지 않는다면 신뢰가 생기기 힘들 것이다. 네이버 스마트플레이스 등록은 사업자라면 반드시 해야 할 필수 사항이다.

① 사이트 등록

네이버 웹마스터 도구(webmastertool.naver.com)로 가서 네이버 ID로

로그인한 후 들어가면 1개의 ID로 10개까지 사이트를 등록할 수 있다.

② 지도 등록

네이버 ID로 로그인한 후 네이버 Smart Place(smartplace.naver.com)에 들어가서 지도를 등록할 수 있다. 지도 정보 등록에서 특히 대표 키워드는 신중하게 정해야 한다. 대표 키워드에 등록된 키워드들을 검색할 때 나의 사업체가 나오게 되기 때문이다. 특히 오프라인 사업도 병행하는 업체는 네이버 지도를 통해서 고객이 유입되는 경우가 많고, 네이버의 고객 상담 서비스인 네이버 톡톡과 예약 솔루션인 네이버 예약과 연동이 가능하기 때문에 더욱 중요하다.

'네이버 스마트플레이스' 지도 등록 화면 일부

| 네이버 무료 홈페이지 Modoo

소규모 중소기업 입장에서 별도의 홈페이지를 운영하는 것은 쉽지 않
은 일이다. 제작, 유지 보수, 관리 등에 들어가는 노력과 비용 등 여력이
없는 중소기업 입장에서 홈페이지 운영은 골치 아픈 일일 수밖에 없다.
그러나 사업을 하는 회사가 홈페이지 하나 없다는 것은 업체 신뢰도에 부
정적인 영향을 줄 수 있다. 이때 효과적으로 활용할 수 있는 것이 바로 네
이버 무료 홈페이지 서비스인 Modoo다.

Modoo는 제작 비용 0원, 호스팅 및 도메인(XXXXXX.modoo.at 형식)
비용 0원으로 제작 및 운영 비용이 완전 무료다. 그렇다고 해서 기본적인
기능이 떨어지는 것도 아니다. 일반 홈페이지 제작처럼 복잡하거나 어렵
지도 않다. 일반인도 네이버, 구글에서 'Modoo 만드는 법'을 검색해보고
따라하면 쉽게 만들 수 있다. 네이버에서 Modoo를 출시한 이후로 저가
홈페이지 제작업체들은 엄청난 타격을 입고 거의 사라진 상태다. 네이버
ID 1개당 3개의 무료 홈페이지를 제작할 수 있다.

316

네이버 Modoo는 네이버에 완벽하게 최적화되어 있어서 일반 홈페이지에서 네이버 노출을 위해 지불하는 홈페이지 최적화 비용도 발생하지 않는다. 네이버 Modoo는 사이트, 지도 등록이 자동으로 진행되고 네이버 검색에 자동 노출되며, 네이버의 기타 서비스와도 무리 없이 연동될 뿐만 아니라 전화, 채팅, 상담 등 중소 사업자가 필요로 하는 기본 기능이 모두 제공된다. SNS 시대에 걸맞게 페이스북, 인스타그램과도 연동된다.

네이버 Modoo의 PC 버전 화면은 솔직히 깔끔하게 나오지는 않지만 모바일 버전은 완벽하게 최적화되어 있다. 최근에는 모바일 검색을 통한 쇼핑이 주류를 이루기 때문에 네이버 Modoo는 활용 가치가 더욱 높다. 네이버 Modoo에 네이버 스마트스토어를 연동할 수 있으므로 Modoo 홈페이지 유입 고객을 바로 매출로 전환시킬 수도 있다. 관리 비용이 부담스러워 홈페이지를 운영하지 못하고 있는 소규모 중소기업은 반드시 Modoo 홈페이지를 만들어서 활용할 것을 권한다.

네이버 Modoo는 www.modoo.at/home에서 네이버 ID로 로그인한 후 만들 수 있다.

킴스글로벌마트의 Modoo 홈페이지(PC 버전)

네이버 활용 홍보/마케팅 2
거인의 어깨에 올라타라 2

네이버에는 마이 비즈니스와 Modoo 외에도 중소 사업자에게 유용한 홍보/마케팅 수단이 많다. 네이버 TV와 네이버 쇼핑 윈도가 바로 그것이다.

| 네이버 TV

보통 동영상 홍보를 생각할 때 유튜브를 떠올린다. 물론 유튜브가 세계 1위의 동영상 플랫폼이지만 네이버에서 동영상으로 무언가를 홍보하고자 할 때는 유튜브보다 네이버 TV를 통한 홍보가 더 유용하다. 네이버 동영상 영역 노출은 고객에게 내 상품, 내 브랜드를 영상으로 지속적으로 홍보하는 데 있어 아주 중요하다.

네이버 동영상 영역의 노출 우선 순위는 '네이버 TV 〉 네이버 카페/블로그 〉 유튜브 〉 판도라 TV' 순이다. 네이버 TV는 노출 최우선 순위다. 일반적으로 검색 노출 시 가장 중요한 것이 키워드인 것과 마찬가지로 네이버 TV 상위 노출도 네이버 TV에 올릴 동영상 제목의 키워드가 가장 크게 영향을 끼치며, 다음으로 최신 업데이트 영상 그리고 동영상 조회수 순이다. 네이버 TV 채널을 개설하게 되면 채널 명으로 사이트(tvcast.naver.com/XXXXX 형식)가 생성되고 자동적으로 네이버 통합검색 영역에 노출된다. 채널 명에 등록한 키워드에 따라 네이버 통합검색의 사이트 영역에 노출되기 때문에 키워드를 등록할 때는 나의 비즈니스와 관련있고 검색이 많이 되는 키워드를 등록해야 한다.

유튜브의 경우 누구나 쉽게 채널을 만들고 동영상을 올릴 수 있는 반면에 네이버 TV는 채널을 개설할 때 네이버의 심사(2~3일 소요)를 거쳐야 하므로 다소 까다롭다고 할 수 있다. 상품의 가격이나 상품명을 노골적으로 보여주는 상업성 콘텐츠는 심사에서 떨어질 확률이 높고, 간접적으로 은밀하게 정보를 알려주는 동영상의 경우에는 통과될 확률이 높다. 채널을 개설하는 과정이 힘든 반면 일단 통과만 되면 네이버 통합검색의 동영상 영역에 상위 노출이 가능하다. 또한 아직까지는 네이버 TV 동영상 홍보에 뛰어든 기업이 적기 때문에 상대적으로 경쟁률이 낮아서 투자 노력 대비 큰 효과를 볼 수 있다.

네이버 TV가 마케팅/홍보 수단으로서 유용한 이유는 동영상 자체가 고객의 반응을 불러일으키기 좋기 때문이다. 내 상품과 브랜드를 네이버 TV를 통해 동영상으로 홍보하면 고객의 뇌리에 각인시키기 쉬우며, 더 나아가 추후 어디선가 내 상품에 대한 판매 글을 봤을 때 구매로 이어지게 하기도 쉽다.

　네이버 TV 채널 개설은 studio.tv.naver.com/join에서 네이버 ID로 로그인한 후 개설 신청을 하면 2~3일 후 통과 여부를 알 수 있다.

　탈모샴푸를 구매하고자 하는 예비 고객이 있다고 가정해보자. 이들이 아래와 같은 네이버 동영상 영역의 콘텐츠들을 본 후에 이것이 만족스럽다면 해당 탈모샴푸를 구매할 가능성은 더욱 높아지게 될 것이다. 탈모샴푸 관련 동영상들 중에는 실제로 탈모샴푸에 대한 정보를 주는 콘텐츠도 있지만 그것은 일부에 불과하고, 정보를 주는 척 포장하면서 사실은 본인

탈모샴푸 키워드로 검색 시 네이버 동영상 영역 노출

의 샴푸를 노골적으로 또는 은근히 홍보하는 네이티브 마케팅을 하는 콘텐츠가 다수다. 냉정하게 생각해보면 본인에게 아무 이익도 없는데 순수하게 탈모 관련 정보를 주고자 힘들게 동영상까지 촬영·편집해서 사이트에 올리는 사람이 과연 있을지 의문이다.

네이버 동영상 영역에서는 유튜브에 올린 동영상들이 네이버 TV에 올라온 콘텐츠들 대비 노출 순위가 뒤로 밀린다. 그렇다고 유튜브에 동영상을 올리지 말라는 것은 아니다. 네이버 외에 다른 곳에서 검색하는 경우에는 유튜브 동영상이 네이버 TV 동영상보다 더 유용할 확률이 높다.

| 네이버 쇼핑 윈도

네이버에서 소상공인 및 중소 사업자와의 상생을 내세우며 밀어주는 플랫폼이 바로 쇼핑 윈도다. 네이버 기본 화면 상단의 '쇼핑' 탭을 클릭하면 다음 페이지의 그림과 같이 나온다.

쇼핑 윈도 서비스는 2014년 12월에 출시되었는데 출시 초기부터 중소 오프라인 상점들의 쇼핑 윈도 입점을 적극 장려했고, 현재 1만 개 이상의 온라인/오프라인 매장들이 쇼핑 윈도에 입점해서 막대한 매출을 올리고 있다. 쇼핑 윈도의 경우 스마트스토어보다 입점 조건이 까다로우나 입점만 하면 고객 노출 측면에서 스마트스토어보다 훨씬 유리하다. 게다가 중소 상공인, 중소기업과 상생한다는 좋은 취지를 가지고 있기 때문에 네이버에서도 적극적으로 밀어주고 있다.

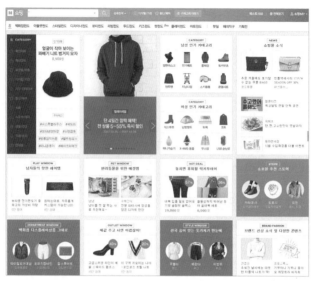

네이버 '쇼핑 윈도' 화면

네이버 쇼핑 윈도에는 중소 업체만 있는 것은 아니고 백화점 윈도, 아울렛 윈도를 통해 유명 백화점과 아울렛도 입점해 있어서 네이버 쇼핑 윈도에 들어오면 중소기업 상품뿐만 아니라 유명 브랜드 상품도 모두 만나볼 수 있는 장점이 있다. 유명 브랜드 상품을 보러 쇼핑 윈도에 들어왔다가 매력적인 중소기업 상품을 추가로 구매할 수도 있다.

네이버 쇼핑 윈도는 다음과 같이 구성되어 있다.

① 백화점 윈도 : 오프라인 백화점 안에 있는 브랜드

② 아울렛 윈도 : 오프라인 아울렛 안에 있는 브랜드

③ 스타일 윈도 : 오프라인 매장에서 판매하는 의류/잡화 상품군

④ 디자이너 윈도 : 국내에서 활동 중인 디자이너의 의류/패션잡화 상

품군

⑤ 뷰티 윈도 : 화장품/바디/헤어/네일/미용 소품/향수 등 뷰티 상품군

⑥ 리빙 윈도 : 오프라인 매장에서 판매하는 가구/생활/침구/주방/인테리어 소품/디자인 문구 등 리빙 상품군

⑦ 푸드 윈도 : 생산자가 직접 생산하여 산지에서 고객에게 직배송되는 식품 관련 상품군

⑧ 키즈 윈도 : 어린이 제품 안전 특별법 및 시행령에 부합하는 유아동 관련 상품군으로 오프라인 매장 또는 브랜드 본사, 공식 수입원, 공식 대리점이 직접 판매하는 상품군

⑨ 펫 윈도 : 사료/간식/애완 패션/리빙용품 외에 강아지/고양이를 위한 상품군(햄스터 등의 소동물, 곤충, 관상어용품은 미취급)

⑩ 플레이 윈도 : 디지털/스포츠/취미(키덜트)/자동차용품 상품군이며 인지도 있는 브랜드 상품, 특별한 혜택이 있는 상품, 신기한 얼리어답터 상품

⑪ 아트 윈도 : 회화/판화/아트 포스트/아트 상품/디자인 상품/공예품/사진

⑫ 해외직구(윈도) : 해외에서 판매하는 패션/뷰티/리빙/유아동/식품 관련 상품군

쇼핑 윈도는 스마트스토어처럼 쉽게 입점할 수 있는 것이 아니라 각 쇼핑 윈도의 입점 조건을 잘 살펴보고 조건에 맞아야 입점할 수 있다. 가령 스타일 윈도, 리빙 윈도, 키즈 윈도, 백화점 윈도, 아울렛 윈도는 오프

라인 매장 운영이 필수 조건이다. 세부적인 입점 조건은 네이버 쇼핑(pc.
shopping2.naver.com)에 들어가서 최하단에 있는 '입점 안내', '쇼핑 윈도
노출 안내'를 확인하면 된다. 수수료 또한 스마트스토어처럼 네이버페이
결제에 따른 수수료만 부과돼서 타 유통 플랫폼 입점보다 훨씬 유리하다.

  본인의 상품이 네이버 쇼핑 윈도 입점 조건에 맞는다면 반드시 입점
하고, 입점 조건에 약간 미흡하다면 보완해서 입점하길 추천한다. 입점
만 하면 경쟁이 치열한 네이버 스마트스토어보다 더 노출이 잘되고 매출
도 좋다.

리빙 윈도(모바일 버전)   스타일 윈도(모바일 버전)

상세 페이지 작성 기법
온라인 유통에서는 상세 페이지로 판매한다

오프라인에서 상품을 구매할 때는 상품을 눈앞에서 볼 수 있고 만져볼 수도 있다. 하지만 상품 패키지에 표기되어 있는 정보 외에는 추가 정보를 알 수가 없고, 그나마 상품 패키지도 반드시 읽어본다는 보장이 없다. 반면 온라인 판매 시에는 상품을 만져볼 수는 없지만 상세 페이지에 상품에 대한 정보를 충분히 넣어서 고객에게 설명할 수 있다. 온라인에서는 상품이 아무리 우수해도 상세 페이지가 좋지 않으면 판매가 쉽지 않고, 반대로 상품은 보통 수준이라도 상세 페이지를 잘 만들면 판매가 훨씬 잘될 수 있다. 특히 상세 페이지에 동영상을 넣는 것이 요즘 트렌드다. 기존 상세 페이지로 설명할 수 없었던 부분을 동영상으로 표현할 수 있고, 일반적인 텍스트 문구보다 고객에게 어필하기도 쉽다. 비용적인 부분만 잘 고려된다면 상세 페이지에 동영상을 넣는 것은 상품 판매에 아주 유리하다.

필자가 만나본 오프라인 유통 기반의 사장님들은 본인의 상품에 대한 엄청난 자신감으로 인해 온라인으로 판매를 시작할 때 상세 페이지 및 구매 후기의 중요성을 간과하고 상세 페이지를 대충 만드는 경향이 있었다. 판매는 당연히 잘되지 않았고 본인의 상품은 온라인 판매로는 맞지 않고 오프라인 판매가 맞다는 이상한 결론을 내리는 경우도 많았다. 필자가 만약 어떤 상품을 신규로 출시해서 판매한다고 하면 고객을 끌어들일 수 있는 매력적인 상세 페이지 작성에 모든 역량을 집중할 것이다. 유통 채널 확보, 유통 채널별 광고 이런 것은 그 다음이다. 상세 페이지가 고객을 끌어들일 만큼 매력적이지 않으면 아무리 많은 온라인 유통 채널에 입점하고 막대한 광고비를 집행한다 해도 판매가 제대로 될지 장담할 수 없기 때문이다.

상세 페이지를 잘 만드는 방법 중에서 가장 기본적인 것은 기존에 효과가 검증된 매력적인 상세 페이지를 벤치마킹하는 것이다. 오픈마켓, 소셜 커머스, 카카오스토리 채널 공동구매, 각종 공동구매 앱 등에서 내가 취급하는 상품과 비슷한 상품군인데 매출이 우수하고 고객 구매 후기가 많으며 상세 페이지에 고객이 끌릴 만한 요소를 잘 녹여넣은 상품들을 찾아서 장점들을 벤치마킹하면 된다.

순식간에 고객을 끌어들이는 매력적인 상세 페이지들은 각종 공동구매 채널과 소셜커머스에 많이 있는데, 수백 개의 잘 만든 상세 페이지를 보다 보면 고객에게 쉽게 어필하는 상품의 상세 페이지에는 어떤 특징이 있는지 차츰 보이기 시작할 것이다. 상품 이미지, 카피 문구, 상품 설명 기법, 고객 구매 후기를 녹여넣는 방법 등 우수 상세 페이지의 특징을 잘 벤치마킹하는 것이 중요하다. 또한 모바일에서 보는 고객이 많기 때문에 글자 폰트 및 이미지와 색상에도 신경을 써야 하는데, 특히 글자 폰트는 크게 하는 것이 좋다.

매력적인 상세 페이지는 먼저 이미지가 좋아야 한다. 보통 온라인 판매 시에 상품의 대표 이미지가 뜨고 추가로 서브 이미지가 몇 개 보이게 된다. 이 이미지에서 고객을 끌지 못한다면 긴 상세 페이지를 읽는 단계로 넘어가기 어렵다. 대표 이미지와 서브 이미지 및 기타 상세 페이지에 사용하는 이미지의 경우 비용이 좀 들더라도 제대로 만들어야 한다. 비용을 절감한다는 명목으로 이미지 작업 비용을 줄인다면 매출도 포기해야 할 것이다.

요즘 상세 페이지의 트렌드는 '예쁘게'나 '맛있게'가 아닌 '리얼'한 후기가 들어간 사진이나 영상이 효과적이다. 내 상품이 이런 이런 좋은 기능이 있다고 백날 떠들어봤자 고객은 광고로만 느끼기 때문에 기존에 상품을 사용하거나 먹어본 사람의 리얼한 후기를 상세 페이지에 넣는 것이 판매에 더 도움이 된다.

먹거리의 경우에는 시식 후기와 함께 제조 공장의 청결한 관리 상태와 위생적인 제조 공정을 동시에 보여주고, 필요하면 예쁜 아기들이 맛있게 먹는 모습을 넣어주면 더욱 좋다. 기능성 뷰티 제품의 경우는 반드시 상품을 사용하기 전과 후의 비포/애프터 이미지 또는 영상을 보여주고, 이 기능성 제품을 사용하면 이러이러한 효과가 있다는 점을 어필해야 한다. 고객이 어떤 기능 때문에 상품을 산다고 했을 때 그 상품을 구매해서 사용하면 실제로 효과가 있는지가 가장 궁금할 것이다. 상세 페이지에 사용 전과 후의 사진/영상을 보여주면 고객에게 상품의 기능에 대한 확신을 주어 판매로 연결될 확률이 높아진다.

상품에 권위를 부여해줄 수
있는 허가서, 인증서, 수상 내
역, 유명인/유명 기관과의 제
휴 등이 있다면 상세 페이지에
해당 내용도 넣어주어 고객의
상품에 대한 신뢰를 높여준다.

상세 페이지 내 카피 문구의

허가서/인증서/수상/수출 내역 예시

한국/미국 FDA 등록, HACCP 획득, ISP 9001, 노동부장관 클린 인증, 경상도지사 품질 인증, 고객만족대상(지식경제부/환경부/교육과학기술부/머니투데이 등), 서울대 연구소 공동 개발, 2017 소비자가 선정한 품질만족대상, 2017 소비자 선정 최고 브랜드 대상, 미국/유럽 등 15개국 수출 등

표현도 중요하다. 가령 가공식품인 야채 호떡의 경우 "야채호떡인데 잡채가 들어가 있어 너무 맛있어요!" 이런 식의 일반적인 표현법보다는 "잡채가 들어가 있어 호떡 겉면에 간장 소스를 발라 먹는 것 같아요. 겉에 발라진 간장 소스와 잡채의 짭조름한 맛 그리고 기름에 튀겨진 바삭함이 최고입니다"라는 식으로 고객의 오감을 자극하는 문구를 넣어야 고객의 구매를 유도할 수 있다. 단순히 '맛있다', '최고다', '고객들이 좋아한다' 정도의 표현으로는 온라인 판매 시 고객에게 어필하기 어렵다.

또한 고객에게 상품의 장점 및 특징을 최대한 구체적으로 묘사해주어야 한다. 단순한 상품 설명으로는 실물도 없이 수많은 상품 중에서 선택을 받아야 하는 온라인 판매에서 고객의 눈길을 끌기 어렵다. "100% 스테인리스 젓가락"이라고 판매하는 것과 "인체공학적인 저중심 설계, 쌀한 톨도 놓치는 법이 없는 고강도 100% 301 스테인리스 젓가락, 히트다, 히트!" 이런 식으로 판매하는 것은 천지차이다. 상세 페이지에서 카피 문구 표현은 혼자서만 생각해내려고 고민하기보다는 앞에서도 언급한 것

처럼 잘되어 있는 다른 상세 페이지들을 벤치마킹해서 나의 상품에 맞게 조합해서 만들어내는 것이 효율적이다.

상세 페이지를 만들 때 주의할 점이 있는데 과대광고 및 저작권이다. 가령 다이어트 상품의 상세 페이지를 만들 때 '살이 빠진다' 같은 문구를 직접적으로 사용하면 과대광고로 걸린다. 또한 이미지와 동영상 저작권도 주의해야 하는데 TV나 케이블TV에 나온 영상을 그대로 캡처해서 허락 없이 상세 페이지에 사용하는 것도 불법이다. 과대광고, 저작권 등의 신고는 보통 내 상품의 경쟁사에서 하는 경우가 많으니 주의해야 한다. 처음 상세 페이지를 제작하는 중소 사업자의 경우 끌리는 상세 페이지를 만드는 데 집중하여 과대광고 및 저작권에 대한 규정을 위반해 나중에 낭패를 겪는 일이 종종 있으니 상기 내용에 대해 충분히 검토해보고 상세 페이지를 제작해야 한다.

간혹 상세 페이지를 만들기 위해 포토샵, 일러스트 등을 직접 배우는 사

고객을 유혹하는 매력적인 상세 페이지

장님도 있다. 중소기업에서 실전 판매를 할 때 보통 외부 업체에 상세 페이지 제작을 맡기기 때문에 사장님이 직접 포토샵이나 일러스트를 배우는 것은 비효율적이다. 그러나 상세 페이지 제작은 외부 디자인 업체에 의뢰하더라도 카피 문구 작성이나 전체적인 상세 페이지 기획은 사장님이 직접 하는 것이 좋다.

인터넷에서 검색해보면 상세 페이지 제작업체들이 많이 나오는데 가격도 업체별로 천차만별이다. 업체별로 접촉해서 지금까지 제작한 상세 페이지의 포트폴리오를 보고 제작 비용과 비교한 후 선택하면 된다. 물론 업체를 선택하기 전에 타 상세 페이지 벤치마킹을 통해 매력적인 상세 페이지가 대충 어떤 것인지에 대한 감은 가지고 있어야 한다.

저렴하게 일정 수준 이상의 상세 페이지를 만들고 싶다고 하면 크몽 (kmong.com) 같은 재능기부 사이트에서 '상세 페이지' 키워드로 검색해서 나오는 전문가들 중에 크몽에서 활동한 지 오래되고 구매 건수가 많고 구매평이 좋은 신뢰할 만한 전문가들 중에 선정하면 된다. 유통 전문 사이트인 온채널(www.onch3.co.kr)에서도 가성비 좋은 상세 페이지 제작

벤치마킹할 만한 상세 페이지

① 네이버 쇼핑 카테고리별 Best 100 상품
② 오픈마켓/소셜커머스 카테고리별 Best 100 상품
③ 카카오스토리 채널/네이버 밴드 공동구매 매출 우수 상품
④ 네이버 쇼핑 푸드 윈도 내 명예의전당 상품(신선식품/조리식품)
　→ 대표 이미지(썸네일), 상세 이미지, 구매 후기, 고객 Q&A도 철저히 연구하여 나의 상세 페이지에 구현해야 함.

이 가능하다. 최근에는 모바일 판매가 더욱 중요하기 때문에 상세 페이지가 모바일에서 어떻게 보이는지도 반드시 확인해야 한다.

온라인 유통 판매의 핵심은 상세 페이지의 메시지다. 더 많이 판매하기를 원한다면 매출로 검증된 우수한 상세 페이지들을 끊임없이 연구하고 벤치마킹해야 하며, 내 상세 페이지의 카피 작성 능력을 키워야 한다.

타깃 고객 발굴과 홍보
타깃 고객의 중요성

탈모 상품을 판매한다고 가정해보자. 탈모가 없는 사람에게는 아무리 가격이 저렴하고 효과가 좋은 탈모 상품이라도 판매가 되지 않을 것이다. 따라서 먼저 상품에 맞는 타깃 고객을 발굴하고 그들에게 집중적으로 홍보해야 한다. 타깃에 맞지 않는 사람에게는 아무리 홍보해봐야 무의미하기 때문이다.

그렇다면 타깃 고객은 어떻게 발굴할 것인가? 만약 나에게 광고/홍보 비용이 충분하다고 하면 타깃이고 뭐고 생각할 것 없이 TV 광고를 하면 된다. 하지만 광고/홍보 비용이 충분하지 않은 중소 사업자들은 타깃 고객을 발굴해서 그들에게 집중하는 것이 중요하다. 온라인이 발달하지 않은 시절에는 타깃 고객 발굴과 그들에게 집중해서 홍보하는 것이 어려웠지만 온라인이 발달한 지금은 상대적으로 쉽게 타깃 고객 발굴 및 홍보를 할 수 있다. 각종 네이버/다음 카페, 네이버 밴드, 카카오스토리 채널, 페이스북 페이지 등에서 내 상품의 카테고리와 맞는 타깃 고객을 찾을 수 있다.

| 네이버/다음 카페

네이버/다음에는 주제별로 많은 온라인 카페가 존재한다. 가령 주방용품, 식품류 등 주부 대상의 상품을 판매한다고 하면 네이버/다음의 각종 지역/전국 맘카페에 수많은 타깃 고객들이 있다. 이런 지역/전국 맘카페는 온라인 카페 중에서도 가장 활성화되어 있는 카페며, 실제로 상품이나 서비스 판매도 활발히 이루어지고 있다. 자동차용품이라면 자동차 카페, 탈모용품이라면 탈모 카페, 애견용품이라면 애견 카페, 뷰티용품이라면 뷰티 카페, 낚시용품이라면 낚시 카페 등에서 내 상품에 맞는 타깃 고객을 찾을 수 있고, 타깃 고객들의 이메일 주소도 알 수 있다.

이메일 주소는 카페 회원의 네이버/다음 아이디에 naver.com/daum.net을 붙이면 된다. 가령 네이버 아이디가 freeman777이라면 이 사람의 네이버 이메일은 freeman777@naver.com이 된다. 물론 이메일을 알 수 있다고 해서 이들에게 사전 동의도 없이 광고를 무작위로 보내면 불법이다. 일부 사업자들이 언더그라운드 프로그램 업자를 통해 네이버/다음 카페 회원 ID 추출기 프로그램으로 아이디 및 이메일을 확보하여 광고/홍보 이메일을 수신자 동의 없이 보내는데 이것은 엄연한 불법 행위다. 홍보 활동은 법이 허용하는 한도 내에서 해야 한다.

가장 좋은 것은 해당 카페에서 회원으로 활동하면서 동시에 나의 상품도 홍보하고 판매하는 것이다. 하지만 대개의 경우 카페에서 운영진의 허락 없이 대놓고 나의 상품을 홍보/판매하면 카페에서 퇴출당하게 된다. 카페 운영자와 제휴 또는 페이스북 맞춤 타깃 광고 등 다른 방법으로 타깃에게 홍보/판매를 해야 한다.

| 네이버 밴드/카카오스토리 채널/페이스북 페이지 ──

네이버 밴드, 카카오스토리 채널, 페이스북 페이지에도 마찬가지로 주제별로 많은 커뮤니티가 존재한다. 이런 커뮤니티에서도 내 상품의 타깃과 정확히 일치하는 많은 타깃 고객들을 찾을 수 있다. 특히 카카오스토리 채널과 네이버 밴드의 경우에는 주부들이 모여 있는 커뮤니티 위주로 상품의 공동구매가 활발히 이루어지고 있다. 네이버 밴드, 카카오스토리 채널, 페이스북 페이지에서 내 상품에 맞는 키워드로 검색하면 타깃 고객들이 모여 있는 커뮤니티를 쉽게 찾을 수 있다. 가령 내가 애견용품을 판매한다면 '애견', '강아지', '반려견' 같은 키워드로 검색하면 된다.

온라인이 아닌 오프라인으로 타깃 고객을 모을 때는 상당한 비용과 노력이 필요하다. 주부 대상 상품이라면 마트 등에서 특별 이벤트를 하거나 낚시용품이라면 낚시용품점에서 홍보를 할 수 있는데, 한정된 타깃 고객을 만날 수밖에 없고 이런 활동에 들이는 비용과 노력 대비 성과는 그다지 크지 않다. 하지만 온라인상에서는 이미 나의 타깃 고객이 많이 모여

'자동차' 네이버 밴드   '주부' 카카오스토리 채널   '낚시' 페이스북 페이지

있는 커뮤니티가 존재한다. 오프라인 시대와 비교하면 거의 노다지 금광이라고 할 수 있을 정도다.

내가 직접 내 상품과 맞는 주제의 카페, 네이버 밴드, 카카오스토리 채널, 페이스북 페이지 등을 운영하면 가장 좋겠지만 이는 현실적으로 쉽지 않다. 지금 SNS에서 회원을 모으기 위해서는 각 SNS들이 출시된 초기와 달리 엄청난 회원모집 광고 비용이 들고, 설사 광고를 했다고 해도 실제로 회원을 모으지 못할 수도 있다. 차라리 SNS 운영자와 제휴하여 공동구매, 상품 체험단, 이벤트 등을 하거나 내가 활발히 SNS 활동을 하면서 은근하게 내 상품을 홍보하는 것이 좋다. 가령 내가 운영자는 아니지만 해당 SNS 내에서 영향력 있는 회원이 되면 내 상품을 홍보/판매할 여지는 더욱 높아진다.

만약 내가 합법적으로 보유하고 있는 타깃 고객들의 이메일이나 전화번호가 있다고 하면 페이스북 맞춤 타깃 광고라는 기가 막힌 홍보 방법을 사용할 수 있다. 페이스북 맞춤 타깃 광고는 비용도 크게 비싸지 않고 정확하게 내가 보유한 타깃 고객에게 도달된다. 만약 핸드폰 문자나 이메일로 타깃 고객에게 광고를 하게 되면 고객이 스팸 광고로 인식할 확률이 높지만, 페이스북 콘텐츠를 끌리게 만들어서 맞춤 타깃 광고를 한다면 고객의 반응은 훨씬 좋을 것이다.

우리가 페이스북을 하다 보면 광고 콘텐츠들을 보게 되는데 신기하게도 내가 관심있는 분야의 콘텐츠들이 많지 않은가? 이것은 페이스북 맞춤/유사 타깃 광고일 확률이 높다. 고객 이메일이나 전화번호 데이터베이스만 있으면 페이스북 맞춤 타깃 광고도 할 수 있고, 맞춤 타깃과 비슷한 성향을 보이는 유사 타깃에게도 광고를 할 수 있다. 페이스북 맞춤/유사 타깃 광고에 대한 세부적인 설명은 내용이 방대하여 여기서는 다루지 않겠다. 네이버/

페이스북 타깃 광고(유통/마케팅에 관심이 많은 필자에게는 주로 유통/마케팅 광고가 도달된다.)

다음/구글/유튜브에서 '페이스북 맞춤 타깃 광고', '페이스북 유사 타깃 광고'에 대해서 검색하면 자세한 내용을 알 수 있다.

페이스북 타깃 광고는 광고의 혁명이라 할 만큼 가성비가 뛰어나므로 꼭 공부하고 실행해보길 바란다. 물론 상세 페이지와 마찬가지로 페이스북 광고 콘텐츠의 내용이 고객의 관심을 끌 만한 내용이어야 한다. 어떻게 콘텐츠를 만들어야 할지 모르겠다면 기존에 검증된 우수한 페이스북 콘텐츠들을 벤치마킹하면 된다. 페이스북 광고 콘텐츠에 바로 판매 글을 넣는 것보다는 내 상품, 브랜드에 대한 홍보 콘텐츠를 넣고 자연스럽게 내 스마트스토어, 홈페이지, 쇼핑몰 링크로 연동시켜서 판매하는 것이 효과적이다. 페이스북은 동영상 콘텐츠에 대한 반응률 및 도달률이 월등히 높으므로 동영상 콘텐츠를 만들면 더욱 좋다.

커뮤니티/SNS 공략 네이티브 광고
광고 같지 않은 광고?

광고나 홍보를 할 때 고객들은 보통 '광고'라고 인식하고 그다지 좋은 반응을 보이지 않는다. 그런데 광고처럼 보이지 않고 정보를 주는 것처럼 보이게 하는 광고가 있는데 이를 네이티브 광고라 한다.

우리가 SNS를 할 때 '~~~ 인생템 Best 7', '~~~ 할 때 추천하는 상품 Best 5', '~~~에 좋은 상품 Best 10' 류의 카드 뉴스나 기타 콘텐츠를 본 기억이 있을 것이다. 이런 콘텐츠들은 대부분 작성자가 주관적으로 선정한 것이고 어쩌면 작성자가 해당 상품들 중에 하나와 관련이 있을 수도 있다. 사람들은 이런 식으로 정보를 주는 큐레이션형 콘텐츠를 좋아하는데 대다수는 이것이 네이티브 광고일 수도 있다는 생각은 하지 않는다.

만약 내가 유기농 과자를 판매하고 있다면 '가성비 좋은 유기농 과자 Best 7', '젊은 여성에게 좋은 유기농 웰빙 과자 Best 5' 같은 카드 뉴스 또는 동영상을 만들어 나의 상품 2개 정도를 티나지 않게 세 번째와 다

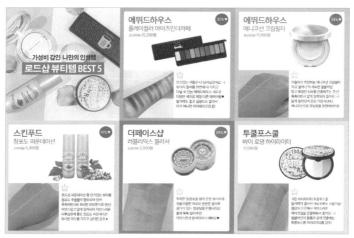

로드숍 뷰티템 Best 5(출처 : 패션/뷰티 비디오 커머스 우먼스톡)

섯 번째쯤에 끼워넣고 페이스북, 네이버 밴드, 온라인 카페, 블로그, 포스트 등에 배포한다면 광고처럼 보이지 않으면서도 내 상품을 홍보할 수 있다. 너무 노골적으로 나의 상품을 홍보하면 사람들이 눈치챌 수도 있으니 은근하게 카드 뉴스, 동영상을 만들어야 한다. 그리고 내 상품의 타깃 고객들이 많이 모여 있는 커뮤니티에 배포하는 것이 효과적이다. 광고한다는 의심을 피하기 위해 평소에 미리 커뮤니티 활동(게시글 작성 등)을 해두는 것이 좋다.

이런 정보를 주는 형식의 카드 뉴스나 동영상은 공유도 많이 일어나기 때문에 콘텐츠만 좋다고 하면 내가 1차로 배포하는 것에서 끝나지 않고 카드 뉴스나 동영상을 본 사람을 통해 2차, 3차, 4차 배포도 가능하다. 게다가 많은 사람에게 홍보하기 위해서는 광고 비용이 많이 드는데 이런 정보를 주는 것 같은 네이티브 광고의 경우 무료로 내 상품에 대한 홍보를 할 수 있다는 점에서 더욱 매력적이다.

페이스북에서 '꿀팁'이라고 조회하면 '꿀팁 저장소', '꿀팁 정보 특공대' 같은 꿀팁 관련 페이스북 페이지들이 나오는데 여기에 들어가면 벤치마킹할 만한 카드 뉴스들이 많이 있으니 참고하여 만들 수 있다.

인스타그램 인플루언서 홍보
앞으로 얼마 남지 않은 저비용/고효율 홍보

　내 상품이 20~30대 후반 젊은층을 겨냥한 상품이면서 설명보다는 눈으로 보여주는 것이 더 유리한 상품이라면 인스타그램을 이용한 인플루언서(Influencer) 홍보가 유용하다. 인플루언서 홍보란 인스타그램에서 5천~3만 명 정도의 팔로워를 가진 인플루언서들에게 메시지(인스타그램 내 메시지 버튼 클릭)를 보내 상품을 무료로 보내줄 테니 시식 또는 사용 후 체험 후기를 인스타그램에 올려달라고 제안하는 것이다. 인스타그램은 아직 블로그처럼 상업화가 본격적으로 진행되지 않았기 때문에 상품을 무료로 보내준다고 하면 인플루언서들이 수락할 확률이 높고, 감사의 표시로 간단히 인스타그램에 체험 글을 올려주게 된다.

　물론 내가 직접 인스타그램에서 팔로워들을 모아서 내 상품을 홍보하는 방법도 있다. 하지만 효율성 면에서 내가 인스타그램을 키워서 하는 것보다는 이미 많은 팔로워들을 모아놓은 인플루언서들을 통하는 편이

더 많은 타깃 고객들에게 효율적으로 상품을 홍보할 수 있다. 내가 내 상품이 좋다고 말하면 광고이므로 신뢰도가 떨어지지만, 남이 내 상품을 좋다고 이야기하면 상품에 대한 신뢰도가 올라가게 된다.

인스타그램 체험단('혼밥의 정석' 다이어트 도시락/화장품)

팔로워 수 5천~3만 명 정도의 인플루언서에게 홍보하는 이유는 3만 명 이상 되는 팔로워들을 보유한 인플루언서의 경우 무료 체험단 제안을 들어줄 확률이 낮고, 5천 명 이하의 팔로워를 보유한 경우에는 홍보 효과가 적기 때문이다. 블로그 체험단도 초기에는 이런 식으로 무료로 체험 글을 올려주었으나 어느 순간부터 비용을 지불해야 홍보 글을 올려주는 방식으로 바뀌었다.

인스타그램의 경우 체험 글을 올릴 때 사진 몇 장과 간단한 체험 문구, 해시태그 몇 개만 올리면 되므로 블로그 대비 간단하다. 또한 아직까지는 인스타그램에 체험 글을 올리면서 광고비를 받는다는 인식이 일반화되어 있지 않기 때문에 업체 입장에서도 유용하다. 인스타그램은 보통 블로그처럼 상위 노출의 개념이 아니고 시간 순으로 올라가기 때문에 수백 명의 인플루언서가 내가 알려준 해시태그가 포함된 체험 글을 올려주게 되면 수만~수십만 명에게 적은 비용(체험 상품 비용)으로 효과적인 질 높은 홍보가 가능하다.

실제로 센스 있는 업체들은 이런 홍보 방식을 이용해 현재 막대한 매출을 올리고 있다. 윙잇(www.wingeat.com)이라는 반조리 식품 전문 마켓에서는 400명의 인스타그램 인플루언서들을 섭외하여 입점 상품에 대한 체험 후기를 인스타그램에 올렸다. 이 업체는 서비스 1년 6개월만에 월 거래액이 3.7억 원에 달하고 있다.

'윙잇' 신문 기사   '윙잇' 홈페이지

인스타그램에 올리는 체험 글의 해시태그에는 내 상품의 키워드들이 들어가야 하며, 인스타그램에서 체험 글을 본 고객이 내 상품을 네이버에서 검색했을 때 바로 구매할 수 있도록 오픈마켓, 네이버 쇼핑, 소셜커머스 등에 상품이 미리 등록되어 있어야 한다.

인플루언서는 인스타그램에서 나의 상품과 비슷한 카테고리 상품 또는 경쟁 상품의 체험단으로 활동한 사람들 중에서 찾을 수 있다. 가령 내 상품이 화장품이라면 각종 화장품 브랜드의 이름을 검색하여 체험단으로 활동한 적이 있는 사람들 중에 팔로워 숫자를 보고 찾으면 된다. 이들은 이미 체험단으로 활동해본 경험이 있기 때문에 내 제안을 수락할 확률도 높다. 만약 그들이 추가로 금전적인 비용을 요구하면 거절하고 다른 인플루언서를 찾으면 된다. 내 상품의 경쟁 상품으로 검색했을 때 인플루언서들이 많이 나오지 않는다면 굳이 경쟁 상품의 인플루언서로 한정하지 말고 타깃 고객이 좋아할 만한 상품으로 바꿔서 검색하면 된다.

가장 손쉽게 찾는 방법은 인스타그램에서 '체험단'이라는 키워드로 검색하는 것이다. 체험단 경험이 있는 사람은 보통 세세하게 체험 품목을 가리지 않는 경향이 있다. 그래도 더 큰 효과를 보기 위해서는 나의 타깃과 관련 있는 인플루언서에게 체험단을 요청하는 것이 좋은데, 가령 내가 헬스 보충제나 다이어트 관련 상품을 판매하고 있다고 하면 헬스클럽 트레이너 같은 인플루언서에게 요청하면 더 큰 효과를 볼 수 있다. 헬스클럽 트레이너는 인스타그램에서 '헬스 트레이너'나 '헬스 클럽' 같은 키워드로 검색하면 찾을 수 있다.

인플루언서 마케팅은 블로그와 마찬가지로 무료로 진행할 수 있는 날이 얼마 남지 않았기 때문에 빨리 뛰어들어야 한다. 이미 비용을 받고 진행하는 각종 인스타그램 체험단 진행 업체도 막 생겨나고 있는 상황이다.

기존 고객 관리/홍보 비법
카카오톡 채널(舊 카카오톡 플러스친구)을 활용하라

나의 상품을 구매할 확률이 가장 높은 고객은 바로 과거에 내 상품을 구매한 적이 있는 기존 고객이다. 신규로 고객을 발굴해서 매출로 연결시키기까지 드는 비용은 기존 고객을 잘 관리해서 매출을 발생시키는 비용보다 훨씬 많이 든다. 물론 신규 고객은 신규 고객대로 새로 발굴해야겠지만 동시에 적은 비용으로 큰 효과를 얻을 수 있는 기존 고객도 주기적으로 관리해야 한다.

기존 고객을 관리하는 데 있어서 가장 좋은 방법은 카카오에서 운영하는 카카오톡 채널이다. 카카오톡 채널은 간단하게

돈시몬 주스 수입업체의 '카카오톡 채널'

말해서 기업이 운영하는 카카오톡이라고 보면 된다. 카카오톡 채널의 가장 큰 장점은 개인 쇼핑몰 같은 특별한 플랫폼 없이도 나만의 고객 데이터베이스 구축이 가능하다는 점이다. 또한 이메일, 문자, 전화 같은 관리 수단에 비해 고객의 거부감이 현저히 적고 내용을 확인할 확률도 매우 높다.

내 상품을 구매한 고객들을 카카오톡 채널로 묶을 수만 있다면 평생 고객으로 만들어서 지속적으로 상품 홍보 및 판매를 할 수 있다. 고객이 카카오톡 채널을 허용했다는 것은 광고를 받는 데 동의했다는 뜻이기 때문에 광고를 보내도 법적으로 아무 문제가 되지 않는다. 하지만 만약 기존에 온라인 쇼핑몰이나 오프라인 매장을 운영하면서 입수한 고객의 이메일이나 전화번호가 있다고 할지라도 광고 수신 동의를 받아놓지 않았다면 광고 이메일이나 문자를 보냈을 때 법적으로 문제가 된다.

카카오톡 채널은 전화번호 1개당 10개의 ID를 만들 수 있으며 일반 메시지는 건당 15원, 타깃 메시지는 건당 20원의 이용료가 부과된다. 예전에는 1천 건까지는 무료로 메시지를 보낼 수 있었으나 현재는 모두 유료화되었다. 카카오톡 채널은 카페나 밴드같이 회원제 성격을 띠고 있기 때문에 회원들만 잘 모으고 관리하면 평생 어떤 상품이라도 판매할 수 있는 나만의 플랫폼을 가지게 되는 것이다.

카카오톡 채널은 이벤트, 할인쿠폰 발행, 1:1 채팅으로 다양한 마케팅/홍보 활동이 가능하여 브랜드, 상품, 매장 홍보, 판매 촉진, 고객 DM 발송에 활용할 수 있을 뿐만 아니라 쇼핑몰이나 스마트스토어 등을 링크시켜서 상품 판매를 할 수도 있다. 따라서 중소 사업자들은 온라인으로든 오프라인으로든 카카오톡 채널 친구를 모으는 데 집중해야 한다. 하루에 5

명씩 모은다는 목표를 가지고 열심히 노력한다면 1년이면 1,800명, 6년이면 1만 명의 단골 고객을 만들 수 있다.

오프라인 음식점이나 상점에 가면 "카카오톡에서 OOO을 검색하셔서 친구 추가하시면 사은품을 드리거나 가격 할인을 해드립니다"라는 문구를 본 적이 있을것이다. 이것도 카카오톡 채널 친구를 모집하는 이벤트다. 카카오스토리, 네이버 밴드, 페이스북에서 상품을 홍보하거나 공동구매로 판매할 때 요즘은 모두 "주문 및 상품 관련 문의는 아래를 꾹 눌러주세요"라는 문구를 넣는데 '아래'가 바로 카카오톡 채널 주소 링크다. 이것을 통해 카카오톡 채널 친구를 확보할 수 있다.

카카오톡 채널 친구를 모아놓았으면 나의 신상품이 출시되었을 때 또는 할인/증정 행사 및 각종 이벤트를 할 때 공통 메시지를 발송할 수 있다. 메시지 내용에 따라 판매 결과가 달라질 수 있다. 메시지는 즐거운 분위기로 꼭 필요한 정보성 내용을 담고, 판매 기간과 수량에 '한정'을 걸어주면 더욱 좋다.

평상시에도 판매 메시지 이외에 고객에게 도움이 될 만한 정보를 정기

카카오톡 채널 메시지

적으로 보내서 고객 관리를 한다. 매번 판매 메시지만 주구장창 보낸다면 고객이 짜증나서 이탈하게 될 것이다. 또한 메시지 멘트 스킬을 늘리기 위해 평소 다른 업체에서 하는 카카오톡 채널에 가입하여 메시지 멘트를 잘 분석하여 좋은 점은 벤치마킹하는 것이 좋다.

카카오톡 채널은 center-pf.kakao.com에 들어가서 만들 수 있다.

유통/마케팅을 배우는 데 매우 도움이 되는 카카오톡 채널
('유통노하우연구회' 카카오톡 채널)

※ 카카오톡에서 '유통노하우연구회'를 검색 후 친구추가를 하면 아래 정보들을 모두 무료로 받을 수 있다

① 빅데이터 키워드 분석 & 중국 도매사이트 상품소싱 프로그램 NSS1000(수백만 원 가치)
② 유노연 저자 직강 총 30시간, 80강 '유통마케팅 사관학교' 온라인 동영상 강의 샘플 강의 무료 시청
③ 스마트 스토어/네이버 쇼핑 판매 시 바로 매출을 올릴 수 있는 황금 키워드 100개
④ 카카오톡 스토어/카카오 선물하기 입점 가이드
⑤ 최신 스마트 스토어 핵심 매뉴얼 18개(상위 노출 노하우 및 검색SEO 포함)
⑥ 스마트 스토어/네이버 쇼핑 수요는 많고 경쟁이 적은 매출 즉시 나오는 황금 키워드 100개

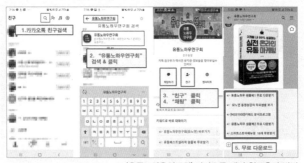

'유통노하우연구회' 카카오톡 채널 친구추가 방법

저자가 직접 운영하는 커뮤니티 네이버 카페 '유통노하우연구회'
(회원수 5만 명의 국내 최대 유통 노하우 공유 커뮤니티)

'유통노하우연구회(cafe.naver.com/aweq123)'는 유통에 어려움을 겪고 있는 중소기업, 초보 유통인, 예비 유통 창업인, 유통에 관심이 많은 직장인들을 위해 만들어진 유통 노하우 공유 커뮤니티다. 타 유통 커뮤니티는 주로 회원이 판매하는 상품의 홍보 및 판매가 주를 이루는 반면에 '유통노하우연구회'는 회원 각자의 유통 노하우 · 경험 공유, 유통 마케팅 정보 공유, 유통 궁금증 질의응답이 주를 이루고 있다. 그리고 다양한 분야 유통 마케팅 전문가들의 수준 높은 실전 무료 칼럼만 봐도 현업을 하는 데 큰 도움을 얻을 수 있다.

실제 유통 현업에 종사하는 사람들도 궁금한 점이 많은데 가령 쿠팡 로켓 배송의 수수료 · 정산 조건은 무엇인지, 스마트 스토어 뷰티윈도의 입점 조건은 무엇이며 어떻게 신청하는지, 이마트 외곽 몽골텐트 특별 행사의 운영 조건은 어떤지 등등 실전 유통의 세부 정보들을 알고 싶어 한다.

'유통노하우연구회'에서는 매일 회원들 간에 이런 실전 유통 정보 및 노하우들을 공유한다. '유통노하우연구회' 내의 검색창에 키워드만 입력하면 웬만한 실전 유통 정보 및 노하우들을 무료로 찾을 수 있다. 만약 찾고자 하는 내용이 없는 경우 카페 내에 질문 글을 올리면 해당 내용에 대해 알고 있거나 경험이 있는 회원들이 답변을 해준다.

또한 '유통노하우연구회'에는 벤더업체 등록 게시판이 운영되는데 여기에는 각 유통 채널의 전문 벤더들이 등록을 한다. SNS 공동구매, 복지몰 · 폐쇄몰, 할인점, 편의점 뷰티 스토어, 종합몰, 중국 · 태국 · 동남아 수출, 소셜커머스 전문 벤더들이 등록되어 있다. 만약 특정 유통 채널에 벤더를 통해 입점 · 판매를 하고 싶은 회원이 있다면 이 게시판을 통해 전문 벤더를 선택하여 내 상품을 유통시킬 수 있다. 현재 매월 1,500명씩 신규 회원이 가입하고 있으며 가입 회원의 만족도도 아주 높다.

유통 마케팅 마스터클래스 심화 온라인 동영상 강의 : 유통마케팅 사관학교

저자의 두 권의 저서(《매출 100배 올리는 유통 마케팅 비법》,《3개월 내 99% 성공하는 실전 온라인 유통 마케팅》)를 읽고 난 후 추가로 더 유통 마케팅에 대해 공부하고 싶은 사람들은 필자가 직접 강의한 총 30시간, 80강 심화 온라인 동영상 강의('유통마케팅 사관학교', www.retailcampus.co.kr)를 들으면 큰 도움이 될 것이다.

'유통마케팅 사관학교' 온라인 심화 동영상 강의는 유통의 A부터 Z까지 모든 것을 다룬 국내 최초 마스터클래스 명품 유통 마케팅 강의인데 최신 유통 마케팅 정보와 노하우를 배울 수 있다. 특히 유통 초보자나 우수한 상품을 가진 제조·수입업체 사장님들에게 큰 도움이 될 것이다. '유통마케팅 사관학교'는 모바일 표준화도 잘 되어 있어서 출퇴근길, 휴식시간 등에 휴대폰으로 강의 원고를 동시에 보면서 손쉽게 시청할 수 있다. '유통마케팅 사관학교' 수강 신청은 홈페이지(www.retailcampus.co.kr)에서 할 수 있다.

'유통마케팅 사관학교' 온라인 동영상 강의(PC 화면)

'유통마케팅 사관학교' 커리큘럼

Key Point

- 유통 마케팅이 유통과 결합되면 매출 상승뿐만 아니라 상품의 성공과 실패에 큰 영향을 미친다. 일반적으로 상품 광고비에는 큰 투자를 하면서 유통 마케팅 공부에는 투자를 하지 않는데 유통 마케팅을 알게 되면 광고비가 줄어들면서 장기적으로 고기를 잡는 방법을 알 수 있게 된다.
- 가장 가성비 좋은 유통 마케팅은 네이버를 활용하는 것이다. 네이버에서 무료로 제공하는 홍보/마케팅 툴만 잘 활용해도 엄청난 성과를 얻을 수 있다.

 → 사이트 등록/지도 등록/무료 모바일 홈페이지 MODOO/네이버 TV/네이버 윈도

- 온라인 판매 시 가장 중요한 요소는 상세 페이지인데 온라인 유통에서는 저렴한 가격과 우수한 상세 페이지로 상품을 판매한다. 상품성이 보통 수준이라 할지라도 상세 페이지가 우수하면 큰 매출을 기대할 수 있다. 매출이 검증된 우수한 상세 페이지를 벤치마킹하고 내 상품만의

특징적인 요소를 넣어서 퀄리티 있는 상세 페이지를 만들어야 한다.

- 오프라인 유통이 주류였던 시절에는 타깃 고객을 찾기가 쉽지 않았으나 온라인 유통의 시대에는 쉽게 내 상품의 타깃 고객을 찾을 수 있다.
  → 네이버, 다음 커뮤니티 카페/카카오스토리 채널/네이버 밴드/페이스북 페이지

- 요즘 고객은 광고 같은 광고에는 잘 반응하지 않는다. 정보성 콘텐츠를 제공하는 카드 뉴스를 활용한 네이티브 광고를 통해 고객에게 어필하라.

- 유통/판매에서 단골 충성고객의 중요성은 간과할 수 없다. 카카오 플러스친구를 통해 충성고객을 확보하면 어떤 상품이라도 판매할 수 있다. 장기적으로 꾸준히 카카오 플러스친구를 모으고 잘 관리하면 평생 고객 걱정, 매출 걱정은 안 하고 살 수 있다.

필자는 제조업체에서 6년 동안 근무하다가 18년 전 처음으로 유통에 발을 들여놓았다. 당시 유통 왕초보였던 필자가 유통에 대해 공부하기 위해 책을 찾아보았는데 유통 수험서나 이론서는 많았지만 막상 실전 유통을 배우고자 하는 유통 초보에게 적합한 도서는 한 권도 찾아볼 수 없었다. 그때의 막막했던 심정을 생각하며 이 책을 집필했다. 시중의 유통 관련 도서들을 찾아보면 알겠지만 17년이 흐른 지금도 막상 달라진 것은 거의 없다. 실전 유통을 A부터 Z까지 폭넓게 다룬 책은 거의 찾아볼 수 없다는 것이다.

사실 필자도 24년 동안 제조/유통 분야에서 경력을 쌓았지만 유통의 모든 것을 알 수는 없다. 거래 업체들 중에서 내가 모르는 유통 분야의 현업에서 뛰고 계시는 분들과 각종 유통 모임을 통해 알게 된, 그리고 유통 노하우연구회 카페를 운영하면서 알게 된 분들과의 인터뷰나 신문 기사, 도서, 인터넷 등을 통해 2년간 하나하나 자료를 모으고 업데이트하면서 이 책을 집필했다. 어려웠던 점은 유통의 흐름이 워낙 빠르다 보니 집필하는 중간에 바뀌는 내용도 많았으며 추가되는 내용 또한 많아서 여러 번의 수정 작업이 필요했다.

이 책은 유통 초보자와 유통을 막 시작했거나 시작하려고 하는 제조업체 관계자를 위한 것이다. 가능한 유통의 모든 부분을 빠짐없이 다루어 실전 유통의 교과서 같은 책을 집필하고자 했다. 하지만 범위가 너무나 광범위하여 한계가 있었음을 미리 밝혀둔다. 유통 초보들이 이 책에 나오는 모든 내용을 실행하기는 쉽지 않을 것으로 생각된다. 이 책에서 말하는 내용을 모두 실행하지는 못하더라도 본인이 처한 현실적인 상황을 고려하여 가능한 것들을 하나하나 실행해 나가는 것이 중요하다. 책을 읽는 동안 고개만 끄덕이고 이후에 실행하지 않는다면 전혀 효과가 없을 것이다. 힘들더라도 하나하나 공부하고 실행해 나갈 때 비로소 유통 실력이 비약적으로 성장할 수 있다.

다음은 유통 초보들이 명심해야 할 유통업계에서 진리로 통하는 세 가지 격언이다.

1. 좋은 상품이 잘 팔리는 것이 아니라 잘 팔리는 상품이 좋은 상품이다.
2. 유통에서는 매출이 인격이며, 유통은 숫자로 말한다.
3. 세 발 앞선 자 망한 사람, 두 발 앞선 자 빛을 못 본 사람, 한 발 앞선 자 성공한 사람.

1번은 특히 제조업체 사장님들이 명심해야 하는 말인데 보통 제조업체 사장님들은 세상에서 본인 상품이 최고기 때문에 유통/마케팅만 잘하면

356

대박이 날 거라고 생각한다. 필자 역시 제조업체 상품개발팀 시절 이런 마인드였기 때문에 제조업체 사장님들의 마음을 잘 안다. 그러나 실제 유통 현장에서는 잘 팔리는 상품이 좋은 상품이다. 잘 팔리는 상품을 만들기 위해 주변 전문가의 말을 귀담아듣고 피나는 노력을 해야 한다.

2번은 유통업체 바이어/MD들을 만나면 바로 느낄 수 있다. 잘나가는 유통업체에 입점하는 것은 쉬운 일이 아니다. 바이어/MD들이 가장 좋아하는 상품이 무엇일까? 바로 매출이 좋은 상품이다. 품질이 좋고 디자인이 세련되고 최신 트렌드를 반영하는 것도 중요하지만, 더 중요한 것은 다른 유통 채널/업체에서 매출이 얼마나 나오느냐 하는 것이다. 매출만 좋으면 나머지 요소들도 일정 수준 이상으로 여겨지는 것이 유통업계의 현실이다. 매출이 좋은 상품은 쉽게 거래가 중단되지도 않고 좋은 위치에 충분한 물량이 진열되며, 아직 입점되지 않은 유통업체와 채널의 바이어/MD들로부터 입점해달라고 먼저 연락도 온다. 유통에서는 매출이 곧 인격이다.

3번은 상품을 기획할 때 명심해야 하는 내용이다. 시대를 너무 앞서 출시된 상품(세 발 앞선 자)은 망할 것이고, 시장이 형성되기 전에 출시된 상품(두 발 앞선 자)은 충분한 매출을 올리지 못할 것이며, 딱 한 발 앞서 출시된 상품은 대박을 칠 것이다. 가령 시즌성 또는 트렌디한 상품의 경우 너무 일찍 출시해도 안 되고 늦게 출시해도 안 된다. 딱 시즌/트렌드보다 반 발 또는 한 발 앞서 출시해야 제값을 받고 팔면서 선점 효과로 인해 매출도 많이 올릴 수 있다.

아무쪼록 이 책이 유통을 어떻게 해야 할지 막막해하는 유통 초보에게 유통 전체에 대한 그림을 그려줄 수 있는 한 줄기 빛이 되었으면 한다. 이 책을 읽기 전과 읽은 후에 유통에 대한 시각이 확 바뀌어서 유통에 대한 자신감과 자신만의 방향성을 갖게 되기를 바란다.

이 책을 집필하기까지 2년이라는 시간이 걸렸다. 집필에 많은 도움을 준 필자가 운영하는 네이버 유노연(유통노하우연구회) 카페 회원 분들과 유앤아이엔젤스 강상석 대표님, 안앤주 안희태 대표님, 유통과학연구회 이현만 회장님, 퀸즈 안젤라 대표님과 귀찮은 인터뷰에도 응해주신 많은 제조/유통업체 대표님들에게도 감사의 말씀을 드린다. 그리고 필자가 20대 후반 이후 삶에 대한 태도와 방향을 결정하는데 있어 가장 크게 영향을 받은 세이노 님과 필자가 유통 전문가로 성장하는 데 있어 많은 기회와 도움을 준 현재 근무하고 있는 회사에도 진심으로 감사의 말씀을 전한다. 또한 40대 이후 필자가 온라인 마케팅 전문가로 성장하기까지 큰 도움을 주신 트렌드헌터 정영민 대표님, 최재원 대표님, 마이플랫폼 티핑포인트/스페셜원 님, 출마협 퍼스널브랜딩 님, 생각창업학교 백건필 님, 버터플라이 신태순 대표님, Hanabi 님, 제공모 애드오 님, 성공가게 고영창 님에게도 감사의 말씀을 전하고 싶다.

마지막으로 퇴근 후 그리고 주말에도 공부하고 강의 듣고 자료 모으고 책을 집필하는 것을 이해해준 사랑하는 가족에게 가장 감사한다. 아빠가 책을 쓴 작가가 됐다는 것을 자랑스러워 하는 세상에서 가장 사랑하는 나의 딸 비비아나에게도 고맙다는 말을 전하고 싶다.

부록

100대 필수 유통/마케팅 용어

가격존(Price Zone)

한 상품군의 판매가 상한과 하한의 간격을 말한다. '가격존이 넓다'고 하는 것은 그 상품군의 가장 높은 가격과 가장 낮은 가격의 차가 크다는 것을 의미한다.

객단가

매장에 방문하여 매출을 일으킨 '고객 1인당 평균 구매액'을 말한다. 보통 일정 기간의 매출액을 그 기간의 고객 수로 나누어 산출한다(매출액/고객 수). 객단가를 높이기 위해서는 상품의 단가를 올리거나 고객의 구매 수량을 높여야 한다.

객수

일정 기간 동안 상품을 구입한 고객의 수를 말하며, 보통 계산대에 등록된 횟수로 알 수 있다.

결품

상품 매대에 진열 상품이 없는 상태를 말한다. 창고에 재고가 있든 없든 간에 진열 매대에 상품이 없는 경우를 결품이라 한다.

계절상품

계절에 따라 수요가 변동하거나 구매 습관에 따라 매출이 변동되는 상품을 말한다. 1년 중 특정 계절에만 출시되어 팔리는 상품을 '계절상품', 1년 내내 출시되어 팔리는 상품을 '연중상품'이라고 한다.

계절지수(Seasonal Index)

일반적으로 4분기의 데이터 또는 월별 데이터의 1년간 평균을 100으로 하고, 각기 해당되는 기간의 4분기 또는 월별 데이터의 계절 변동을 지수화하여 나타낸다. 계절지수는 계절 변동에 대한 분석을 목적으로 쓰이기도 하나, 일반적으로는 시계열의 계절 변동을 제거하는 데 이용된다.

곤도라 엔드(Gondola End)

곤도라 진열대의 길게 이어진 진열 선반의 양쪽 끝인데 고객의 눈에 띄기 쉬운 장소이므로 행사 상품과 이슈가 될 만한 신상품을 진열하는 것이 일반적이다.

골든존(Golden Zone)

진열 매대에서 상품 매출이 가장 큰 부분을 말한다. 통상적으로 고객 눈에 잘 띄는 곤돌라 선반의 위치는 고객 눈높이보다 조금 아래쪽에 위치한다.

과세/면세

'과세'는 매입/매출 시 부가가치세가 적용되는 것을 말하며, '면세'는 매입/매출 시 부가가치세가 적용되지 않는 것을 말한다. 면세는 보통 신선식품 같은 1차 상품이나 기타 서비스 상품에 많이 적용된다.

납품

거래선에 발주한 상품이 해당 점포에 도달되어 입고되는 것을 말한다.

노브랜드 상품

브랜드명을 일체 붙이지 않고 소위 특유한 상품으로서 그대로의 제품명으로 팔리는 것을 말한다. 각종 광고비와 포장비의 절감을 통해 기존 브랜드 상품보다 가격이 매우 싸다. 미국 등 선진국에서는 Generic Brand라고도 한다.

다이렉트 메일(DM, Direct Mail)

기업이 특정 고객에게 인쇄물 등을 우편 발송함으로써 기업 및 상품에 관심을 가질 수 있도록 유도하는 판매 촉진 수단이다. 즉, 우편물을 이용한 상품 홍보 활동이다.

단품 관리

유통업체 매장에는 수천에서 수만 가지의 상품이 진열되어 있다. 상품의 최소 단위를 단품이라고 하는데, 단품별 판매 동향을 일별로 파악하여 잘 팔리지 않는 단품을 정리하고 판매량이 좋은 단품 종류를 늘리는 것을 말한다. 많은 수의 상품을 수작업으로 파악할 수는 없기 때문에 POS 시스템으로 처리하는 것이 일반적이다.

대리점(Agent)

상품 브랜드에 대한 소유권은 가지지 않지만 특정의 제조업자 또는 공급 업자로부터 그 상품을 공급받아 자신의 책임 하에 판매나 공급 업무를 수행하는 유통 판매업체다. 그러나 주로 제조업체가 자사 상품의 판매를 위하여 대리점 체제를 운용하는 경우가 많으므로 일반적으로 '대리점'이라고 하면 불특정 제조업체들의 제품을 취급하는 '혼합 대리점'과 특정 제조업체의 상품에 한해 본사 상호를 쓸 수 있는 '전속 대리점' 등으로 구분된다. 전속 대리점은 대리점 자체가 본사와 종속관계를 이루지 않고 독립적으로 운영된다는 점에서 본사의 지점 격이 되는 '직영 대리점'과는 그 성격이 다르다.

대면 판매

진열대를 사이에 두고 판매원과 고객이 서로 얼굴을 마주보는 형태의 판매 기법이다. 판매원이 직접 대면해서 상품을 설명하므로 고객에게 신뢰를 줄 수 있다. 전문적 지식이 요구되는 상품, 가공이 필요한 상품, 고가품 판매에 적합하다.

도매(Wholesale)

상품을 일반 소비자에게 판매하지 않고 소매상이나 도매상, 상인, 기관 등 상업적 사용자에게 판매하는 것으로, 보통 유통에서는 중간 대리점, 대리점, 총판 등에서 판매하는 것을 말한다.

라이센스(Licence)

제휴 기업이 소유하고 있는 브랜드 사용 허가, 제공받은 디자인이나 제조 기술의 사용 허가를 말한다.

레이아웃(Lay-out)

매장 관리에 있어서 상품 진열 위치와 동선, 설비, 통로 등 매장을 구성하고 있는 모든 요소를 배치하는 것을 의미하며, 일반적으로 매장의 레이아웃을 가리키는 경우가 많다. 신규 매장이나 기존 매장을 리뉴얼할 때 레이아웃은 기본 도면과 마찬가지다.

로스(Loss)

파손, 도난, 분실 등으로 인한 재고 손실을 의미한다. 상품 로스에는 폐기 로스, 가격인하 로스, 도난 로스 등이 있다. 한편 기회 로스란 품절, 결품 등으로 상품 판매 시기를 놓침으로써 야기되는 손실을 말한다.

로스 = 장부 재고 − 실사 재고

로스율(Loss Rate)

매장 또는 창고에서 일정 기간 동안 로스(손실)되는 상품의 비율을 말한다.

로스율 = 상품 로스액(판매가)/매출 총액 × 100

리드 타임(Lead Time)

상품을 발주하여 납품 업체에 입고될 때까지 걸리는 시간을 말한다.

리베이트(Rebate)

목표 달성 또는 대량 판매 시 제조업체가 도소매 업자 또는 유통업체에게 격려 보수로서 지불하는 금액을 말한다.

리시빙(Receiving)

주문한 상품과 수량의 일치 여부를 확인하는 작업을 말한다.

마이너스(-) 재고

매입 확정을 거치지 않고 매장에 반입되어 판매되는 비정상적인 상품 재고를 말한다.

마진(Margin)

매출 총이익, 즉 상품을 판매함으로써 얻을 수 있는 이익의 크기를 말한다.

마진(이익액) = 판매 가격 - 매입 원가

이익률 = 이익액/매출액 × 100

마켓 쉐어(Market Share)

마켓 쉐어란 어떤 상품의 시장에서 특정한 기업이 차지하고 있는 매출액의 비율, 즉 시장점유율을 말한다. 시장점유율은 그 산업 또는 시장에서 특정 기업의 위치를 파악하는 데 도움이 되며, 각 기업의 마케팅 활동도 이 마켓 쉐어를 기본으로 하여 계획한다. 기업의 마켓 쉐어가 상승하면 모든 면에서 시장에서의 지배력이 높아지기 때문에 각 기업은 모두 마켓 쉐어의 상승을 꾀한다.

매장 임대차 거래

매장 임대차 거래는 유통업체의 매장 일부를 빌려서 상품을 판매한 다음 그 판매액의 일

부를 임대료로 지급하는 방식인데, 백화점이나 쇼핑몰에서 많이 볼 수 있다. 보통 '임대갑'
과 '임대을'의 두 가지 거래 형태가 있는데 임대갑은 매출액과 상관없이 일정 금액을 유통
업체에 지급하는 방식이며, 임대을은 매출액의 일정 비율을 수수료로 지급하는 방식이다.

머천다이징(Merchandising)

상품화 계획, 상품 개발부터 사입, 매가 결정, 판매 촉진 등 고객에게 판매하기까지의 모
든 활동이다. 머천다이징을 수행하는 사람을 머천다이저(MD, Merchandiser)라 한다.

물류비

원재료의 조달에서부터 완제품이 생산된 이후 도매/소매/고객에게 납품 또는 반품, 회수,
폐기 등에 이르기까지 물자 유통을 위해 자사 또는 타사가 소비한 비용을 말한다.

미끼 상품(Loss Leader)

특정 상품을 역마진 또는 초저마진으로 일반 판매가보다 훨씬 싼 가격에 판매하는 상품
이다. 다른 상품도 쌀 것이라는 느낌을 갖게 하여 구매가 다른 상품으로 옮겨가도록 유도
하는 상품을 말한다.

바이어(Buyer)

상품을 매입하는 과정에서 공급자를 선정하고 이들과 매입 조건에 대하여 협상과 결정
을 할 수 있는 권한을 가진 사람을 말한다. 유통 최전선에서 상품 입점, 업체 선정, 기본 매
입량 발주 등의 업무를 도맡아 진행한다. 일반적으로 오프라인 유통업체에서는 바이어, 온
라인 유통업체에서는 MD(Merchandiser)라고 한다.

바코드(Bar Code)

컴퓨터가 읽고 입력하기 쉬운 형태로 만들기 위하여 문자나 숫자를 흑과 백의 막대 기호
와 조합한 코드를 말한다. 광학식 마크판독장치로 자동 판독되며 상품의 이름이라고 할 수
있다. 한국은 KAN 코드로 규정하는데 '88코드'라고 불리기도 한다.

박리다매(Low Price High Volume Policy)

상품 가격을 낮추고 대량 판매를 통해 이익을 취하는 것을 말한다. 이익률을 낮게 정하는
대신에 판매량을 극대화하여 높은 순이익을 확보하는 것이다.

발주(Order)

상품을 주문하는 행위. 거래처의 특성에 따라 상품, 발주일, 수량, 단가, 금액, 납품일, 납품 장소 등이 발주서에 포함되기도 한다.

방문 판매(Door to Door Sales)

상품의 판매자가 직접 방문 등의 방법으로 그의 영업소, 대리점 외의 장소에서 상품을 판매하는 것을 말한다. 판매자는 상품에 대한 지식을 충분히 갖춰야 하며 화장품, 건강용품, 건강식품 등에서 방문 판매가 많이 이루어지고 있다.

번들 상품(Bundle)

묶음 상품을 말하며, 일반적으로 동일 상품을 2개 이상 묶어서 판매한다.

벌크(Bulk)

상품의 성격상 상자, 팔레트 등으로 규격화할 수 없는 낱개 형태의 상품을 말한다. 예를 들면, 신선한 과일과 채소 같은 청과물 등이다.

벤더(Vendor)

일명 '공급자'라고 한다. 바이어와 가장 많이 접하고 유통업에서 빅마켓을 가지고 있으며, 대형 유통사를 제외한 유통사에 상품을 공급하는 모든 업체를 제조업자 포함하여 '벤더사'라고 부른다. 대형 유통사들은 벤더사 대신 '협력업체' 또는 '협력사'라는 표현을 즐겨 쓴다. 이들 벤더사에서 영업 활동을 하는 담당을 '벤더'라고 부르는데, 일반적으로 모든 거래선을 총칭하는 용어다.

상품 회전율

일정 기간 동안 상품이 몇 번 회전했는가를 나타내는 비율. 상품의 회전율이 높을수록 자본의 회수 기간이 짧으며 많은 이윤을 확보할 수 있다.

상품 회전율 = 매출액/평균 재고액

샘플 검사

입고된 상품 중 일부에 대해 수량과 품질을 검사하는 것을 말한다.

샘플링(Sampling)

판매를 촉진하고 상품을 홍보하기 위해 무료로 시제품을 배포하는 것을 말한다.

선입 선출(First-In First-Out)

먼저 입점된 상품이 먼저 판매되도록 하는 진열 원칙. 이는 전 상품에 사용되며, 상품의 신선도를 위해 반드시 시행한다.

셀링 포인트(Selling Point)

상품이 갖고 있는 효용 중에서 특히 강조할 수 있는 장점과 특징을 말한다.

쇼루밍(Showrooming)

오프라인 매장(백화점, 할인점 등)에서 물건을 확인한 후 온라인 유통 채널(오픈마켓, 소셜커머스 등)을 통해 물건을 구매하는 소비 형태를 지칭한다.

숍인숍 매장(Shop-in-Shop)

쇼핑센터나 대형 유통 점포에서 점포 내 매장 공간의 일부를 독립 전문점 형식으로 구성한 '점 내의 점포'를 말한다. 매장의 일부를 독립시켜서 별도의 점포처럼 보이게 레이아웃을 연출하는 것이 특징이다.

수수료 매입 거래

수수료 매입 거래는 유통업체가 상품을 판매한 뒤 수수료를 공제하고 상품 대금을 지급하는 거래 방식이다. 판매된 것만 매입한다는 개념에서 판매분 매입 거래 또는 특정 매입 거래라고도 하는데, 업체마다 부르는 명칭만 다를 뿐 내용은 비슷하다. 유통업체는 판매된 매출액에 대한 수수료만 챙길 뿐이고 재고나 파손, 도난 등 상품과 관련된 모든 문제는 공급업체의 책임이다. 따라서 판매 후에 남은 상품은 반품이 가능하다.

슈퍼바이저(Supervisor)

주로 마트나 편의점에서 많이 사용하는 용어로 점포와 본부 간의 가교 역할과 점포에 대한 지도 감독의 역할을 담당하는 사람을 말한다.

신장률(Growth Rate)

일정 기간 대비 매출 추이를 말한다. 예를 들어, 전월 매출 50억 원, 당월 매출 60억 원이라면 전월 대비 매출 신장률은 20%다.

매출 신장률 = (당월 매출액 − 전월 매출액)/전월 매출액 × 100

실연 판매

고객의 구매 욕구를 일으키기 위해 그 상품의 효용, 성능, 사용 방법을 실제로 점포 앞쪽이나 내부에서 실연하여 보여주는 판매 기법을 말한다. 예를 들어, 대형 마트의 시식 코너를 들 수 있는데, 판매원이 식품을 즉석에서 조리해 고객에게 먹어보게 함으로써 구매를 유도하고 있다.

아이템(Item)

SKU(Stock Keeping Unit)보다 높은 단위로서 상품을 분류하는 기준에서의 최소 단위를 말한다.

업종(Type of Business)

사업자등록증에서 많이 볼 수 있는 용어로 '무엇을 판매하는가'를 기준으로 사업을 분류하는 것이다. 생산 단계별 취급 상품의 물리적 특성에 의한 분류 방법이다. 업종을 예로 들면, 식품, 가전, 농수산, 반도체, 컴퓨터, 컴퓨터 주변기기 등 다양하다.

업태(Type of Operation)

사업자등록증에 있는 용어로 '어떻게 판매하는가'를 기준으로 사업을 분류하는 것이다. 고객의 라이프 스타일별로 상품을 구성하고 판매 방식을 결정함으로써 차별화하는 경영 형태의 분류 방법이다. 예를 들어, 도매업, 도소매업, 소매업, 제조업, 서비스업 등으로 분류한다.

에스크로(Escrow)

거래대금을 제3자에게 맡긴 뒤 물품 배송을 확인하고 판매자에게 지불하는 제도로 전자 상거래의 안전성을 높이기 위한 제도다. 옥션, 지마켓 등의 온라인 유통업체에서 많이 이용한다.

오픈가격제도(Open Price System)

제조업자가 판매 가격을 정하는 기존의 권장소비자가격제와 달리 최종 판매업자가 판매가를 표시하는 제도. 가격을 표시하는 주체가 제조업체가 아니라 최종 판매업자가 되는 것이다.

옴니채널(Omni Channel)

소비자가 온라인, 오프라인, 모바일 등 다양한 경로를 넘나들며 상품을 검색하여 구매할 수 있도록 하는 서비스를 말한다. 가령 온라인 종합 쇼핑몰인 롯데닷컴에서 구입한 상품을 오프라인인 롯데백화점에서 픽업해 가는 것도 옴니채널의 하나다.

원스톱 쇼핑(One-Stop Shopping)

상품을 사려고 여기저기 돌아다니지 않고 한 점포에서 원하는 상품을 모두 살 수 있는 구매 방식. 예컨대 백화점에 가면 한 번에 여러 가지 필요한 상품을 다 살 수 있다. 유통업체로서는 각종 상품을 구비해놓고 많은 고객을 끌어들여 매출 성과를 높일 수 있는 판매 방식이다.

위탁 판매

판매처 확보를 위하여 상품의 소유주가 자기 상품의 소유권은 유지하면서 판매 업무만 제3자에게 의뢰하는 방식을 말한다.

일배식품

일일 배송 식품으로 유효기간이 짧고 품질 관리를 위해 냉장 및 냉동시설에 보관하면서 매일 일정한 시간 대에 점포로 배송되는 상품을 말한다.

임대 매장

말 그대로 점포 및 매장을 임대하여 영업하는 형태를 말한다. 점포 내에 입점하여 영업하는 업소로서 매출과 무관하게 월정액으로 임대료를 지불하는 경우도 있고, 입점 시 계약에 의한 임대보증금을 지급하고 월 매출액에 따라 수수료를 지불하는 경우도 있다.

입하

로딩덕(Loading Dock : 납품 차량이 상품을 싣거나 내릴 수 있도록 만들어진 장소)에서 상품을 하역하는 과정을 말한다.

자동 발주 시스템(Automatic Reordering System)

상품이 일정 재고량에 이르면 자동적으로 일정량을 발주하는 시스템으로 일반적으로 할인점, 편의점, 체인 슈퍼마켓 등 대형 유통업체에서 사용되고 있다.

잠재고객(Prospect)

조만간 자사 혹은 경쟁사 제품을 구입할 것이 거의 확실시되는 사람을 말한다.

장려금(Commission)

상품을 공급하는 공급 업체가 판매 촉진, 시장 개척을 위해 유통업체에 지급하는 별도의 수수료를 말한다. 2014년 1월부터 거의 폐지되었으나 일부 장려금은 영업 활성화를 위해 유지되고 있다.

재고 보유 일수

매장, 창고에서의 적정 재고 보유일을 산정하는 방식을 말한다. 적정 재고의 보유 기준을 설정하는 지표로서 아이템 또는 판매 형태에 따라서 보유 일수가 다르다.

재고 보유 일수 = 총재고액/일 평균 매출액

재고 조사

상품, 재료, 소모품 등의 재고 상태를 장부 재고와 비교하여 실제로 확인하는 작업을 말한다.

재판매 가격 유지 정책(Resale Price Maintenance Policy)

제품의 유통 단계별로 중간 상인이 자신의 고객에게 판매할 가격을 생산자가 지정하는 정책을 말한다. 중간 상인들 사이의 가격 경쟁을 제한하는 성격을 띠므로 우리나라를 포함한 대부분의 국가에서는 법적으로 규제하고 있다. 가령 제조/수입업체가 최종 소비자에게 판매할 가격을 정하고 이를 유통/판매업체에게 강요하는 행위는 불법이다.

전수 검사(Total Inspection)

입고된 상품 전체에 대해 수량과 품질을 검사하는 것을 말한다.

전자상거래(Electronic Commerce)

E-커머스(E-Commerce)라고도 하며 전자적인 매체를 이용하여 상품이나 서비스를 교환하는 방식을 말한다. 즉, 기업 대 개인(B2C), 기업 대 기업(B2B), 기업 대 정부(B2G) 등이 인터넷 등을 이용해 상품 또는 서비스를 사고파는 행위를 말한다.

조닝(Zoning)

그룹화된 상품의 배치로 관련 상품을 한곳에 모아두는 것이다. 이 경우 각 부문을 어디에 배치할 것인지, 또 각 부문에 어떻게 공간을 할당할 것인지를 정하는 것이 중요하다.

직납

제조업체 및 공급 업체가 자체의 물류 수단을 이용하여 매장에 상품을 직접 납품시키는 것을 말한다.

직매입 거래

유통업체가 공급 업체로부터 상품을 직접 구매해서 고객에게 판매하는 거래 방식이다. 유통업체가 상품을 매입한 순간부터 재고에 대한 책임이 유통업체에 있게 된다. 시즌 상품 같은 특별한 이유가 없는 한 공급 업체로의 반품이 허용되지 않는다.

카테고리(Category)

상품을 분류할 때 서로 연관되는 아이템들의 묶음을 말한다.

카테고리 킬러(Category Killer)

특정한 상품 분야만으로 품목을 좁혀서 구색을 다양하게 갖추고 싸게 파는 전문 할인점으로서 하이마트, 다이소, ABC마트 같은 곳을 말한다.

팔레트(Pallet)

모든 물류에서 가장 많이 사용하는 상품 적재 도구로서 화물을 하역, 운송, 보관하기 위해 수량을 적재할 수 있는 적재면과 포크가 들어올 수 있는 입구로 구성되어 있다. 지게차 따위로 물건을 실어나를 때 물건을 안정적으로 옮기기 위해 사용하는 구조물이다. 나무 팔레트 또는 플라스틱 팔레트가 있다.

페이스(Face)

고객의 시선으로 확인할 수 있는 상품의 가로 진열 수량을 말한다.

페이싱(Facing)

페이스 수와 진열 위치를 정하는 것. 즉, 각 부문 안에서 어떻게 품목별로 진열 스페이스를 할당할 것인가를 정하는 것이다.

품절

매장(창고 포함) 내에 상품이 입점되지 않은 상태를 말하며, 일반적으로 정상 재고가 '0'인 상태를 의미한다.

피팅룸(Fitting Room)

고객이 구입하고자 하는 의류를 직접 착용해보는 공간으로서 대부분의 의류 매장에 설치되어 있다.

행사 특정 매입 거래

할인점이나 백화점에서 흔히 볼 수 있는데 입구나 통로 또는 점포 외곽에 설치된 행사 매대에서 저렴한 이월상품 등을 일정 기간에만 판매하는 형태를 말한다. 이 경우도 수수료 매입 거래와 마찬가지로 유통업체는 판매된 매출액에 대해 수수료를 받고, 재고, 파손, 도난 등은 공급 업체의 책임이다. 간혹 이런 행사를 수수료 매입 거래 방식이 아닌 일정 기간 고정 금액을 내고 진행하는 경우도 있다.

협력사원

동료사원이라고도 하며 제조사 또는 벤더사가 자사 상품 및 납품한 상품의 판매 활성화를 위해 유통업체에 직접 파견하는 영업사원을 말한다.

ABC 분석(ABC analysis)

여러 품목의 상품을 합리적이고 효율적으로 관리하는 방식. 각 품목을 매출액에 따라 상위순으로 A, B, C의 세 등급으로 분류하여 효율적으로 관리 자료를 도출하기 위한 방식이다. 일반적으로 A등급(grade)은 15~20% 정도의 품목이 70% 정도의 매출을 차지하고, B등급은 30~50%의 품목이 20~25% 정도의 매출을 차지하며, 나머지 품목이 C등급으로

5~10%의 매출을 차지하게 된다. 그러므로 매출 및 이익 증대를 위하여 A등급의 상품을 중점 관리하여야 한다. ABC 분석은 매출 관리뿐만 아니라 재고 및 고객 관리 등 많은 분야에서 활용된다.

B2B(Business to Business)

B2B 영업은 기업과 기업 간의 영업 활동을 말하며 보통 '기업 영업'이라고도 한다. 기업 내 또는 기업과 기업 간에 이루어지는 전자상거래, 부품 조달 업체나 제조업체와 판매업체 간의 상거래가 이에 해당한다.

B2C(Business to Customer)

B2C 영업은 기업과 고객 간의 직접적인 영업 행위를 말하며, 보통 일반적인 영업에 속한다. 기업과 고객 간에 이루어지는 전자상거래, 온라인 쇼핑 등이 대표적인 예다. 고객이나 기업의 인증, 카드 회사나 은행과의 결제가 시스템상으로 중요하다.

C2C(Customer to Customer)

C2C는 소비자와 소비자 간의 상거래를 뜻하는데 소비자와 소비자 사이에 1 대 1 거래가 이루어지는 것을 의미한다. 이 경우 소비자가 상품의 구매 및 소비의 주체인 동시에 공급의 주체가 되기도 한다. 인터넷이 소비자들을 직접 연결시켜주는 시장 역할을 함으로써 가능해진 거래 유형으로 현재는 경매나 벼룩시장과 같이 중고품을 중심으로 거래가 되고 있지만, 앞으로는 더욱 다양한 상품 거래가 이루어질 것으로 기대되는 전자 상거래 유형이다.

CPC(Cost Per Click)

온라인 쇼핑에서 광고 1회 클릭당 광고비를 말한다.

CPM(Cost Per Mill)

온라인 쇼핑에서 1,000회 광고 노출당 광고비를 말한다.

EDI(Electronic Data Interchange)

전자문서 교환. 기업 간 거래에 관한 각종 데이터를 정형화, 표준화하여 컴퓨터 통신망을 통해 거래 당사자의 컴퓨터끼리 주고받는 것을 말한다.

EDLP(Every Day Low Price)

할인 판매와 반대되는 개념으로서 Low Cost 오퍼레이션을 바탕으로 운영 비용을 최소화하여 항상 저가격으로 판매하는 정책이다.

ISP(In Store Promotion)

백화점이나 대형 마트 같은 매장 내에서 매출 극대화를 위해 실시하는 광고 활동 등을 말한다. 일반적으로 판매 촉진용 POP, 현수막, 행사 안내, 행사 상품, 기획 상품, 사은품, 판촉사원 활용 판촉 행사, 프로모션, 행사 공연, 팬 사인회 등 점포 내의 모든 판촉 활동을 말한다.

MOQ(Minimum Order Quantity)

한마디로 최소 발주량을 뜻한다. OEM 방식으로 생산할 때나 해외에서 상품을 수입할 때 제조업체가 MOQ를 요구하는 경우가 많다.

NB(National Brand)

제조업체의 생산품이나 위탁 생산품, 매입 생산품을 포함하여 제조업체 명의의 제품에 붙여지는 브랜드. 전국적인 규모로 판매가 이루어지며 상품 구성상 판매가 용이한 반면 가격 경쟁이 심한 특징이 있다.

ODM(Original Development Manufacturing)

개발력을 갖춘 제조업체가 판매망을 갖춘 유통업체에 상품 또는 재화를 제공하는 생산방식을 의미한다. '제조자 개발 생산' 또는 '생산자 주도 방식'이라고도 한다.

OEM(Original Equipment Manufacturing)

제조업체가 만든 상품에 자사 브랜드가 아닌 주문자가 요구하는 브랜드를 붙여 공급하는 방식으로 '주문자 생산 방식' 또는 '주문자 상표 부착 방식'이라고도 한다. 예를 들어, A, B 두 회사가 OEM 공급 계약을 맺은 경우 B사가 제조한 상품에 A사의 브랜드를 붙여 판매하게 된다.

PB(Private Brand)

일반적으로 제조업체가 설정한 브랜드인 NB에 대응되는 개념으로 유통업체가 만들어낸 브랜드를 의미한다. 제조업체와의 직접 거래를 통해 가격을 낮추고 상품 이익률을 높일 수 있으며, 다른 유통업체와의 차별화를 위해 유통업체마다 적극 육성하고 있다.

POG(Plan-O-Gram)

매장에 진열하는 상품들을 각각 어디에 얼마만큼 놓아야 하는지 알려주는 지침서로서 '진열 대장'이라고도 한다.

POP 광고(Point Of Purchase)

소비자는 구매 시점, 유통업체는 판매 시점에서 상품에 관한 정보를 소비자에게 제공하는 광고를 말한다. 직접적으로 구매를 촉진하는 역할을 하며, 점포 내 매장에 부착되는 사진, 포스터, 실물의 견본 등이 구매 시점 광고다.

POS(Point of Sales)

판매 시점 관리. 상품 및 매출 관리 등에 필요한 데이터를 판매가 일어나는 즉시 수집하여 관리하는 것을 말한다. 이를 위해 각 매장에는 POS 단말기(캐셔 기능, 바코드 인식 기능 등을 가짐)가 설치돼 있다.

SKU(Stock Keeping Unit)

재고 관리를 위한 상품 분류의 최하 단위로서 '최소 유지 상품 단위'를 의미한다. '단품'이라고도 한다. 유통 매장에서 해당 상품을 관리하는 최소 단위를 정해놓은 것으로, 모든 유통 회사의 매장은 SKU에 의하여 상품을 관리하고 있다. 매장의 크기에 따라 SKU의 기준은 달라질 수 있다.

VAT(Value Added Tax)

일반적으로 부가가치세라고 한다. 상품을 거래(매입 및 판매)할 때 거래 금액의 10%를 세금으로 지급하는 것으로서 소비자 가격에는 이미 부가가치세가 포함돼 있다.

VMD(Visual M₩handising)

단순히 상품을 아름답게 진열하는 것뿐 아니라 고객에게 상품 제공의 의도가 시각적으로 명확히 전달되고, 원하는 때 원하는 상품을 원하는 양만큼 매장에 진열하는 방법을 가리킨다. 진열만 강조해서는 안 되고 매장 그 자체에 스토리를 부여하여 매력적인 매장으로 만드는 것이 중요하다.

류성민, 《유통의 이해》, 지브레인, 2017.

모영일/김병성, 《도매시장 완벽 분석》, 앤써북, 2014.

박근창/최일식, 《바보야, 문제는 유통이야!》, 더블유미디어, 2017.

양승식, 《성과를 지배하는 유통 마케팅의 힘》, 스타리치북스, 2014.

오종현, 《네이버 마케팅 트렌드 2017》, e비즈북스, 2017.

이상발, 《홈쇼핑 판매 불변의 법칙》, 각광, 2016.

이중엽, 《중국 소싱 노하우》, e비즈북스, 2015.

코카리테일인사이트, 〈리테일매거진〉, 2017년 12월, 2018년 1월.

코카리테일인사이트, 〈리테일매거진〉, 2020년 1월호.

안희태, {안희태 생생유통경험담 칼럼}, 네이버 유통과학연구회 카페.

정영민, {트렌드헌터 마케팅 초고수 동영상 강의}, 비즈클래스.

중앙경제평론사 Joongang Economy Publishing Co.
중앙생활사 | 중앙에듀북스 Joongang Life Publishing Co./Joongang Edubooks Publishing Co.

중앙경제평론사는 오늘보다 나은 내일을 창조한다는 신념 아래 설립된 경제 · 경영서 전문 출판사로서
성공을 꿈꾸는 직장인, 경영인에게 전문지식과 자기계발의 지혜를 주는 책을 발간하고 있습니다.

온라인 매출 쉽게 올리는 유통 마케팅 비법 〈최신 개정판〉

초판 1쇄 발행 | 2018년 9월 27일
초판 8쇄 발행 | 2019년 11월 25일
개정초판 1쇄 발행 | 2020년 3월 10일
개정초판 2쇄 발행 | 2020년 10월 15일
개정2판 1쇄 발행 | 2021년 6월 28일
개정2판 2쇄 발행 | 2022년 9월 15일

지은이 | 유노연(NoYeon Yoo)
펴낸이 | 최점옥(JeomOg Choi)
펴낸곳 | 중앙경제평론사(Joongang Economy Publishing Co.)

대   표 | 김용주
책임편집 | 김미화
본문디자인 | 박근영

출력 | 삼신문화 종이 | 한솔PNS 인쇄 | 삼신문화 제본 | 은정제책사

잘못된 책은 구입한 서점에서 교환해드립니다.
가격은 표지 뒷면에 있습니다.

ISBN 978-89-6054-273-0(03320)

등록 | 1991년 4월 10일 제2-1153호
주소 | ⑨ 04590 서울시 중구 다산로20길 5(신당4동 340-128) 중앙빌딩
전화 | (02)2253-4463(代) 팩스 | (02)2253-7988
홈페이지 | www.japub.co.kr 블로그 | http://blog.naver.com/japub
네이버 스마트스토어 | https://smartstore.naver.com/jaub 이메일 | japub@naver.com
♣ 중앙경제평론사는 중앙생활사 · 중앙에듀북스와 자매회사입니다.

도서
주문   www.japub.co.kr
        전화주문 : 02) 2253 - 4463

중앙경제평론사/중앙생활사/중앙에듀북스에서는 여러분의 소중한 원고를 기다리고 있습니다. 원고 투고는 이메일을
이용해주세요. 최선을 다해 독자들에게 사랑받는 양서로 만들어드리겠습니다. **이메일** | japub@naver.com